Verhandlungen von 1884.

Schriften

des

Vereins für Socialpolitik.

XXVIII.

Verhandlungen von 1884.

Leipzig,
Verlag von Duncker & Humblot.
1884.

Verhandlungen

der

am 6. und 7. October 1884 in Frankfurt a. M.

abgehaltenen Generalversammlung

des

Vereins für Socialpolitik

über

Maßregeln der Gesetzgebung und Verwaltung zur Erhaltung des bäuerlichen Grundbesitzes,

und über

die Einwirkung der Organisation unserer höheren und mittleren Schulen auf das sociale Leben und die Erwerbsthätigkeit der Nation.

Auf Grund der stenographischen Niederschrift

herausgegeben vom

Ständigen Ausschuß.

Leipzig,

Verlag von Duncker & Humblot.

1884.

Pierer'sche Hofbuchdruckerei. Stephan Geibel & Co. in Altenburg.

Erste Sitzung.

Montag den 6. Oktober 1884.

Vormittags 9¼ Uhr.

Dr. Nasse (Bonn): Meine Herren! Im Auftrage des Ausschusses eröffne ich die heutige Versammlung.

Ich danke Ihnen im Namen desselben dafür, daß Sie zu einer Zeit, in welcher an jeden, der sich für das Gemeinwesen interessirt, die umfangreichsten Anforderungen gestellt werden und in der es an zahlreichen Versammlungen nicht fehlt, in denen öffentliche Angelegenheiten wichtiger Art erörtert werden, sich hier eingefunden haben, und bitte Sie, sich zunächst zu konstituiren, indem Sie einen Präsidenten wählen.

Sombart (Berlin): Da ich den zweifelhaften Vorzug habe, vielleicht das älteste oder eines der ältesten Mitglieder des Vereins zu sein, so gestatten Sie mir, um die Geschäftsform abzukürzen, Sie zu ersuchen, Herrn Geheimrath Professor Nasse zu unserem Präsidenten durch Akklamation zu wählen. (Allgemeine Zustimmung.)

Präsident Dr. Nasse (Bonn): Da der Vorschlag Zustimmung findet, so bin ich bereit, das Amt zu übernehmen. Es ist mir in allen früheren Versammlungen außerordentlich leicht geworden, dasselbe zu führen, denn unsere Verhandlungen haben sich immer ausgezeichnet durch den Geist der Mäßigung, welcher das Produkt echter Wissenschaftlichkeit ist, durch unparteiische Wahrheitsliebe, sowie durch Gerechtigkeit gegen den Gegner, und wir dürfen stolz darauf sein, daß es uns mehrfach gelungen ist, Fragen, die zu Parteifragen geworden waren, in denen das Parteiinteresse und die Parteischlagwörter eine große Rolle spielten, hier in ruhiger, objektiver Weise zu erörtern. In dieser Art der Erörterung, glaube ich, liegt eine große Bedeutung unseres Vereins in der gegenwärtigen Zeit. Die wirthschaftlichen und sozialen Fragen sind gerade im Laufe des letzten Jahrzehnts zu politischen Parteifragen geworden, die politischen Parteien haben sich ihrer bemächtigt, und ebenso haben sich die wirthschaftlichen Interessen an die politischen Parteien angeschlossen, um durch sie ihr Ziel besser zu erreichen. Es ist dies in Deutschland nicht immer so gewesen. Noch vor kurzem gab es unter den Konservativen und Liberalen aller Schattirungen

Freihändler und Schutzzöllner. Es fehlte nicht an konservativen Männern, welche vorzugsweise die individuelle und korporative Freiheit vertraten und entschiedene Gegner jeder Ausdehnung der Staatsthätigkeit und der Staatsaufgaben waren, — und andererseits fanden sich unter den fortgeschrittenen Liberalen solche, welche die Uebel der Gegenwart vorzugsweise durch energisches staatliches Eingreifen zu bekämpfen dachten. Erst im letzten Jahrzehnt haben sich bei uns die wirthschaftlichen und politischen Parteien identifizirt. Es mag das ja nothwendig sein, ich will darüber nicht urtheilen, aber es hat gewiß seine großen Nachtheile und Gefahren. Der politische Parteikampf wird erbitterter und gehässiger, wenn er zugleich ein Kampf der wirthschaftlichen Interessen ist. Die wirthschaftlichen und sozialen Fragen werden weniger unbefangen und gründlich erörtert, wenn sie nur vom Standpunkt der politischen Partei erörtert werden. Um so wichtiger ist es, daß sich Männer finden, die im stande sind, in objektiver, ruhiger Untersuchung diese Angelegenheiten zu diskutiren, und daß ihnen Gelegenheit gegeben wird zu einem Meinungsaustausch. Hoffen wir, daß auch in diesem Jahre unser Verein zeigen wird, daß er auf einer höheren Zinne steht als auf der Zinne der Partei; dann wird es gelingen, auch eine andere wesentliche Aufgabe unseres Vereins zu erfüllen. Im mündlichen unmittelbaren Meinungsaustausch schwindet die Entfremdung, die leicht zwischen Vertretern verschiedener Ansichten entsteht; bei persönlicher Begegnung ist es oft möglich, in kurzer Frist Beziehungen zu knüpfen, die bei schriftlicher Verhandlung nur unter großen Schwierigkeiten entstehen.

Ich gehe nun nach dem Statut dazu über, die Vizepräsidenten und Schriftführer zu ernennen. Das Amt des Vizepräsidenten zu übernehmen bitte ich die Herren Freiherr von Roggenbach und Oberbürgermeister Dr. Miquel, das Amt der Schriftführung den Herrn Sekretär des Ausschusses Herrn Geibel und die Herren Stadtrath Dr. Varrentrapp und Professor Dr. Cohn.

Wir treten nun in die Tagesordnung ein. Der erste Gegenstand derselben ist:

> Maßregeln der Gesetzgebung und Verwaltung zur Erhaltung des bäuerlichen Grundbesitzes, im Anschluß an die Ergebnisse der Untersuchung über die bäuerlichen Zustände.

Ueber diese Frage ist in den letzten Jahren in Schrift und Wort außerordentlich viel gesagt worden, und es hätte fast zweifelhaft erscheinen können, ob es nothwendig sei, noch einmal an diesem Orte sie auf die Tagesordnung zu setzen; aber der Ausschuß ist dabei geleitet worden einerseits von dem Wunsche, aus unseren eigenen schriftlichen und mündlichen Verhandlungen vor zwei Jahren womöglich ein gewisses Fazit zu ziehen, und ferner glaubten wir, es sei der Moment gekommen, wo man aus der Menge der Vorschläge, die gemacht worden sind, vorzugsweise diejenigen hervorheben könnte, über die eine gewisse Meinungseinigung stattgefunden hat und die am reifsten sind, um in das wirkliche Leben durch die Gesetzgebung oder durch Maßregeln der Verwaltung eingeführt zu werden.

Ich gebe nun das Wort dem ersten Referenten Herrn Professor Dr. Conrad (Halle a. S.).

Referat

von Professor Dr. Conrad (Halle a. S.)

über

Maßregeln der Gesetzgebung und Verwaltung zur Erhaltung des bäuerlichen Grundbesitzes,

im Anschluß an die Ergebnisse der Untersuchung über die bäuerlichen Zustände.

Das Thema habe ich geglaubt breiter auffassen zu müssen, als es der Wortlaut zu erfordern scheint. Zunächst muß ich die bisherigen Untersuchungen, das vorliegende Material charakterisiren und kritisiren, um dann die daraus zu ziehenden Resultate aufzustellen. Ich habe erst die Lage des bäuerlichen Grundbesitzes zu untersuchen, um klar zu legen, ob er besonders gefährdet erscheint, und wie weit, und danach die zu ergreifenden Maßregeln zu erörtern. Hier zeigt es sich aber wieder, daß es unmöglich ist, die Hülfsmittel, welche dem Landwirthe selbst bleiben, zu ignoriren, denn erst nach ihm und mit ihm hat der Staat einzutreten. — So erweitert sich der Gegenstand derart, daß eine irgend erschöpfende Behandlung unmöglich wird. Ich muß mich auf Andeutungen beschränken und vor allem davon abstrahiren die Begründung der Beläge aus den Schriften anzuführen.

Lassen Sie mich zunächst einen Blick auf das uns vorliegende Material zur Beurtheilung der Lage der Landwirthschaft werfen, welches sich in der neusten Zeit in erfreulichster Weise gemehrt hat. Für Preußen stehen im Vordergrund die Berichte namentlich der landwirthschaftlichen Zentralvereine des Landes an den Minister, über welche im Landesökonomiekollegium eingehend verhandelt wurde, und ähnliche Berichte an den deutschen Landwirthschaftsrath aus allen Theilen Deutschlands und die sich daran knüpfende Diskussion.

Da sich hier die hervorragendsten Fachmänner aller Parteistandpunkte auf Grund der genausten Kenntniß der Verhältnisse über die Lage ihrer Gegend aussprechen, so ist darin eine Fülle der Belehrung geboten, welche die allgemeinste Beachtung verdient. Insbesondere sind die vorhandenen Uebelstände in der klarsten und schärfsten Weise zum Ausdruck gelangt, während die Berichte des Landwirthschaftsministers an den König eine treffliche Gesammtübersicht über die Entwicklung der Landwirthschaft in den letzten Jahren bieten. In dankenswerther Weise hat man versucht durch statistische Erhebungen ad hoc in einzelnen Theilen des Landes über die Verschuldung und Bewegung des Grundbesitzes der Diskussion festere Grundlagen zu geben, doch war es natürlich unmöglich jetzt plötzlich in kurzer Frist nachzuholen, was die Statistik beklagenswerther Weise bisher in dieser Hinsicht versäumt hatte.

Eine ganz hervorragende Stellung in der bezüglichen Literatur nimmt dann die hochbedeutsame Enquête für Baden ein, welche wohl für lange Zeit das unerreichte Muster derartiger Erhebungen in Deutschland bleiben dürfte, durch die eingehende Berücksichtigung der Details, die große Zahl der betrachteten Orte, die peinliche Sorgfalt der Durchführung, gestützt von einer genauen Ermittlung der Subhastationen, die auch für Bayern vorliegt.

Schließlich, gewissermaßen als dritte Gruppe, sind die Referate zu erwähnen, die auf Veranlassung dieses Vereins aus allen Theilen Deutschlands eingelaufen sind und unzweifelhaft ein überaus werthvolles Bild unserer Zustände geliefert haben. Und es scheint mir eine Pflicht meinerseits, an dieser Stelle dem Vorstande des Vereins ausdrücklich Dank für die Veranlassung der Berichte, wie den Referenten für die Uebernahme und Durchführung derselben auszusprechen.

War in der ersten Gruppe fast nur der Fachmann zum Worte gekommen, der es hauptsächlich ergriff, um die vorhandenen Schäden aufzudecken, so sind in den beiden letzten Gruppen mehr allgemeine Darstellungen enthalten, die es dem Leser überlassen, sich ein günstiges oder ungünstiges Urtheil zu bilden. In der letzten treten ferner Landwirthe nur ausnahmsweise auf. Es sind meist mit Sach- und Lokalkenntniß ausgerüstete, den Verhältnissen objektiv gegenüber stehende Personen, die ihr Votum abgeben, welches deshalb sehr geeignet ist, das der andern Gruppe zu ergänzen. Die vierte Gruppe, d. h. die zahlreichen Spezialschriften über den Gegenstand, übergehe ich hier, ich werde Gelegenheit finden, sie bei den einzelnen Fragen heranzuziehen, da sie weniger darstellend als theils anklagend, theils Vorschläge für Spezialfälle machend auftreten.

Ein Mangel haftet aber dem ganzen Material an. Es sind subjektive Meinungsäußerungen, die nur für einzelne Gegenden oder gar nur für Ortschaften durch ziffermäßige Angaben gestützt werden. Es fehlt an der breiten, das ganze Land umfassenden statistischen Grundlage und damit an der sicheren, unumstößlichen — sagen wir mathematischen wie logischen Beweiskraft, die Prämissen sind bisher nicht sicher festgestellt. Daher bleibt immer noch eine verschiedene Auffassung möglich auch nach ernstem Studium der ganzen Literatur, und thatsächlich sehen wir noch die Anschauungen weit aus einander gehen.

Aber ein zweiter Punkt ist wichtig hervorzuheben.

Alle Erhebungen, wie sie in den drei erwähnten Gruppen vorliegen, sind nach meiner innigsten Ueberzeugung dazu angethan die Verhältnisse in einem ungünstigeren Lichte erscheinen zu lassen, als sie thatsächlich sind, einem zu pessimistischen Urtheile besondere Nahrung zu geben.

Eine jede derartige Untersuchung, veranstaltet um besondere Schäden aufzudecken — und als solche charakterisirt sich auch die dieses Vereins —, wird mit mehr Nachdruck die Uebelstände hervortreten lassen als die Vorzüge. Die ersten sind von besonderem Interesse, sie werden eingehender behandelt, die anderen, wo nicht ignorirt, so doch mehr beiläufig besprochen.

Zur Beurtheilung der Schattenseiten braucht sich der Leser nur an den Text zu halten, zur angemessenen Gegenüberstellung der Lichtseiten auf Grund der gemachten Angaben bedarf es für ihn eines eingehenden Nachdenkens, einer besondern Arbeit, die nicht Jedermanns Sache. Kein Wunder, wenn deshalb die meisten Leser einen mehr dunkeln als lichten Eindruck empfangen, auch wo thatsächlich Schatten und Licht gleich vertheilt sind.

Der nachtheilige Einfluß des Stillstandes der Getreidepreise ist ganz allgemein eingehend geschildert, dagegen ist der Vortheil des Steigens der Preise der thierischen Produkte nur wenig, der der Preisermäßigung der meisten Bedürfnisse des Landwirthes fast gar nicht betont. Wo mit dem Grundbesitz Wald verbunden ist, klagt man gewaltig über die niedrigen Holzpreise, wo der Landwirth aber nur das Holz kauft, erwähnt man dieselben gar nicht. Das Herabgehen des Zinsfußes ist sehr allgemein angegeben, aber nur einmal in seiner vortheilhaften Wirkung für den Landwirth gewürdigt, während, wo wie in Hannover eine Zinssteigerung angenommen ist, dies als bedeutsames Moment für Verschlechterung der Lage der Landwirthschaft energisch hervorgehoben ist. Mit Recht wird der Einfluß der Lohnerhöhung der Arbeiter für die Landwirthe mit grellen Farben geschildert; wo sich der Lohn nicht wesentlich verändert hat, geht man mit Stillschweigen darüber hinfort. —

Ferne sei es von mir den Darstellern daraus einen Vorwurf zu machen. Es liegt das vielmehr in der Natur der Sache, aber man hat das bei der Lektüre zu beachten, will man sich nicht ein schiefes Urtheil bilden.

Veranstalten Sie eine Enquête über die Lage der Industriellen, der Handwerker, der Kaufleute, der Lehrer und sonstiger Beamten — Sie werden ein trübes Bild erhalten. Ja, lassen Sie die Lage der ländlichen Tagelöhner untersuchen, das Resultat wird jeden Menschenfreund bekümmern, ein erfreulicher Fortschritt wird schwerlich daraus hervorleuchten, obgleich fast alle Berichte Lohnerhöhung auf dem Lande bei Preisermäßigung fast aller Konsumtibilien ergeben.

Ein solcher Mangel haftet aber auch der badischen Enquête an.

Sie stützt sich zum Theil auf Rentabilitätsberechnungen und Haushaltungsbudgets, die unzweifelhaft von größtem Interesse sind. Aber solche Angaben über Ausgabe und Einnahme des kleinen Bauern oder Arbeiters, die nur auf ungefährer Schätzung beruhen, ergeben fast stets ein Defizit, da man detaillirte Buchführung zur exakten Feststellung der Thatsachen nie findet. Ein günstiges Resultat wird in solchen Wirthschaften thatsächlich nur erzielt durch die große Kunst die einzelnen Pfennige, die unscheinbaren Abfälle u. s. w. richtig zu verwerthen, welche sich der Beobachtung des Statistikers völlig entzieht. Stellen Sie einmal fest, was eine Wittwe mit 4 Kindern nothwendig braucht, und dem, was sie ev. verdient und an Armenunterstützung dazu erhält, gegenüber. Sie werden zu einem enormen Defizit gelangen und nicht verstehen, wie es möglich ist, daß die Personen faktisch leben und auskommen. Ich glaube ein Recht zu haben in dieser Sache ein Urtheil abzugeben, denn ich habe Jahre hindurch in verschiedenen Theilen Deutschlands solche Rentabilitätsberechnungen bei Bauern und Budgets von Arbeitern aufgestellt und viel unbenutztes Material der Art im Kasten liegen.

Solche Zusammenstellungen sind von entschiedener Bedeutung, wenn die Typen mit der nöthigen Vorsicht gewählt sind. Der Kenner der Verhältnisse wird daraus das Richtige entnehmen, aber sie geben ein ungünstigeres Bild als es in der Wirklichkeit vorliegt.

Den Mangel an Beweiskraft der bisherigen Erhebung erkennend, hat man deshalb von vielen Seiten eine große allgemeine detaillirte Enquête über ganz Deutschland ausgedehnt verlangt, und ich möchte mich darüber sofort aussprechen.

Ich bin zu sehr Statistiker, um nicht jede Gelegenheit zur Erlangung neuen Materials mit Freuden zu ergreifen. Ich würde daher an und für sich solch Vorgehen gern befürworten, wird es doch unzweifelhaft über manchen Punkt neue Klarheit verbreiten. Wenn ich aber gefragt werde, ob ich eine neue Erhebung, eine Enquête im englischen Sinne über die Lage der Landwirthe und der Bauern speziell für geboten erachte, um daraus ein richtiges Bild der Verhältnisse zu gewinnen und besonders Vorschläge für die Administration darauf stützen zu können, so muß ich darauf mit einem entschiedenen Nein antworten.

In Bezug auf die wichtigsten und hauptsächlichsten Fragen kann man aus dem, was vorliegt, völlig ausreichende Antworten gewinnen. Es wird meine Aufgabe sein, diese zusammenzustellen, und ich glaube, daß ein einmüthiges Urtheil hier zu erzielen ist. In Bezug auf die übrigen, und für die Personen, welche eine vorgefaßte Meinung haben, wird auch eine neue Enquête eine Beweiskraft nicht besitzen.

Das deutsche Reich ist zu groß, als daß es durch eine Enquête bewältigt werden könnte, die nur Werth hat, wenn sie einheitlich durchgeführt wird d. h. von einem Zentralpunkt aus geleitet und überwacht wird, wo möglich durch dieselben Personen. Das Gebiet ist ferner zu groß, um übersehen werden zu können und um Durchschnitte zuzulassen. Denken Sie an die drei dicken Bände, die für das kleine Baden geliefert sind, an die 36 Bände der einen französischen Enquête. Man würde eine große Bibliothek für das ganze Deutsche Reich erhalten, die nur wenige Einzelne durch ein besonderes Studium zu bewältigen vermöchten. Der subjektiven Auffassung dieser Interpreten wäre immer noch ein weiter Spielraum gelassen, und auf sie wäre man allgemein angewiesen. Für einzelne Gegenden, wo die Lage extremen oder akuten Charakter gewonnen, Eifel, Rhön und ähnliche Gebirgsgegenden, oder wo die Berichte zu abweichend waren, mag man sich die Enquête vorbehalten, aber nicht für das ganze Reich. Das Resultat würde in keinem Verhältniß zu dem immensen Aufwand stehn.

Es kommt aber weiter in Betracht, daß eine Enquête nur als Ergänzung einer allgemeinen statistischen Aufnahme anzusehen ist, keineswegs als Ersatz, sie wird erst rechte Beweiskraft haben, wenn die grundlegenden Thatsachen, d. i. hier Vertheilung, Verschuldung und Vergantung des Grund und Bodens, ziffermäßig feststehen. Daher sollte man wenigstens so lange damit warten bis diese Grundlage gewonnen. Diese aber zu beschaffen ist unzweifelhaft die erste und wichtigste Aufgabe.

Als das erste Resultat der bisherigen Diskussion sehe ich an, daß die Nothwendigkeit einer erweiterten Agrarstatistik anerkannt und die ihr zu gebende

Richtung festgestellt ist. Nur über die zu gebende Ausdehnung weichen die Ansichten ab. Es würde mich zu weit führen dem wichtigen Gegenstande heute näher zu treten. Ich glaube vielmehr, daß sich der Verein ein Verdienst erwerben würde, wenn er eine Schrift veranlaßte: Ueber die gegenwärtigen Leistungen der Agrarstatistik in den verschiedenen Ländern und die Aufgaben derselben in Deutschland.

Beachtenswerth sind in dieser Hinsicht die Vorschläge des k. Landesökonomiekollegiums, denen ich mich mit geringen Modifikationen anschließe.

Als Grundlage für unsere Frage scheint mir erforderlich, daß die folgenden statistischen Erhebungen durchgeführt werden, so weit sie noch nicht vorliegen:

1. Die Zahl der Grundbesitzer und ihres Besitzes nach Größe ev. Grundsteuerreinertrag.

2. Die Wirthschaftskomplexe nach Zahl, Größe und ev. Grundsteuerreinertrag.

3. Die Veränderungen in diesen Verhältnissen wo möglich in jedem Jahre.

4. Die Höhe der hypothekarischen Verschuldung unter Scheidung von städtischem und ländlichem Besitz, ob Landwirthschaft allein oder mit einem Nebengewerbe betrieben wird, in Gruppen nach Größe und ev. Grundsteuerreinertrag, dabei Ausscheidung der schuldenfreien Güter und Abstufung der Höhe und jährlichen Veränderungen der Verschuldung im Vergleiche zum Tax- bezw. Grundsteuerwerth.

5. Die Zahl der Verkäufe und Erbfälle unter Angabe des Geldbetrages, nach Größe und Grundsteuerreinertrag gruppirt.

6. Die Subhastationen des Grundbesitzes bleibt nach dem Vorbilde Bayerns und Badens geschieden nach der Größe, ev. dem Grundsteuerreinertrag, und unter Feststellung, ob Landwirthschaft allein oder mit Nebengewerbe betrieben wird.

Wünschenswerth ist es, daß diese Erhebungen nicht nach politischen Bezirken, sondern nach einer Eintheilung des Landes nach orographischer Beschaffenheit und Bodenqualität, also nach den natürlichen landwirthschaftlichen Produktionsbedingungen durchgeführt werden, wie das vom Landesökonomiekollegium auch befürwortet ist.

Diese statistische Erhebung halte ich nicht nur für durchführbar, sondern für unerläßlich. Sie ist um so sicherer, da sie nicht auf Angaben der Landwirthe beruht, sondern der Organe der freiwilligen Gerichtsbarkeit und ähnlichen Behörden.

Man hat auf die großen Kosten solcher Erhebungen hingewiesen, die durch Vermehrung des Personals der betr. Behörden entstehen würden, indessen giebt es ein vortreffliches Mittel einen Theil dieser Kosten zu decken, nämlich durch die Beseitigung der Erntestatistik, wie sie jetzt für das ganze Reich durchgeführt wird, die von weit untergeordneterer Bedeutung ist als die erwähnten Erhebungen, deren Resultate nur von relativem Werthe sind und für den praktischen Gebrauch durch allgemeine Schätzungen, wie sie rechtzeitiger ja ohnehin noch vorgenommen werden, ebenso gut und ausreichend beschafft werden können. Die Sistirung wäre um so mehr gerechtfertigt, als gerade ein fünfjähriger Durchschnitt gewonnen ist, den zu gewinnen man besonders bestrebt war.

Hat man erst eine derartige Statistik, so reichen die ständigen Organe der Verwaltung, so wie die landwirthschaftlichen Vereine und die Presse sicher aus, um über die Lage der Landwirthschaft genügend zu orientiren. Mit vollem Rechte ist gesagt, daß das Ministerium beständig Enquêten veranstaltet. So lange aber jene Statistik fehlt, schweben auch die größten Spezialenquêten mehr oder weniger in der Luft.

Lassen Sie mich jetzt Ihnen die Eindrücke wiedergeben, die ich nach sorgsamem Studium des gesammten Materials über die Lage der Landwirthschaft und speziell der bäuerlichen empfangen habe, um dadurch die Grundlage für die Vorschläge zu gewinnen.

Darüber kann kein Zweifel sein, die deutsche Landwirthschaft befindet sich in äußerst schwieriger Lage. Fast allgemein ist eine rapide Zunahme der Verschuldung konstatirt, und ebenso ein Rückgang der Guts- und Pachtpreise im Vergleiche zum vorigen Dezennium. Ein zu häufiger Besitzwechsel bezeugt, daß die alten Besitzer nicht fest im Sattel saßen, und es wird dies besonders schlagend und in trauriger Weise bewiesen durch zahlreiche Subhastationen und — was hier besondere Beachtung verdient — die zunehmende Zersplitterung der Bauerngüter.

Aber ich habe nicht den Eindruck gewinnen können, daß die Klagen der Landwirthe berechtigter sind als die der Industriellen, Kaufleute, Handwerker, deren Wohlstand im Jahre 1880, 1881, 1882 gegenüber den siebziger Jahren gleichfalls entschieden gelitten hatte, und bei denen Konkurse in noch weit erschreckenderer Weise um sich gegriffen hatten. Ich habe ferner die feste Ueberzeugung gewonnen — und das ist das punctum saliens —, daß wir es nur mit einer Krisis zu thun haben, nicht mit einem beginnenden Siechthum.

Den schlagenden Beweis hiefür sehe ich in dem bedeutsamen Umstand, daß, abgesehen von vier kleineren Distrikten (Rhön, Westerwald, Eifel, Oberschlesien) aus allen Theilen unseres Vaterlandes ein bis in die neuste Zeit sich erstreckender, wesentlicher Fortschritt in der Landwirthschaft konstatirt ist. Darauf hat in vorzüglicher Weise der Minister Lucius in dem Landesökonomiekollegium hingewiesen, um der dort zu Tage getretenen pessimistischen Stimmung entgegenzutreten. Wie der Pächter oder Gutsbesitzer, der dem Ruin entgegengeht, das Gut aussaugt, die ganze Wirthschaft zurückbringt, so wird der Stand der Landwirthe nicht im Betriebe Fortschritte machen, wenn die Wurzel krank ist und er einem Siechthum verfallen ist. Gerade so aber wie die in bedrängter Lage befindliche Industrie mit frischem Muthe vorwärts arbeitet und auf eine bessere Zukunft und — Gott sei Dank — auf die eigene Kraft baut, so bisher auch noch der deutsche Landwirth.

Es scheint mir überaus wichtig dies zu betonen. Nichts wäre falscher, aber auch nichts gefährlicher als dem Landwirthe den Glauben beizubringen, er sei innerlich krank, und ihm das Selbstvertrauen zu nehmen. Darin liegt die große Gefahr jeder öffentlichen Diskussion, auch unserer über die vorliegende Frage, und die große Verantwortlichkeit, die wir damit auf uns nehmen. Denn der Landwirth ist allerdings rettungslos dem Siechthum verfallen, wenn er nicht mehr der eigenen Kraft vertraut, sondern sich auf Hülfe von außen verläßt. Ich werde den Beweis liefern, daß ich nicht auf dem Standpunkt des laissez faire stehe: man soll Hülfe schaffen, so weit man kann; wohl aber vertrete ich auf das nachdrücklichste die Auffassung, daß der Staat gerade dem Landwirthe blutwenig zu helfen vermag, und daß es der größte Frevel ist, unter den Landwirthen den Glauben zu verbreiten, sie hätten vom Staat die Rettung aus der gegenwärtigen Noth zu erhoffen.

Der Verein hat die schwierige Aufgabe in seinen Vorschlägen das richtige Maß zu halten, um weder der manchesterlichen noch der Agrarierrichtung zu viele Konzessionen zu machen.

Wir haben es hier aber speziell mit den Bauern zu thun und zunächst zu untersuchen, ob der Bauer schlimmer dasteht als der größere Gutsbesitzer und ob die auf die Landwirthschaft drückenden Konjunkturen auf ihm schwerer lasten als auf jenem.

In verschiedenen Gegenden, wo großer und kleiner Grundbesitz zusammen liegen, ist die Lage des Bauern allerdings als noch prekärer hingestellt, als die des Gutsbesitzers, vor allem in Posen, großen Theilen Westpreußens, Schlesiens. Sie ist noch desolater geschildert, wo der Bauer durchaus überwiegt, in den erwähnten Rheindistrikten, Franken, einzelnen Theilen Badens. Aber dabei ist wiederum eines zu betonen. Wo der Zustand ein besonders beklagenswerther ist, da liegen auch besondere Ursachen dafür vor: in jenen betr. Gegenden wird einstimmig konstatirt, daß der Bauer in seinem wirthschaftlichen Betriebe hinter der Zeit, zum Theil in unglaublicher Weise, zurückgeblieben ist.

Man erstaunt, aus den Berichten zu erfahren, welche Verbreitung noch heutigen Tages die mittelalterliche Dreifelderwirthschaft im Osten und Süden Deutschlands hat, wo es als ein Fortschritt der Neuzeit hingestellt wird, daß ein großer Theil des Brachschlages besömmert wird. Wie unvollkommen ist noch die Düngerbehandlung, welche Vergeudung der Arbeitskraft! Nicht nur in Bayern, Baden und Hessen, sondern sogar am Rhein fehlt es dem Bauern an eigenem Zugang zum Acker. Herr v. Rath ruft am Schluß seiner Darstellung der Noth der Eifel dem Landesökonomiekollegium zu: gebt der Eifel ein Konsolidationsgesetz, damit der Bauer seinen Acker, sein Handwerkszeug, zusammengelegt benutzen kann.

Ich weise darauf hin, daß ein Mann, der sich mit Stolz einen Bauer nennt und ein Agrarier vom reinsten Wasser ist, doch seinen Kollegen zuruft, daß sie allein durch angemessene Einschränkung der Aussaat jährlich 264 Mill. Mark ersparen könnten, und daß erst eine Verdoppelung des gegenwärtigen Viehstandes die Landwirthschaft auf die zeitgemäße Höhe zu bringen vermöge. Gerade von Agrariern ist ja wiederholt behauptet, daß es leicht sei durch Verbesserung der Wirthschaft das kolossale Defizit an Getreide zu decken, für welches jetzt das Ausland eintreten muß.

Das Gesagte wird genügen, um den Ausspruch zu rechtfertigen: im landwirthschaftlichen Betriebe liegt der Angelpunkt, wo der Hebel gegen den Druck der allgemeinen Konjunkturen eingesetzt werden muß, die allerdings in der neuen Zeit dem Bauernstand gefährlich geworden sind. Gerade bei den Bauern ist hier ein weit gehender Spielraum zeitgemäßer Vervollkommnung, der ihm die Hülfe leichter macht als dem großen Grundbesitzer. Ich kann auch nicht umhin darauf aufmerksam zu machen, daß die Subhastationsstatistik in Bayern in so überwiegendem Maße persönliche Schuld als Ursache der Vergantung angiebt, daß, man mag an der Erhebung mäkeln so viel man will, der Umstand beachtet werden muß. In anderen Landestheilen würde eine gleiche Erhebung sicher die gleichen Resultate ergeben. Die moralische Hebung des Bauern ist und bleibt das zweite Moment.

Wohl ist das von den Regierungen und einem großen Theil der Bevölkerung genügend erkannt und gewürdigt, doch mußte das an dieser Stelle betont werden einer weitgehenden Agitation gegenüber, welche irreführend diese Momente in den Hintergrund zu drängen sucht.

Es bleibt aber weiter zu beachten, daß jene allgemeinen Konjunkturen den Bauer weniger berühren als den großen Grundbesitzer.

Welches sind die allgemeinen Umstände, welche die deutsche Landwirthschaft in dem letzten Dezennium heimgesucht haben? Sie sind zu oft behandelt, als daß es hier einer weiteren Erörterung bedürfte, ich fasse sie vielmehr nur kurz zusammen:

1. Die durch die ausländische Konkurrenz gedrückten Getreidepreise, deren Wirkung im allgemeinen nicht durch die Steigerung der Preise der thierischen Produkte ausgeglichen wurde.

2. Die erhöhten Arbeiterlöhne.

Es ist klar, daß diese beiden wesentlichen Momente auf den Bauern bei weitem nicht den nachtheiligen Einfluß ausüben konnten wie auf den Großgrundbesitzer, weil bei ihm der Getreidebau nicht die finanzielle Rolle spielt, und weil er nicht in dem Maße auf andere Arbeitskraft angewiesen ist, so daß die Grundbedingungen seines Gedeihens entschieden günstiger sind: und das scheint mir sehr beachtenswerth. Die Bauern und kleinen Kossäthen, deren Lage als ganz besonders prekär geschildert wird, auch wo es nicht an Arbeit fehlt, nur weil sie nicht entsprechenden Gebrauch davon machen, könnten in den erhöhten Löhnen gerade die leichteste Rettung finden.

Die folgenden Momente fallen bei beiden zusammen:

3. Eine große Reihe ungünstiger Ernten, die in allen Berichten eine Hauptrolle spielen. In ein klares Licht wird dieses Moment durch eine auf meine Bitte von Herrn Dr. Kremp in meinen Jahrbüchern im Oktoberheft d. J. veröffentlichte Arbeit gestellt, die zeigt, daß in der Zeit von 1870 bis 83 nur zwei Roggenernten als wirklich günstige zu bezeichnen waren, während nicht weniger als 10 zum Theil sehr bedeutend unter dem Durchschnitt blieben. Es unterliegt gar keinem Zweifel, daß hierin ein Hauptgrund der Kalamität zu sehn ist, und daß man berechtigt ist, auf günstigeren Ausfall in dem folgenden Dezennium zu rechnen.

4. sind die gesteigerten Abgaben und die übermäßige Schuldenlast zu erwähnen, auf die wir besonders zurückzukommen haben.

5. Die übermäßig in die Höhe getriebenen Kauf- und Pachtpreise, die, wie das besonders die Referate über einzelne Theile Badens und Frankens zeigen, in extremster Weise bei den bäuerlichen Grundstücken variiren. In jenen Gegenden, wo der Grundbesitz zersplittert ist, und freie Theilbarkeit besteht, entwickelt sich ein reger Handel mit Grundstücken. Jeder Bauer strebt danach mehr Land zu erlangen und gewöhnt sich seine Ersparnisse in Land anzulegen. In guten Jahren steigt deshalb die Nachfrage nach Grund und Boden gewaltig, die Preise gehen in die Höhe, während bei geringen Einnahmen der Boden weniger begehrt, dagegen stark angeboten ist, weil manch Einer das Gekaufte nicht zu halten vermag, wodurch die Preise übermäßig sinken. Nur dadurch ist es er-

klärlich, daß Anfang der siebziger Jahre in einzelnen Gegenden eine Verdreifachung stattgefunden hat, während seitdem eine Entwerthung auf $^1/_3$ eingetreten ist.

Ist auch in anderen Gegenden dies Spiel nicht ein so entwickeltes, namentlich da nicht, wo der Besitz ein mehr geschlossener, so wird man doch wohl sagen können, daß die kleinern Grundstücke, die ja stets höher bezahlt zu werden pflegen als die großen, in den siebziger Jahren noch in stärkerem Maß überbezahlt worden sind als die großen Güter, und zwar sowohl beim Kauf wie im Erbfalle, so daß eine Ueberlastung der momentanen Inhaber und oft eine Erdrückung die unausbleibliche Folge war.

6. Das Leben über die Verhältnisse, bei allgemein gesteigerten Lebensansprüchen, wodurch namentlich die Unzufriedenheit groß gezogen ist.

Als Uebelstände des bäuerlichen Besitzes allein sind zu nennen:

7. die vielfach ungeeigneten Größenverhältnisse und

8. der Mangel eines angemessenen Kredites. Beide Momente sind freilich nicht neuern Datums, mußten aber bei den schwierigen Konjunkturen schädlicher wirken als bisher. Auf sie haben wir ausführlich einzugehn.

Kann man nach allem nicht sagen, daß der Bauer mit wesentlich schwierigeren Verhältnissen zu kämpfen hat, als der große Grundbesitzer, so hat — und darin sind die Berichte sehr lehrreich gewesen — diese Zeit unverkennbar auf den bäuerlichen Besitz in Deutschland schädlicher eingewirkt.

Das vorliegende Material hat für den größten Theil Deutschlands und ganz besonders Norddeutschlands in völlig ausreichender Weise die Thatsache klar gelegt, daß der wohlarrondirte Bauer in den letzten 20 Jahren mehr und mehr geschwunden ist. Wohl kann man die einzelnen darüber vorliegenden statistischen Angaben bemängeln, namentlich für Preußen, doch wird in der Hauptsache das Ergebniß als richtig anerkannt werden müssen, und dieser Umstand fordert allerdings die höchste Beachtung. Nicht weil schon jetzt die Zahl der Grundstücke sich im Uebermaß vermindert hat, so daß im Moment eine Kalamität daraus entspränge, sondern weil die Gefahr damit aufgedeckt ist, daß ungünstige Konjunkturen in unserer Zeit auf eine Verringerung des Bauernstandes hinwirken. Es läßt sich dies genügend erklären aus der wachsenden Nachfrage nach Grund und Boden in Folge der zunehmenden Bevölkerung und der schwierigen Konkurrenz mit dem Maschinenbetrieb des Großgrundbesitzers und der Spatenkultur des kleinen Mannes, während auf der andern Seite die Neigung zur Bildung spannfähiger Bauerngüter auch in günstigen Zeiten außerordentlich gering ist. Das Resultat muß also im Laufe der Zeit sein, bei der unausbleiblichen Wiederkehr der ungünstigen Konjunkturen: die Verringerung des Bauernstandes.

Es hieße Eulen nach Athen tragen, wollte ich an dieser Stelle die Bedeutung eines behäbigen selbständigen Bauernstandes in wirthschaftlicher und sozialpolitischer Hinsicht für unsere Zeit noch besonders hervorheben. Wir werden einig darüber sein, daß seine Bewahrung eine Aufgabe des Staates und der Gesellschaft ist.

Eine gewisse Reserve möchte ich mir in dieser Beziehung aber erlauben. Nicht überall wird gerade die jetzige Zahl der Bauern nothwendig sein, vielmehr nur da, wo das Bauerngut gegenüber den anderen Besitzgrößen nicht das Uebergewicht hat.

Es wird auch sehr wohl eine Grenze anzunehmen sein, wo die anderweite wirthschaftliche Verwerthung so viel höheren Nutzen gewährt, daß die übrigen Rücksichten dagegen verschwinden. Mit a. W., ich halte nicht jeden Bauernhof für unbedingt unantastbar; wenn z. B. Freiherr von Cetto es im Landesökonomiekollegium als eine Ungeheuerlichkeit hinstellt, daß Freiherr von Faber einige Bauernhöfe aufgekauft und den bisherigen Acker mit Linden bepflanzt hat, um sich das nöthige Holz für seine Bleistifte zu sichern, so vermag ich seine Auffassung nicht zu theilen.

Ich sehe ferner einen großen Unterschied darin, ob die Bauerngrundstücke von dem großen Grundbesitz aufgesogen oder in kleinere Stücke parzellirt werden. Mit Recht fürchtet man nichts mehr als die Latifundienbildung, und dazu darf der Bauer unbedingt nicht beitragen.

Da ist es nun eine besondere Errungenschaft der neuen Erhebungen, daß man darüber völlig beruhigt sein kann. Es hat sich ergeben, daß auch in jenen Gegenden, wo früher die Gutsbesitzer mit Vorliebe und Erfolg die Bauern auskauften, dies in den letzten 20 Jahren unterblieben ist. Ich überlasse in dieser Beziehung das Wort dem Generalsekretär des landwirthschaftlichen Zentralvereins von Brandenburg, Freiherrn von Kanstein, der darüber sagt:

„Meist wird uns in Bezug auf Norddeutschland gesagt, daß dies Verschwinden hauptsächlich darin seine Ursache habe, daß der Großgrundbesitzer langsam den bäuerlichen Besitz aufsauge und sich allmählich zu Latifundien ausbilde. Aber wenn irgend eine vorgefaßte Meinung falsch ist, so ist es diese."

Auch in Süddeutschland ist das Auskaufen kleiner Grundstücke durch Kapitalisten nur äußerst selten vorgekommen. Die neuerdings aufgetauchte, namentlich von Schmoller angeregte Furcht, „der Grundbesitzer werde durch den Kapitalisten verdrängt und zum Pächter degradirt", hat durch das vorliegende Material keine Nahrung gewonnen. Ich hoffe, daß das Schreckensgespenst der Latifundienbildung in der Bauernfrage für lange Zeit hindurch begraben sein wird.

Ich habe in dieser Hinsicht niemals die Furcht in dem Maße theilen können, weil der wirthschaftliche und politische Anreiz zur Latifundienbildung in unserer Zeit in Deutschland durchaus fehlt und es ein unfehlbares Mittel dagegen giebt, welches m. A. n. unter allen Umständen zu erstreben ist, d. i. die Beseitigung der Fideikommisse für den großen Grundbesitz und für das große Kapital. Wenn aber der Besitzer eines einzelnen Gutes ein paar Kossäthen auskauft, die ihm seine Wiesen und Wälder brandschatzen, so trägt dies noch nicht zur Latifundienbildung bei.

Eine ungleich größere Gefahr droht den Bauern durch die Zerschlagung, und umsomehr da dieselbe in vielen Fällen durchaus gerechtfertigt ist. Das ist der Fall, wo durch Ausdehnung der Städte, namentlich der Fabrikorte, die Spatenkultur mehr und mehr um sich greift und namentlich der Arbeiter ein Stück Land zu eigen verlangt.

Man betont mit Recht, daß der Bauer als die beste Wehr gegen die Sozialdemokratie anzusehen und deshalb zu erhalten sei. Ich möchte aber darauf aufmerksam machen, daß doch *jeder* Grundbesitzer solche Schutzwehr ist, und wenn an einzelnen Orten die Verminderung der Bauernstellen, aber zugleich und dadurch eine Vermehrung der Grundbesitzer wie von 12 zu 18 % der Bevölkerung konstatirt ist, so ist dies in sozialpolitischer Hinsicht doch auch als ein günstiges Moment, vielfach sogar als ein entschieden günstigeres aufzufassen.

Man muß überhaupt im Auge behalten, daß jedes Intensiverwerden der Kultur naturgemäß auf eine Verringerung der Größe der Bauerngrundstücke hinwirkt.

Ich habe es für erforderlich erachtet, diese Reserven verhältnißmäßig ausführlich und nachdrücklich zu betonen, weil sie m. A. n. zu wenig bisher berücksichtigt sind, und sie hindern mich nicht, rückhaltlos dafür einzutreten, Maßregeln zu ergreifen, um den Bauernstand in seiner gegenwärtigen Stellung zu schützen, und zwar aus 2 Gründen bezw. nach 2 Richtungen: einmal, um das wohlarrondirte Bauerngrundstück zu erhalten, und dann, um eine unangemessene Parzellirung zu verhindern, — im Bewußtsein, daß der Bauer schwerfällig ist und der ganze Stand längere Zeit zur Gesundung braucht, als z. B. der Handwerkerstand.

Was den 2. Punkt anbetrifft, so ist es gleichfalls als ein beachtenswerthes Resultat der bisherigen Untersuchungen anzusehen, daß in weit schlimmerer Lage als der spannfähige Bauer sich diejenigen Kategorien des kleinen Grundbesitzes befinden, welche nicht spannfähig sind und doch mit der eigenen Arbeitskraft nicht ausreichen, um den Acker zu bewältigen, weil es hier naturgemäß schwieriger ist eine angemessene Bewirthschaftung durchzuführen und das ganze Jahr hindurch die Arbeitskräfte angemessen zu verwerthen; wozu noch kommt, daß der bekannte Bauerndünkel es diesen Kreisen besonders erschwert, sich nach der Decke zu strecken.

Dasselbe ist zu sagen von der großen Zahl kleiner Grundbesitzer, die andere Hülfe nicht gebrauchen, aber nicht genug Land besitzen, um das ganze Jahr hindurch genügende Beschäftigung zu haben, und wo der Grundstücks-Ertrag nur in normalen Zeiten ausreicht, den Bedarf zu decken.

Bei diesen Kategorien kommen die meisten Subhastationen vor, bei ihnen findet man das größte Elend. Ein großer Theil der Eigenthümer der ersteren Kategorie betreibt ein Nebengewerbe, welches ihnen allerdings vielfach verhängnißvoll wird.

Man ist nun von einigen Seiten, z. B. Landrath Bolte und ein posener Landwirth, so weit gegangen, diesen die Existenzberechtigung ganz abzusprechen. Das erscheint doch entschieden zu weit gegangen, denn ein sehr bedeutender Theil dieser kleineren Grundbesitzer hat es durchaus verstanden, sich eine angemessene ergänzende Nebenbeschäftigung zu verschaffen. Nicht diese Verbindung an und für sich halte ich für das gefährliche und die Ursache des ungünstigen Resultates, sondern ich glaube, daß eben jene Gewerbe an und für sich — denken Sie allein an das Schankgewerbe — gefährdeter dastehen, als der Grundbesitz und sich außerdem zu diesen Gewerben resp. zum Handwerk auf dem Lande Existenzen flüchten, die sich anderen Berufszweigen resp. der städtischen Konkurrenz nicht gewachsen gezeigt haben und nun mit zu geringen Mitteln, wenig Geschäftskenntniß und in der Regel noch weniger Arbeitslust in den in Rede stehenden Zweigen auftreten. Die mir auch aus anderen Gründen sehr wünschenswerth erscheinende Beschränkung des Schankgewerbes auf dem Lande würde hier schon Abhülfe schaffen, im übrigen wird hier schwerlich ein anderes Eingreifen gerechtfertigt sein, als wir bei den eigentlichen Bauern zur Sprache zu bringen haben. —

Anders steht es mit der zweiten Kategorie.

Hier giebt es m. A. n. gewichtige Aufgaben zu erfüllen, d. i. die Hausindustrie auf dem Lande zu verbreiten, um einen Ersatz für die häuslichen Thätigkeiten zu schaffen, welche die Fabriken der ländlichen Bevölkerung wie ja überhaupt jedem Hause geraubt haben, und der Verein könnte sich große Verdienste erwerben, wenn er Schriften hervorriefe, welche die in Betracht kommenden Gewerbszweige zusammenstellten, um für die verschiedenen Gegenden unseres Vaterlandes das Passende zu erörtern und damit der Ausbreitung derselben vorzuarbeiten. Ist man doch gerade in Rußland schon seit Jahren in dieser Beziehung thätig, und haben die betr. Versuche in Baden unzweifelhafte Erfolge aufzuweisen. Gelingt das, so wird es sicher nicht nothwendig sein, zu einem extremen Mittel zu greifen wie es die Fixirung eines Minimums für die Theilbarkeit ist, welches ich ohnehin aus den schon unendlich oft angeführten Gründen für unzweckmäßig und undurchführbar halte, weil kaum ein solches Minimum anzugeben ist, welches unter allen Umständen wirthschaftlich nicht zu verwerthen ist, und in jeder Gemeinde, ja innerhalb derselben Gemeinde in verschiedenen Theilen derselben ein anderes Maß zweckmäßig ist. Die Berichte aus Baden, vom Rhein, aus Thüringen, wo die Zersplitterung die größten Dimensionen angenommen hat, sind in dieser Hinsicht außerordentlich lehrreich, weil sie zeigen, wie gerade die Möglichkeit, ganz kleine Stücke zu erwerben, für die ländliche Bevölkerung ein außerordentlicher Anreiz zum Sparen ist, der freilich auch zu Zeiten einen übermäßigen Heißhunger nach Land erzeugt.

Wenden wir uns nach dieser kleinen Abschweifung wieder unserem eigentlichen Thema, der Erhaltung des Bauern zu.

Man hat wohl unterschieden zwischen den vorübergehenden und dauernden Momenten, welche dem Bauer gefährlich sind, indessen scheint mir die Zahl der vorübergehenden außerordentlich klein: ich zähle dazu nur die ungünstigen Ernten, obgleich diese natürlich früher oder später ja auch wiederkehren.

Ich zähle nicht dazu die ungünstigen Preisverhältnisse, denn ich sehe dieselben (im größeren Durchschnitt genommen) für den Zeitverhältnissen entsprechend an und glaube nicht an eine wesentliche Besserung. Mindert sich die Konkurrenz von Seiten Amerikas, so wird sie intensiver werden von Ostindien, Australien, Kanada u. s. w. her. Eine *künstliche* Besserung durch Schutzzölle halte ich für absolut undurchführbar, weil *so* hohe Zölle, daß sie eine Preissteigerung bewirken, die dem Landwirthe eine wirkliche Hülfe gewährt, unsere Industrie dem Auslande gegenüber konkurrenzunfähig machen würden und für die Konsumenten einen auf die Dauer — und darum würde es sich handeln — unerträglichen Druck ausüben müßten, so daß eine sich vielleicht durch inländische Mißernten entwickelnde Theuerung einen solchen Sturm des Unwillens hervorrufen würde, daß er jene Schutzwehr des Landmanns, die derselbe natürlich durch einen Haufen anderer Zölle zu erkaufen hätte, wie Spreu über den Haufen werfen würde.

Gleichwohl möchte ich den Gedanken an Getreidezölle nicht unbedingt von der Hand weisen, aber *nur in einer bestimmten Weise*, d. i. als Retorsions-Zoll gegen Amerika, indeß auch nur dann, wenn es gelingt, mindestens Deutschland, Oesterreich und Frankreich, wo möglich auch England zu einem gemeinsamen Vorgehen gegen die Erzeugnisse amerikanischer Landwirthschaft zu veranlassen.

Es scheint mir dies um so mehr angezeigt, weil in Amerika selbst eine große Partei, die freihändlerische, den Schritt mit Freuden begrüßen würde. Die Stimme des Farmers entscheidet dort über Schutzzoll und Freihandel. Er macht gegenwärtig dem Schutzzoll-System, an das er gewöhnt ist, keine Opposition. Er wird sich aber sehr bald regen, wenn ihm der Absatz seiner Produkte nach Europa so lange verkümmert wird, als Amerika uns nicht gestattet, billiger und damit in größerer Ausdehnung sein Getreide mit europäischen Waaren zu bezahlen. Es ist hier nicht der Ort, den Gedanken weiter auszuführen, weil der Hauptnutzen der Maßregel der deutschen Industrie, nicht aber den Bauern zu Gute kommen würde.

Will man aber den Bauern in seiner wirthschaftlichen Kraft und Widerstandsfähigkeit stützen, so verdienen folgende Punkte Beachtung.

Vor allem gilt es, ihm die Vortheile des Großbetriebes zu verschaffen, und auf demselben Wege wie dem Handwerker gegenüber dem Großbetriebe, d. i. durch Assoziation.

Auch hier kann es nicht von mir erwartet werden, dem Gegenstande näher zu treten, der einen selbständigen Vortrag für sich in Anspruch nehmen würde, und abermals möchte ich die Bitte aussprechen, daß der Verein eine Schrift darüber veranlaßte, welche wirthschaftlichen Assoziationen in der Landwirthschaft im In- und Auslande bisher durchgeführt sind, wie und unter welchen Verhältnissen sie sich bewährt haben, unter Hinzufügung von Vorschlägen für ihre Realisirung unter unseren deutschen Verhältnissen.

Wohl mit dem Erwähnten in Verbindung stehend, aber doch einer besonderen Erwähnung werth ist die Organisation des Absatzes.

Mit vollem Rechte wird Klage darüber geführt — und das ist auch in den süddeutschen Berichten, namentlich für Baden, sehr scharf betont, aber nicht überall genügend in den Norddeutschland betreffenden —, daß es für den Bauer ungemein schwer ist, seine Produkte angemessen zu verwerthen. Die Verschiebung der Marktverhältnisse durch die modernen Verkehrsmittel, die größere Volksdichtigkeit und die gewaltige Steigerung der Lebensansprüche der Konsumenten ist für ihn zu rapide vor sich gegangen, er hat ihr nicht entsprechend folgen können. Daher die Thatsache, daß er für seine Produkte verhältnißmäßig zu geringe Preise erzielt und oft Schwierigkeiten hat, selbst bei vorzüglicher Beschaffenheit, sie überhaupt los zu werden, weil sie im allgemeinen an Qualität zu wünschen übrig lassen und man ihnen deshalb mit Vorurtheilen entgegenkommt. Ein zweiter Grund liegt darin, daß heutigen Tages auch der Binnenhandel großartige Dimensionen angenommen hat, der Großhandel den Markt beherrscht und dieser sich bisher nicht mit dem Bezuge in kleinen Quantitäten abgeben konnte. Wiederum sind es hauptsächlich die Berichte aus Baden, dann aus Franken, Posen u. s. w., die in höchst interessanter Weise den wucherischen und den Bauern verderblichen Zwischenhandel charakterisiren. Ich kann nicht umhin, dem gegenüber darauf aufmerksam zu machen, daß Semmler in seinem wichtigen Buch über die amerikanische Landwirthschaft die Ueberlegenheit des Amerikaners dem deutschen Bauern gegenüber gerade in dem besser organisirten Absatz findet. Der amerikanische Händler tritt nicht nur als Käufer, sondern auch als befruchtender Lehrer dem Landwirth gegenüber. Er sagt ihm, was er bauen soll, welche Qualität den besten Absatz findet, er bestellt sich gewissermaßen die

Waare bei ihm, und was die Hauptsache, er findet bei ihm ein williges Ohr; dadurch ist aber auch der Händler in der Lage, ihm regelmäßig seine Waare für einen angemessenen Preis abzunehmen, ohne daß der Bauer selbst den Markt aufzusuchen nöthig hat.

Es gilt nach englischen und schottischen Mustern auch auf dem platten Lande durch Errichtung gemeinsamer Markthallen und regelmäßiger Markttage für Getreide Zentralpunkte für den Absatz zu schaffen, wo sie gegenwärtig noch fehlen. Doch bietet leider in dieser Beziehung die Literatur nur wenig Ausbeute, und als Bücherwurm halte ich mich für wenig geeignet der Praxis selbständige Vorschläge zu machen. Die landwirthschaftlichen Vereine, Hand in Hand mit den Organen der Verwaltung, haben hier unzweifelhaft große Aufgaben zu erfüllen, ihnen sei die Frage ans Herz gelegt.

Nach der Besprechung der Mittel, die wirthschaftliche Thätigkeit direkt zu heben, wende ich mich zu denen, welche zwar nur indirekt wirken, aber für uns die höchste Bedeutung haben. Bei weitem am meisten gefährdet ist der Bauer und der Bauernhof, wie allgemein anerkannt, durch unser Erbsystem und die moderne Kreditwirthschaft, der sich der Bauer noch nicht völlig gewachsen gezeigt hat. Beide Punkte hängen auf das engste zusammen.

Die gegenwärtigen Erbrechtsverhältnisse an Grund und Boden und ihre Einflüsse auf den Bauernstand sind in der vorigen Sitzung in so vorzüglicher und eingehender Weise zur Verhandlung gelangt, daß ich mich nicht für berechtigt halte, hier ausführlicher darauf einzugehen, indessen darf ich ergänzend wohl einige Punkte noch berühren. So interessant auch in den jetzt vorliegenden Schriften des Vereins das Mosaikbild ist, welches uns über die verschiedenen Erbrechtsverhältnisse in Deutschland Aufklärung giebt, so bestätigt das doch nur, was in der früheren Schrift von Miaskowski und in seinem Vortrage gesagt war. Hervorgehoben zu werden verdient die große Einmüthigkeit und Entschiedenheit, mit der die landwirthschaftliche Bevölkerung, welche an gleiche Erbtheilung gewöhnt ist, sich gegen jede Beschränkung sträubt, während allerdings in derselben Weise die entgegengesetzte Sitte des Anerbenrechts mit Zähigkeit festgehalten und in ihrer segensreichen Wirkung gepriesen wird.

Im Posenschen hat die Sitte des Altentheiles zu den größten Unzuträglichkeiten und zu Uebervortheilung des Anerben geführt, während sich in dem südlichen Bayern diese gleiche Sitte auf das vortrefflichste bewährt. Die Naturaltheilung, die z. B. im Thüringischen zu einer übermäßigen Zersplitterung geführt hat, zeigt nicht die gleichen schlimmen Folgen in mehreren Distrikten Badens. Gleichwohl stimmen die Berichterstatter darin überein, daß das Prinzip der gleichen Erbtheilung dem bäuerlichen Stande verhängnißvoll geworden ist und ein großer Theil der vorliegenden Uebelstände, die Ueberschuldung, wie die unangemessenen Größenverhältnisse darauf zurückzuführen sind.

Die Vorschläge, welche in dieser Beziehung in Frage kommen, weichen in außerordentlicher Weise von einander ab. Während die einen das Heil in einer Erweiterung der Testirfreiheit (Beschränkung des Pflichttheils) sehen, vor allen Dingen Miaskowski, Frh. von Hammerstein, suchen die andern in einer gesetzlichen Regulirung des Anerbenrechts den angemessenen Ausweg. Darin aber scheint mir eine immer größere Annäherung der Anschauungen sich zu vollziehen, daß in der That der ländliche Grundbesitz als Erbojekt anders zu behandeln ist als das mobile Kapital, denn auch Miaskowski konzentrirt seine Vorschläge auf den Grundbesitz. Grade darin sehe ich aber den allergrößten Fortschritt, und diese Anschauung ist so viel als möglich zu fördern. Die Wirksamkeit des Landwirths ist einmal darin eine eigenthümliche, daß sie volkswirthschaftlich richtig angewendet ihren vollen Segen nicht im Momente spendet, sondern ein großer, ja vielleicht der größte Theil desselben erst der späteren Generation zufällt. Das Schaffen des ganzen Standes der Landwirthe wird deshalb nur dann in den richtigen Bahnen bleiben, wenn er im großen ganzen in der Zuversicht lebt und wirthschaftet, daß, wo er säet, einmal die eigenen Kinder ernten werden.

Es fragt sich also, wie dieses am zweckmäßigsten zu erreichen.

Durch die erweiterte Testirfreiheit soll dem Besitzer die Möglichkeit geschafft werden, auf Kosten der übrigen Kinder einen Erben und zwar den, welchen der Vater, der Erblasser für den geeignetsten hält, in den Stand zu setzen, das Gut mit möglichst wenig Schulden zu übernehmen; und wer wollte leugnen, daß dies außerordentlich viel für sich hat. Wer könnte besser beurtheilen, als der augenblickliche Besitzer, wer zur Uebernahme am meisten geeignet, welche Schulden er zu ertragen vermag. — Aber wird der Zweck erreicht?

Man weist darauf hin, daß die Autorität des Vaters in bedeutender Weise durch die erweiterte testamentarische Machtbefugniß gesteigert wird und damit das Familienband als Vermittler zwischen Individuum und Staat. Ich möchte aber darauf aufmerksam machen, daß in den Ländern der unbedingten Testirfreiheit, England und Amerika, die väterliche Autorität keineswegs größer als in Deutschland, daß dagegen Familienzwist gerade dort durch die Testamente unendlich häufig herbeigeführt wird.

Es ist zu beachten, daß der deutsche Bauer gegenwärtig von seinem Testatrecht allgemein keinen Gebrauch macht. Man setzt nun ausdrücklich voraus, daß im Zustande der Testirfreiheit jeder von diesem Recht Gebrauch machen wird und Gebrauch machen muß, meiner Ueberzeugung nach durchaus mit Unrecht. Ich weiß nicht warum?

Jene Testirfreiheit wird, wenn ich die Verhältnisse richtig überschaue, von dem größeren Besitzer, dem Reichen, in ausgedehntem Maße benutzt und die Konzentrirung großer Vermögen und Latifundien wesentlich gefördert werden, der bäuerliche Besitz dagegen, dem man damit helfen will, wird davon unberührt bleiben. Ja selbst wenn er von seinem Recht Gebrauch macht, wird der Effekt ein ungleich geringerer sein, als bei den großen Vermögen, weil die Pflicht zur Alimentation altersschwacher Angehöriger, zur Aussteuer der Schwestern, Erziehung unmündiger Verwandten dem Testator auf deutschem Boden nie genommen werden wird und in unendlich vielen Fällen bei den Bauern den jetzigen Pflichttheil absorbiren, wo nicht überschreiten dürfte. Ich mache darauf aufmerksam, daß, wo Pflichttheile gesetzlich existiren, der Bauer in seinem Testamente fast nie bis auf dasselbe herabgeht, aus eigenem Gerechtigkeitsgefühl und aus Furcht vor der Unzufriedenheit der Kinder. Weit lieber wird es ihm sein, wenn er die Bevorzugung des einen auf gesetzliche Bestimmungen zurückführen kann. Die Wirkung solcher Gesetzesänderung würde meiner Auffassung nach daher eine ganz andere sein, als man sich davon verspricht. In unserer Zeit ist ferner gerade für die Mädchen eine pekuniäre Sicherung fast von größerer Bedeutung als für die jungen

Männer, so daß es mir bedenklich scheint, sie durch die Testirfreiheit in besondere Gefahr zu bringen. Es bleibt deshalb nur rechtliche Regelung des Anerbenrechts; und hier lege ich ein besonderes Gewicht auf das pädagogische Moment.

Die ländliche Bevölkerung muß durch die Gesetzgebung darauf hingewiesen werden, daß die Bevorzugung des Anerben kein Unrecht gegen die übrigen Erben ist, sondern das natürliche, der Natur des Grundbesitzes allein entsprechende Verhältniß. Das geschieht, wenn bei Mangel eines Testaments eine mäßige Bevorzugung des Uebernehmers gesetzlich eintritt, und ich bin hierbei in der Lage mich in der Hauptsache — mit einigen Modifikationen — einer Resolution des Landwirthschaftsrathes anschließen zu können, die ich folgendermaßen formuliren möchte:

„Es ist in dem Interesse des Grundbesitzes wünschenswerth, daß in der neuen deutschen Zivilgesetzgebung bei Mangel eines Testamentes ein prinzipieller Unterschied gemacht wird zwischen einer landwirthschaftlich benutzten, mit einem Wohnhause versehenen Besitzung und allen übrigen vererbungsfähigen Gegenständen, in der Weise, daß das Prinzip des Anerbenrechts darin zum Ausdruck gelangt und insbesondere dabei nur der Ertragswerth zur Berechnung gebracht wird. Die Höhe der Abfindung soll dagegen der Partikulargesetzgebung vorbehalten bleiben."

Wünschenswerth will es mir scheinen, daß dem Anerben nicht ein Kapitalvorzug, sondern das Recht eingeräumt wird, zu verlangen, daß die Forderungen der Miterben als seiner Person unkündbar und zu einem niedrigeren Zinsfuße als dem landesüblichen ($3^1/_2$) eingetragen werden, womit ich den Forderungen von Rodbertus entgegenkomme.

Das Höferecht, welches in mehreren preußischen Provinzen neu eingeführt ist und unzweifelhaft eine innere Berechtigung besitzt, findet bei der Bevölkerung weniger Anklang als man gehofft. Ich würde vorschlagen, um den Gebrauch zu verallgemeinern, einen Nachlaß von 10 % der Grundsteuer den in die Höferolle eingetragenen Gütern zu gewähren. Es läßt sich das wohl rechtfertigen, da die Gegner des Gesetzes ja selbst angeben, daß durch die Eintragung und damit Fesselung des Gutes eine Entwerthung desselben zu befürchten ist.

Gegen eine jede weiter gehende Maßregel, welche den jetzigen Sitten und Rechtsanschauungen noch mehr Zwang auferlegen würde, müßte ich mich auf das entschiedenste wenden, da die vorliegenden Berichte mir solche noch nicht zu rechtfertigen scheinen.

Außer dem gleichen Erbrecht ist in vielen Theilen Deutschlands wie namentlich in den östlichen Provinzen Preußens gewerbsmäßige Güterschlächterei dem Bauer verderblich geworden.

Aus der vorliegenden Gesetzgebung und den gemachten Vorschlägen scheinen mir die beachtenswerthesten Mittel die folgenden zu sein:

Erstens das Verbot, ohne Einwilligung der bez. Verwaltungsorgane (in Preußen wohl des Kreis-Ausschusses) in den ersten 5 Jahren des Besitzes das Grundstück zu parzelliren.

Zweitens eine besonders hohe Besteuerung der betreffenden Gewerbetreibenden. Ich glaube, daß damit jedem Uebermaß ein Riegel vorgeschoben ist, während das gänzliche Verbot gewerbsmäßiger Güterzerschlagung mir über das Ziel hinauszugehen scheint; denn es giebt Fälle, wo die Parzellirung eines Gutes, bez. eines Theiles eines größeren Gutes durchaus am Platze ist und der Gutsbesitzer selbst nicht der geeignete Mann, sie durchzuführen. Warum ihn dann eines entsprechenden Vermittlers berauben?

Ein besonderes Gewicht wird von Seiten der Landwirthe auf die Steuerüberlastung gelegt, und namentlich in Preußen wird diese sehr allgemein als eine Hauptursache der gedrückten Lage der Bauern bezeichnet, so daß den Steuerdruck erleichtern wesentlich gleichbedeutend wäre mit einer Ermöglichung der Fortexistenz des Bauernstandes. Und in der That liefern die Berichte Beläge genug in dieser Richtung. Die Ueberlastung rührt nicht, wie vielfach behauptet wird, von den Staatssteuern, sondern bekanntlich von den übermäßig gestiegenen Kommunalabgaben her.

Eine Hauptursache der Erscheinung ist in dem Mangel an Gemeindebesitz zu sehen, in den alten Provinzen Preußens in Folge der Auftheilung des alten Gemeindelandes, die nicht genug zu beklagen ist. Wo irgend, wie namentlich in Süddeutschland, die Allmende eine gewisse Rolle spielt, sind Wege und Schulen schon weit früher in gutem Zustande gewesen, war nicht so viel wie in Preußen nachzuholen, und ist deshalb die Steuerlast auch nicht so bedeutend.

Ein zweiter Grund liegt in der etwas überstürzten und zu hoch geschraubten Anforderung, auch in armen Gegenden Schule, Wege und Armenunterstützung auf die wünschenswerthe Höhe zu bringen, die sie in wohlhabenden Gegenden in der That erreicht haben, dann in dem Dämon des Luxus, der auch die Staatsbehörden in dem sonst so sparsamen Preußen erfaßt hat und überall Prachtbauten (nicht nur in den Bahnhöfen, sondern auch in den Schulgebäuden ꝛc.) beansprucht. Die eingegangenen Berichte liefern dafür sehr lehrreiches Material, wie im an und für sich berechtigten Vorwärtsstreben die Verwaltung auch zu viel thun kann. Hier wäre allerdings ein langsameres Tempo, Nachsicht für die ärmeren Gemeinden oder reichlicherer Staatszuschuß zu wünschen.

Die vorhandene Last wird in Preußen bekanntlich dadurch wesentlich in ihrer Wirkung gesteigert, daß die Vertheilung eine äußerst ungleichmäßige für den Grundbesitzer ist, weil die Grundsteuer, welche Anfang der sechziger Jahre aufgelegt wurde, schon damals sehr ungleich vertheilt war und seitdem in ihrem Verhältniß zum wirklichen Reinertrage noch sehr viel mehr verschoben ist. Das hätte sonst nicht zu viel zu sagen, wenn man nicht noch einen großen Theil der Kommunalabgaben nach diesem gleichen Maßstabe vertheilte, so daß die Steuerlast, da keine Berücksichtigung der Schulden stattfindet, für den verschuldeten Bauer geradezu erdrückend werden kann, zumal wenn derselbe, wie namentlich in Schlesien, noch bedeutende Rentenablösungen zu tragen hat.

Eine Besserung des Zustandes wird nur erzielt werden können, wenn man sich entschließt, etwa ²/₃ Prozent der Grundsteuer als Grundlast und für ablösbar zu erklären, dann aber die Auflegung einer Grundsteuer, und zwar nach dem jeweilig faktisch vorliegenden Reinertrag unter Heranziehung der Hypothekengläubiger der Gemeinde zu überlassen, wobei die fortlaufende Ermittelung des wirklichen Reinertrags für statistische Zwecke, namentlich zur Feststellung der Höhe der Verschuldung, außerordentliche Dienste leisten würde.

Ich übergehe andere, wohl noch in Betracht kommende Punkte, denn darüber, daß noch mehr Fortbildungsschulen für die Landwirthe eingerichtet werden, daß noch eine größere Zahl von Wanderlehrern angestellt werden muß, lokale, landwirthschaftliche Ausstellungen zu begünstigen sind, darüber wird eine Meinungsverschiedenheit hier nicht obwalten.

Nur darauf möchte ich zum Schluß noch aufmerksam machen, daß es wünschenswerth ist, den landwirthschaftlichen Vereinen einen höheren Aufschwung zu geben, und daß dies möglich ist, indem man sie mehr den Handelskammern analog organisirt, ihnen vor allem das Recht der Steuererhebung einräumt, um Mittel für größere Leistungen zu gewinnen und eine noch festere Vertretung der landwirthschaftlichen Interessen zu schaffen, die die Regierungen auf die Dauer immer weniger entbehren können. Aber nur, wenn die Landwirthe isolirt bleiben, nicht, wie vorgeschlagen ist, mit andern Gewerben zu gemeinsamen Kammern zusammengeworfen werden, ist anzunehmen, daß sie ihre Anschauungen unbeeinflußt, weder majorisirt noch überredet, zum Ausdruck bringen. —

Ich komme zu dem unzweifelhaft wichtigsten und schwierigsten Punkte, der wohl eine selbständige Behandlung hier in dem Vereine verdient.

Es ist die Kreditfrage.

In allen Verhandlungen der landwirthschaftlichen Vereine, Kollegien, Kongresse, wie in den landwirthschaftlichen Parteischriften und nicht minder in der wissenschaftlichen Literatur spielte die zunehmende Verschuldung und Ueberschuldung der Bauern eine vorzügliche Rolle, die als eine unbestreitbare Thatsache ohne weiteres behauptet wurde.

Es ist aber nicht zu leugnen, daß überall, wo es gelungen ist, eine sicherere Untersuchung durchzuführen und ziffermäßige Unterlagen zu gewinnen, — wie die Berichterstatter selbst sich ausdrücken (Baden, Posen, für Preußen Meitzen) — das Ergebniß ein viel günstigeres war, als man vermuthet hatte, und es ist im hohen Maße amüsant zu verfolgen, wie die Pessimisten sich drehen und wenden, um sich dem Einfluß dieses Resultates zu entziehen. Gestehen wir ihnen bereitwillig zu, daß es an einer unbedingt ausreichenden Statistik fehlt, daß die vorliegende sich überhaupt nur auf die hypothekarische Verschuldung erstreckt, also der Phantasie in Bezug auf die Handschulden immer noch der weiteste Spielraum gelassen ist, so werden wir doch so viel mit Gewißheit sagen können: der Bauer steht im allgemeinen jedenfalls nicht schlechter in dieser Beziehung da als der Großgrundbesitzer.

Es giebt Gegenden, in denen die bäuerliche Verschuldung gering ist (Ostpreußen, Schleswig-Holstein); im übrigen Deutschland sind überall gut situirte Gemeinden vorhanden, und der unverschuldete bäuerliche Grundbesitz ist noch sehr verbreitet im deutschen Vaterlande.

Ebenso unzweifelhaft ist es aber, daß es in den meisten Gegenden überschuldete Bauern giebt, und daß bei einem erheblichen Theile die Schuldenlast eine übermäßig drückende ist, sowie daß überhaupt in den letzten Dezennien und im letzten Dezennium die hypothekarischen Eintragungen in einer Weise zugenommen haben, welche mit Recht die allgemeine Aufmerksamkeit auf sich gezogen hat.

Aehnliches wird man auch von den Handschulden sagen können, wenn man dafür auch keinen genügenden Anhalt zu gewinnen vermag. Ich glaube indeß, daß eine genauere Untersuchung ergeben wird, daß man sie noch mehr überschätzt hat als die Hypotheken.

Man hat ihnen z. B. die gleiche Höhe zugesprochen wie jenen. Da war es mir von großem Interesse, daß der Landrath von Nathusius in derjenigen Provinz Preußens, in welcher der Wucher am schlimmsten haust (Posen), und in einem Kreise, der in dieser Hinsicht wiederum mit am traurigsten dasteht, die Handschulden auf (allerdings weit über) 1/12 des Besitzwerthes veranschlagt. In einem Kreise fanden sich gar keine Personalschulden, in einem bei der Hälfte, in einem zweiten bei einem Drittel der Bauern, in andern Kreisen weit weniger.

Lassen wir dieselben aber einstweilen vollständig aus dem Spiele und treten der Frage näher, wie denn jene Zunahme der hypothekarischen Verpfändung zu beurtheilen ist.

Unzweifelhaft ist es ein bedenkliches Symptom, aber man ist doch auch dabei im Pessimismus zu weit gegangen. Man vergegenwärtige sich, daß der deutsche Bauer sich jetzt erst allmählich in die Kreditwirthschaft hineinlebt. Wie lange ist es denn her, daß er ganz allgemein auf Handschlag borgte und die Eintragung hauptsächlich nur auf Grund gerichtlicher Anordnung geschah? Es ist deshalb nicht gesagt, daß das schärfere Hervortreten der Hypotheken auch in demselben Maße eine höhere Verschuldung in sich schließt; es beruht sicher zum großen Theil nur auf Ablagerung von Schulden, die sich sonst der Beobachtung entzogen. Man muß ferner im Auge behalten, daß auf den bäuerlichen Besitzungen die Höhe der Schulden sehr viel stärker wechselt als bei dem großen Grundbesitz. Sind es doch zum größten Theile kündbare Individual-Hypotheken, die sehr viel häufiger zurückgezahlt und dann von neuem wieder aufgenommen werden als bei den größeren Nachbarn. Sehr erklärlich deshalb, daß man in Baden fand, daß der größte Theil der aufgenommenen Summen aus dem letzten Dezennium stammte. Seit Rodbertus wird nun allgemein angenommen, daß diese Schulden zum größten Theile sogenannte Besitzschulden sind, die im Erb- und Kauffalle aufgenommen wurden. In Baden glaubt man festgestellt zu haben, daß sie sich auf 78—90 Prozent belaufen. Es ist nun klar, daß, wenn dies richtig ist, diese Schulden nicht ein Zeichen der mißlichen Lage der Landwirthschaft sein können, das würde vielmehr nur der Fall sein, wenn der Besitzer selbst, um sich zu halten, sie kontrahirt hätte. Diese Schulden können deshalb höchstens als ein Keim künftigen Verfalls angesehen werden.

Man ist wiederum mit Rodbertus einen Schritt weiter gegangen und hat aus jenem Umstande des Ueberwiegens der Besitzschulden schließen wollen, daß dieselben nur eine Last, keine Förderung für die Landwirthschaft seien. Diese Annahme wiederspricht aber durchaus den Thatsachen. Ich habe das bereits im Jahre 1868 nachzuweisen gesucht und zu meiner Freude hat ein Schriftsteller, mit dem ich sonst wenig harmonire, Gamp, sich neuerdings in derselben Weise ausgesprochen. Der Besitzwechsel ist die Veranlassung zur Schuldaufnahme. Damit ist aber nicht gesagt, daß die ganze Summe nur zum Ankauf verwendet wurde, vielmehr pflegt ein nicht unbedeutender Theil der Aufnahme selbst oder der entsprechende Theil des dadurch latent gebliebenen eigenen Vermögens zur Vornahme von Bauten zur Durchführung von Meliorationen, zur Einführung eines verbesserten Viehstandes, zur Vermehrung des Inventars u. s. w. verwendet zu werden: das ist ganz allgemein bei dem großen Grundbesitzer der Fall, aber auch sehr oft bei dem Bauer.

Der altersschwache Besitzer oder derjenige, welcher zu verkaufen beabsichtigt, denkt nicht an Neubau oder sonstige Verbesserungen, unterläßt nur gar zu häufig noch die nöthigen Reparaturen. Der neue Uebernehmer, der Erbe oder der Käufer, ist dann genöthigt, sofort mit Neubau u. s. w. vorzugehen und dazu sich sogleich die nöthigen Baarmittel zu verschaffen. Wenn ein wesentlicher Fortschritt in dem Wirthschaftsbetriebe überhaupt stattfindet, so pflegt er auch in der Regel von dem jungen Unternehmer auszugehen, der sich sofort vor der Uebernahme die nöthigen Mittel dazu sichert. Der polnische Bauer z. B. pflegte früher in Westpreußen und Posen (ich bin in beiden Provinzen als praktischer Landwirth thätig gewesen) sich so lange in seinem Besitze zu erhalten, bis ihm die Gebäude einzustürzen drohten, dann verkaufte er, um sich mit dem Erlös ein kleineres Grundstück zu kaufen, und überließ es einem Deutschen oder einem reicheren jüngeren Polen, das alte Gut in Stand zu setzen.

In allen solchen Fällen ist ein nicht unbedeutender Theil der aufgenommenen Hypothekenschuld in der That der Landwirthschaft zu Gute gekommen, ist Produktivkredit im besten Sinne des Wortes. Damit soll aber nicht geleugnet werden, daß die Verzinsung der ganzen bedeutenden Schuld eine Last für den Landwirth ist, die ihm in schwierigen Zeiten wie den gegenwärtigen sehr gefährlich werden kann und vielfach in der That ruinös für ihn geworden ist. Gerade für den Bauern ist die Gefahr eine doppelt große, weil noch leider der größte Theil der Schuld in kündbarer Form vorliegt. In diesem Kreise bedarf es keines Wortes, um die Bedeutung dieses Umstandes erst in das rechte Licht zu stellen. Hier muß unzweifelhaft Hülfe geschafft werden, und über den einzuschlagenden Weg wird unter uns kaum eine Meinungsverschiedenheit obwalten: nämlich durch Organisation landwirthschaftlicher Kredit-Institute, worauf ich noch zurückkomme.

Zuvor ist aber die Frage zu erledigen, soll man überhaupt noch Individual-Hypotheken gelten lassen. Schon wiederholt, noch kürzlich in dem Landwirthschaftsrath von dem Vorsitzenden Herrn von Wedell-Malchow selbst, ist die gänzliche Beseitigung der Individual-Hypotheken in Vorschlag gebracht und zum Schutz des Bauern angerathen.

Ich möchte auf das nachdrücklichste davor warnen, bevor man nicht ausreichend Ersatz dafür geschafft: einfach weil man dem Landwirth damit das Darlehen vertheuern würde. Eine große Zahl von Kapitalisten legt besonderen Werth darauf, sich ein bestimmtes Kapital zu sichern und zieht Individual-Hypotheken jeder anderen Anlage vor, weil sie keinen Kursschwankungen unterworfen sind. Die Beseitigung dieser Eigenthümlichkeit würde unfehlbar den Landwirthen bedeutende Kapitalien entziehen. Dagegen wird der Kapitalist leichter als auf die Fixirung einer bestimmten Kapitalschuld auf Kündbarkeit verzichten. Durch die Hypothekenversicherung, die mir einen sehr gesunden Gedanken in sich zu schließen scheint, könnte der Landwirth vor der Kündigung bewahrt werden, andererseits könnten die landwirthschaftlichen Kreditanstalten allerdings Pfandbriefe mit bestimmter längerer Umlaufszeit und Einlösung al pari ausgeben, — doch dies mehr beiläufig.

Die wichtigste Frage bleibt, wie einer zunehmenden Verschuldung entgegenzuwirken ist.

Das einfachste Mittel dagegen ist offenbar, die hypothekarische Belastung des Grund und Bodens rundweg zu verbieten, und es hat ja in der neueren Zeit nicht an Vorschlägen dieser Art gefehlt. Ich rechne dazu nicht nur jene Ansprüche an den Staat, die Schulden des Grundbesitzes zu übernehmen und in ablösbare Renten zu verwandeln (natürlich um dem Wucherer seine Ansprüche mit Staatshülfe zu garantiren) und Neueintragungen fortan nicht mehr zu gestatten, was mir undiskutirbar erscheint, sondern ich rechne dazu auch die unzweifelhaft höchst interessanten, scharf durchdachten und äußerst geistvollen Vorschläge Schäffles, denen sich Preser anschließt, und über die Ruland noch hinausgeht, indem er den gesammten ländlichen Grundbesitz gleichartig behandelt, während Schäffle seine Vorschläge auf den bäuerlichen Besitz beschränkt.

Schäffle will bekanntlich dem Bauer nur Pfandschulden gestatten zur Hebung der Landwirthschaft, Bauten, Meliorationen &c., dagegen nicht im Erb- und Kauffalle. Er glaubt damit eine erhebliche Belastung des Grund und Bodens zu vermeiden. Volle Baarzahlung des Grundwerthes wird deshalb bei jeder Uebernahme von ihm verlangt. Wo sich kein angemessener Käufer findet, tritt die Bezirksverwaltung als Uebernehmer zum Taxwerth ein, die das Gut dem Erben oder in Ermangelung eines nachfragenden Erben sonstigen Liebhabern in Pacht giebt, denen die Besitzerwerbung durch jährliche Abzahlungen gestattet sein soll. Die Beleihung geschieht durch einen Bezirksausschuß, der nicht nur untersucht, ob die projektirte Anlage zweckmäßig, sondern auch nach erfolgter Beleihung kontrolirt, daß die Durchführung eine angemessene und die ganze Bewirthschaftung eine zweckentsprechende ist.

Treten wir dem Plane etwas näher.

Ich frage, ist unser ganzes Hypothekenwesen willkürlich von unpraktischen Leuten der Landwirthschaft aufgenöthigt, oder hat sich dasselbe im Laufe von Jahrhunderten aus dem römischen und germanischen Rechte allmählich historisch entwickelt und sich unseren Zeitverhältnissen angepaßt? Ist nicht die Anwendung des Kredits bei der Uebernahme des Grundbesitzes schon in uralter Zeit in der Form des Rentenkaufs eingebürgert, zu einer Zeit der Naturalwirthschaft, wo man im übrigen dem Kreditwesen noch unendlich ferne stand, einfach weil eine solche Beihülfe sich als nothwendig erwies? Muß nicht jede Beschränkung des Realkredits den weit gefährlicheren Personalkredit erweitern, von dem der Bauer sich zum Glück in der neuesten Zeit mehr und mehr emanzipirt hat?

Das Verlangen der Baarzahlung heißt den wenig Bemittelten von Erwerbung eines angemessenen Grundstückes ausschließen; hat man es nicht allgemein bisher als einen Vortheil des Kredites anerkannt, daß er dem weniger Bemittelten die Konkurrenz mit dem Reicheren erleichtert und es ihm gestattet, in unserem Falle als Besitzer eines verhältnißmäßig größeren Gutes seine Intelligenz und Arbeitskraft angemessener zu verwerthen und die Chancen der Konjunkturen, der Entwickelung der Grundrente ausgedehnter zu genießen, wenn auch damit allerdings die Gefahr verbunden ist, daß ungünstige Konjunkturen ihm entsprechende Verluste beibringen?

Man beklagt schon jetzt die ausgedehnte Auswanderung der Bauernsöhne; treibt man sie nicht noch in stärkerem Maße in das Ausland, wenn nur die wenigen in den Besitz des väterlichen Grundstücks gelangen können, die die ganze Kaufsumme baar erlegen können? Ein mäßiges Bauerngut, welches noch intensive Betheiligung des Besitzers an der gewöhnlichen Handarbeit voraussetzt, kostet heutigen Tages über 100 000 Mark. Wer solche Summe zu erwarten hat, pflegt jetzt immer allgemeiner eine Bildung mit zu bekommen, die ihm den Geschmack am Pflügen und Düngeraufladen stark verleidet, und jene Summe giebt ihm die Möglichkeit, sich eine gesellschaftliche Stellung zu verschaffen, wie sie ein bäuerliches Grundstück ihm auch nicht annähernd zu gewähren oder dafür ein Aequivalent zu bieten vermag.

Wohl weiß ich, daß es auch jetzt so wohlhabende Bauern und Bauernsöhne giebt, aber ich weiß auch, daß sie immer seltener werden, und daß diese Seltenheit in unseren ganzen Verhältnissen ihre natürliche Berechtigung findet.

Aber — kann man einwenden — Schäffle bietet ja ein Aequivalent; der Bauernsohn kann lebenslänglicher Pächter und sogar, wenn auch erst gegen sein Lebensende, Besitzer werden, — als ob das für den heutigen Bauern dasselbe wäre. — Und das ist im Auge zu behalten, daß unzweifelhaft die Folge jenes Verfahrens die allgemeine Verwandlung des jetzigen Grundbesitzerstandes in einen Pächterstand sein würde. Ist aber damit wirklich eine durchgreifende Besserung des gegenwärtigen Zustandes erreicht? — Ich bestreite das auf das entschiedenste.

Die Pacht soll an den meistbietenden Bewerber abgegeben werden; wird da nicht dieselbe Konkurrenz zu Tage treten wie jetzt? Der Gewinn aus jenem Vermittlergeschäft soll allerdings unter die Pächter und Besitzer vertheilt werden, die Verpachtung unter Kontrole der Landeskultur- und Agrarbesitzpolizei vor sich gehen. Schützt aber das alles vor zu hoher Verpachtung? Geben uns darauf die preußischen und mecklenburgischen Domänenpächter nicht die schlagendste Antwort? Sind dort die Bankrutte weniger häufig als bei den Grundbesitzern? Mit einem Worte, steht der Pächter, der 1000 Mark Pacht zahlen soll, weniger unter dem Druck der Konjunkturen als der Grundbesitzer, der 1000 M. Hypothekenzins von demselben Gute zu zahlen hat? und im Durchschnitt wird das Verhältniß sein: 1500 M. Pacht gegen 1000 M. Hypothekenzins.

So dankbar ich den betr. Autoren für die mannigfache Anregung und Belehrung bin, die sie mir durch diese Vorschläge geboten, so sehr ich den Werth der Schriften für die Studirstube anerkenne, für so gefährlich halte ich das Projekt für die Praxis. Der von mir hochverehrte Kollege will uns mit seinem Vorschlage durch eine Hinterthüre mitten in den sozialistischen Staat hineinschmeicheln, da er nicht für durchführbar hält, direkt durch die Vorderthüre hineinzuspazieren, und nicht für opportun, das Kind beim rechten Namen zu nennen. Denn der Staat ist für mich ein sozialistischer, wo Privatgrundbesitz die Ausnahme, Staats- oder Kreisbesitz die Regel ist, wo an Stelle der freien Selbstbestimmung des Landwirths in den wichtigsten wirthschaftlichen Fragen, die sein Privatinteresse auf das intensivste berühren, die Beschlüsse einer Kommission treten, die in der Hauptsache willkürlich zu entscheiden hat, ob ihm diese oder jene Handlung zuträglich, ob ihm diese oder jene landwirthschaftliche Betriebsmaßregel zu erlauben sei.

Es scheint mir, daß es nicht nothwendig ist, zu solchen radikalen Mitteln seine Zuflucht zu nehmen.

Die ganzen in der letzten Zeit gepflogenen Verhandlungen über den Gegenstand spitzen sich in einer bestimmten Weise zu und leiten auf dieselbe Organisation des Kredites hin, die wir sofort näher erörtern wollen.

Zunächst aber noch einige Worte über den Personalkredit.

Weit verhängnißvoller als die Realverschuldung ist wohl im allgemeinen den Bauern die Personalschuld geworden, und namentlich die Schriften dieses

Vereins sind sehr belehrend darüber, in welcher Weise und wie tief eingreifend der Wucher noch in deutschen Bauerndörfern haust.

Gerade darum sind die Berichte aber auch so bedeutsam, weil sie zeigen, wie man demselben entgegentreten kann, weil er in verschiedenen Gegenden bereits ausgerottet ist, und zwar durch Darlehnsvereine.

Man hat davon aber nicht die genügende Notiz genommen, sondern auch hier Radikalmittel vorgeschlagen: einmal den Bauer kreditunfähig zu machen, damit er den Kredit nicht mißbrauchen könne. Dazu gehört die Forderung, dem Bauern die Wechselfähigkeit zu nehmen und den Grundbesitz durch Personalschulden unantastbar zu erklären, nicht nur die ganz kleinen Parzellen, sondern auch die Bauerngüter, in falsch verstandener Benutzung einer amerikanischen Institution, die etwas ganz anderes im Auge hat und erreicht, wie namentlich Sehring in seinem vortrefflichen Artikel über die amerikanische Agrargesetzgebung nachweist.

Auch der Handwerker war bei uns bis vor kurzem in der Hand des Wucherers; auch er zeigte sich lange Zeit der modernen Kreditwirthschaft nicht gewachsen. Wie sähe es jetzt mit ihm aus, wenn man ihn damals, um ihn zu schützen, der Kreditfähigkeit beraubt hätte, anstatt ihm Volksbanken zur Seite zu stellen und ihn über das Wesen des Kredites zu belehren!

Man klagt mit Recht, daß der deutsche Bauer sich der Konkurrenz des Amerikaners und vielfach des großen Grundbesitzers nicht gewachsen zeigt. Kann man in der That glauben, ihn dadurch konkurrenzfähiger zu machen, daß man ihn unfreier hinstellt als jene, ihn mit Gewalt in jenen Kinderschuhen festbindet, die ihm bereits zu enge werden? Wir marschiren, denke ich, in geschlossenen Kolonnen wirthschaftlich vorwärts, die unbarmherzig über jeden hinwegschreiten, jeden zermalmen, der sich nicht entsprechend marschtüchtig zeigt und zu Boden fällt. Die Aufgabe wird sein, den Bauern in der Marschfähigkeit zu fördern, nicht aber, ihm die Bewegung zu hemmen. Wir befinden uns mitten im Zustande der Kreditwirthschaft, eine Rückbildung halte ich für absolut unmöglich. Es giebt nur den einen Weg der Hülfe, den Bauern das Nährende des Kredits richtig ausnutzen, das Giftige darin vermeiden zu lehren und ihm das Werkzeug zur Handhabung desselben zur Disposition zu stellen.

Sehr wichtig ist es, daß unsere Wanderlehrer über die Natur des Kunstdüngers aufklären, den Bauern nachweisen, welche Substanzen der Pflanze nützlich, welche schädlich; noch nützlicher aber ist es, daß sie ihnen die Natur des Wechsels, das Gefährliche einer Wechselunterschrift wie der Kündbarkeit der Hypothek erklären und sie mit dem Segen eines geregelten Depositen- und Kontokorrentverkehrs vertraut machen. Doch leider haben diese oft genug selbst nicht genügende Kenntniß davon. Wenn bei uns auch der große Grundbesitzer allgemein über Mangel an Personalkredit klagt, so ist das doch ganz natürlich, weil auch ihm meist das Depositenkonto bei einer sicheren Bank fehlt, ohne das er niemals einen jederzeit flüssigen Personalkredit erlangen kann. Man hat in der neuern Zeit wiederholt an die Hülfe der Reichsbank appellirt und sich darüber beschwert, daß sie dem Grundbesitzer nicht zugänglich sei. Darin liegt aber eine gänzliche Verkennung der Aufgaben jenes großen Institutes, das nach dem Vorgange der englischen Bank mit kleinen Privatleuten überhaupt nicht in Geschäftsverbindung treten sollte. Wenn sie sich aber auch darauf einließe, wäre sie ebensowenig wie die Bankiers im Stande den Ansprüchen der Landwirthe an

Personalkredit zu genügen ohne einen geregelten Kontokorrentverkehr, der es ihr ermöglicht über die finanzielle Lage ihrer Kunden ein sicheres Urtheil zu gewinnen und fortdauernd zu kontroliren, nicht nur, ob die Vermögenslage eine entsprechende, sondern auch ob die schuldigen Summen auch im richtigen Momente flüssig zu machen sein werden, was bei dem Landwirthe bekanntlich eine Hauptschwierigkeit und für die Bank schwer zu beurtheilen ist. Daher ist es die erste Aufgabe dem Landwirthe die Kreditinstitute räumlich näher zu rücken, und einen beständigen Geschäftsverkehr zwischen ihnen zu erleichtern.

Rodbertus, auf den man sich so gerne beruft, hat sich nicht darüber den Kopf zerbrochen, wie man dem Landwirth den Personalkredit erschwert, sondern wie man ihn ihm zugänglicher macht, und so wenig ich sonst mit jenem Autor Hand in Hand zu gehen vermag, für so beachtenswerth habe ich stets seinen Vorschlag der Organisation der landwirthschaftlichen Kreditanstalten gehalten. Der Grundgedanke ist bekanntlich:

Selbstverwaltung des gesammten landwirthschaftlichen Kredites durch den Grundbesitzerstand mittels einer allgemeinen Landesanstalt, die durch sämmtliche Kreise des Staates verzweigt ist und in einer gemeinschaftlichen Zentralbehörde ihren Mittelpunkt hat. Das Institut soll zugleich Kreditanstalt und Hypothekenamt sein und zwei Abtheilungen bilden, je für den Immobiliar- und Personalkredit, so daß die letztere eine Depositen-, Noten- und Wechselbank bilden würde. Rodbertus will durch dieses Institut allerdings jede andere Kreditanstalt verdrängen, wie eine anderweitige Belastung ausschließen. Ich glaube nicht, daß dazu ein zwingender Grund vorliegt, und dann soll man es vermeiden. Ich halte vielmehr die Konservirung der Landschaften für wünschenswerth, eine Trennung der großen und kleinen Güter für vortheilhaft und beizubehalten, wie dies früher bei den Landschaften der Fall war.

In ähnlicher Weise hat der Professor E. J. Becker zu gleicher Zeit mit Rodbertus in seiner Schrift „Die Reform des Hypothekenwesens" die Organisation einer solchen über das ganze Land verbreiteten Kreditanstalt in vortrefflicher Weise bis in die Details hin ausgearbeitet. Auch bei ihm sollen die unteren Organe, die Grundbuchämter, in den einzelnen Kreisen sein. In jedem Buchamte fungiren zwei Beamte, ein juristisch gebildeter und ein Leiter der administrativ-kommerziellen Verwaltung. Neben jenen Beamten steht ein von den Grundbesitzern gewählter Vertrauensmann. Die Beschaffung der Mittel, die Prinzipien der Ausleihung sind unsern Landschaften ähnlich mit Abweichungen, die mir von zweifelhaftem Werthe erscheinen. Das Fruchtbare in der ganzen Idee, welche ja neuerdings von verschiedenen Seiten aufgenommen ist, liegt darin, daß dafür Sorge getragen werden soll, daß im ganzen Lande verbreitet kleine lokalisirte Darlehnskassen geschaffen werden, und ich glaube, daß der Wirkungskreis der Lokalbank im allgemeinen noch wesentlich kleiner gezogen werden muß, als die landräthlichen Kreise (was Becker auch in Aussicht genommen hatte), damit sie in der unmittelbarsten Nachbarschaft des Darlehnsnehmers stehen, damit die Leiter seine Verhältnisse genau kennen und ohne Schwierigkeit zu überwachen vermögen, wie dies von den Raiffeisen'schen Darlehnskassen ja erstrebt und durchgeführt wird, deren segensreiche Erfolge in den Berichten so hell beleuchtet sind. Um den auszugebenden Obligationen einen allgemeinen Kurs zu verschaffen, ist es weiterhin natürlich erforderlich, die Lokalbanken zu gemeinsamer Bürgschaft für die Provinz, schließlich für den Staat zu vereinigen, wie ebenso die Abtheilung für Personalkredit ihre Aufgaben nur dann angemessen zu erfüllen vermag, wenn sie mit größeren Bankinstituten, womöglich mit der Reichsbank, in engstem Geschäftsverkehre steht. Daß dies durch gemeinsame Haftung des Grundbesitzes genügend gestützt und ohne Staatshülfe gesichert werden kann, ist wohl unzweifelhaft.

Becker wünschte nur Grundschulden zuzulassen, doch scheint mir das bedenklich, für Bauern sogar unhaltbar. Ich glaube, daß die Bankinstitute nur dann die Individualhypotheken verdrängen können, wenn sie auch den Hypothekarkredit in zwei Theile zerlegen und verschieden behandeln. Der eine Theil betrifft den eigentlichen Ankaufskredit des Grund und Bodens, der deshalb auch allein dafür haftend anzunehmen ist. Der zweite Theil betrifft den landwirthschaftlichen Bau-, Meliorationskredit u. s. w.; für den eben auch die Bauten-, Meliorationen u. s. w. nebst der Person des Schuldners haftend gedacht sind. Auch hierfür bedarf der Landwirth längeren Kredits, welcher eine Realverpfändung nothwendig macht, die aber hier einer Ergänzung durch den persönlichen Kredit des Landwirths nicht immer entrathen kann; das trifft aber beim Bauer, je kleiner er ist, um so mehr zu. Kann der Gläubiger bei der ersten Art auf die Amortisation sehr wohl verzichten, so ist sie bei der zweiten unentbehrlich und muß mit Schärfe gehandhabt werden sowohl im Interesse des Gläubigers wie des Schuldners, was ja auch neuerdings von der schlesischen, westpreußischen Landschaft und anderen bereits geschieht. Gerade bei dieser 2. Abtheilung ließe sich vielleicht auch am zweckmäßigsten der früher angedeutete Ersatz für die Individualhypothek anbringen, indem die amortisirten Quoten nicht durch Auslosung zur Tilgung der Pfandbriefe verwendet würden, sondern indem über die betr. Beträge Pfandscheine mit 5-, 6- bis 10- und 15jähriger Umlaufszeit zur Ausgabe gelangten, und die Bank nur die jährlichen Abzahlungen entsprechend aufsammelte und bis zum Fälligkeitstermin der Scheine verwaltete.

Dem Bauern so gut wie dem großen Grundbesitzer unkündbare Darlehn zum Landeszinsfuß zu verschaffen ist die unbedingteste Pflicht. Die Möglichkeit dazu scheint mir auf der Hand zu liegen. Und ebenso kann durch die erwähnte Organisation dem Bedürfnisse des bäuerlichen Personalkredits ausreichend genügt werden, um dem Wucher immer engere Schranken zu ziehen.

Ich bin am Schlusse. Endlich. Ich habe Ihre Geduld übermäßig in Anspruch genommen. Möchten Sie aber finden, daß wohl mein Thema zu breit gewesen ist, nicht aber meine Ausführung. Wohl bin ich mir bewußt nicht viel Neues und besonders nicht viel durchgreifende Vorschläge für Gesetz und Verwaltung geboten zu haben. Mein Bestreben war es aber besonders dem übertriebenen Pessimismus entgegenzutreten, der sich in der neuern Zeit bei uns kund giebt und der dazu angethan ist dem Landwirth das Selbstvertrauen, das Beste was er hat zu rauben. Ich suchte darauf aufmerksam zu machen, daß der Bauer nicht in schlimmerer Lage ist als der große Grundbesitzer, daß das beste Mittel den Bauernstand zu erhalten darin liegt, ihn in seinem landwirthschaftlichen Betriebe zu heben und ihm die Mittel an die Hand zu geben sich in die moderne Kreditwirthschaft einzuleben. Man soll ihn heben, nicht künstlich herabdrücken. Wohl ist die Krisis, die wir zu durchleben haben, schwer, aber sie kann dazu dienen, den Bauern aus seiner grenzenlosen Lethargie aufzurütteln, und sie könnte dann sogar zum Segen für unser Vaterland werden. Nichts wäre aber trauriger, als wenn man ihn durch die Aussicht auf Staatshülfe in seinem alten Schlendrian bestärkte. Die Gesetzgebung kann und muß ihn bei der Erbfolge stützen und den Druck der Steuerlast erleichtern, die Verwaltung kann und soll in mannigfacher Hinsicht helfend eintreten. Die Hauptsache bleibt aber den landwirthschaftlichen Kreisen selbst vorbehalten, und ich habe die Ueberzeugung, daß der Bauernstand Kraft genug besitzt um auch diese Krisis ohne äußere direkte Hülfe zu überstehen und sich gedeihlich weiter zu entwickeln, wie während dieses ganzen Jahrhunderts, denn wir sind nicht im Rückschritt sondern im Fortschritt begriffen.

Wir essen unser Brod alle jetzt mit mehr Sorgen als unsere Väter und Großväter, aber wir essen besseres Brod und haben mehr dazu als sie.

Korreferat

von Ministerialrath Buchenberger (Karlsruhe)

über

Maßregeln der Gesetzgebung und Verwaltung zur Erhaltung des bäuerlichen Grundbesitzes,

im Anschluß an die Ergebnisse der Untersuchung über die bäuerlichen Zustände.

Hochgeehrte Herren! Indem ich mich anschicke, meiner Aufgabe mich zu entledigen, kann ich zu meiner Genugthuung bemerken, daß ich, wenn auch nicht in allen, so doch in vielen wesentlichen Beziehungen mit meinem Herrn Vorredner in voller Uebereinstimmung mich befinde. Ich werde mich im übrigen bei meinen Ausführungen ganz wesentlich auf die Verhältnisse von Süd- und Südwestdeutschland beschränken, d. h. auf jenes Gebiet, welches ein bekannter Gelehrter mehrfach den Zwergwirthschaftswinkel Deutschlands genannt hat. Es fallen in dieses Gebiet ein Theil Bayerns, besonders Unterfranken, Württemberg, Baden, Elsaß-Lothringen, die Pfalz, Hessen; auch die preußische Rheinprovinz weist im großen und ganzen ähnliche Verhältnisse wie die südwestdeutsche Ecke auf. Eingehendere Untersuchungen über dieses Gebiet liegen bis jetzt nur für das Großherzogthum Baden vor; immerhin gewähren die in den letzten Jahren theils auf Veranlassung des Vereins für Sozialpolitik, theils auf Veranlassung des Landwirthschaftsraths erfolgten Veröffentlichungen über die wirthschaftlichen Zustände der hierher gehörigen Länder recht werthvolle Aufschlüsse — werthvoll besonders auch deshalb, weil sie, wie ich glaube, erkennen lassen, daß die Behauptung des Vorhandenseins eines allgemeinen Nothstandes, wenigstens für Süd- und Südwestdeutschland, nicht als zutreffend zu erachten ist. In der That, meine Herren, wer immer mit den wirthschaftlichen Zuständen der Landgemeinden sich vertraut gemacht hat, dem wird die Wahrnehmung nicht entgangen sein, daß neben solchen Gemeinden, deren Angehörige in gedrückten oder selbst in kritischen Verhältnissen sich befinden, oft in der unmittelbarsten Nachbarschaft gelegen, andere Gemeinden vorkommen, die auch heute noch eine sehr erfreuliche Stufe des Wohlstands aufweisen, und ebenso, daß man innerhalb derselben Gemeinde neben verschuldeten und überschuldeten Besitzern sehr oft eine große, manchmal die überwiegende Zahl solcher Wirthe antrifft, die eine nennenswerthe Verschuldung nicht aufweisen, die im Gegentheil auch heute noch wirthschaftlich vorwärts kommen und die, wenn man sie um ihr Urtheil über die Lage befragt, sehr häufig geneigt sind, über ihre in minder günstigen Vermögensverhältnissen befindlichen Berufsgenossen ein recht hartes Urtheil nämlich dahin zu fällen, daß diese Leute an ihrer unerfreulichen Lage zum großen Theil selber schuld seien. Ich selbst bin nun keineswegs geneigt, Urtheile dieser Art vollinhaltlich unterschreiben zu wollen, aber ich glaube, daß solche Stimmen aus dem Volk doch auch nicht ganz unberücksichtigt bleiben sollten, zumal in heutiger Zeit, wo in weiten Kreisen die Geneigtheit besteht, die Ursache des Rückgangs der Landwirthschaft vorwiegend in allgemeinen Verkehrsverhältnissen oder in gewissen staatlichen oder gesetzlichen Einrichtungen zu suchen, demjenigen Antheil an der Frage aber, den das ganze wirthschaftliche und sittliche Verhalten der einzelnen hat, nur eine untergeordnete Bedeutung zuzuerkennen.

Ueberhaupt, meine Herren, wäre es, wie auch aus den Ausführungen des Herrn Vorredners im vollsten Maße hervorgeht, sehr irrig, wenn man annehmen wollte, daß sich das landwirthschaftliche Problem der Gegenwart im wesentlichen in der Frage der auswärtigen Konkurrenz oder der Ueberbürdung des Grund und Bodens mit Steuern erschöpfte. Diese beiden Faktoren spielen ja überall eine gewisse Rolle, aber doch in recht vielen Gemeinden keineswegs die hervorragendste und in manchen sogar eine recht unbedeutende. Es giebt in der That eine Anzahl anderweiter Momente, die eben so sehr, manchmal selbst in noch einschneidenderer Weise als jene beiden Faktoren, die Wohlstandsverhältnisse der bäuerlichen Bevölkerung beeinflussen, und eben weil ich diesen anderweiten Momenten eine so große Bedeutung beimesse, gestatte ich mir, sie in den Vordergrund meiner Ausführungen zu stellen.

Eine erste Ursache nun, warum in einer nicht unerheblichen Zahl von Landgemeinden Süddeutschlands die heutige Lage eine recht unerquickliche, theilweise eine kritische ist, liegt nach meiner Meinung in einer thatsächlichen Uebervölkerung, in der Thatsache also, daß in diesen Gemeinden allmählich die Bevölkerung über ihren natürlichen Nahrungsspielraum hinausgewachsen ist und nunmehr innerhalb der fest gegebenen Gemarkungsgrenzen das zu ihrer Ernährung und Beschäftigung erforderliche Maß landwirthschaftlichen Areals nicht mehr vorfindet. Daß eine solche Uebervölkerung bestehe, wird freilich von manchen bestritten, aber keineswegs immer mit durchschlagenden Gründen; denn wenn beispielsweise darauf hingewiesen wird, daß andere Länder, wie Sachsen, ja noch eine wesentlich dichtere Bevölkerung aufweisen als der Süden Deutschlands, so läßt man eben außer Acht, daß überall da, wo nicht eine hoch entwickelte Industrie besteht, die viele tausend Hände in Bewegung setzt, wo vielmehr die Bebauung des Grund und Bodens die einzige oder doch die vorwiegende Nahrungsquelle für die Bevölkerung bildet, die letztere naturgemäß nur bis zu einer gewissen Grenze anwachsen kann, und daß diese Grenze selbstredend um so enger gezogen ist, je karger der Boden, je ungünstiger die klimatischen Verhältnisse sind, je geringer also die Erträgnisse sich gestalten, die einer gegebenen Flächeneinheit entnommen werden können.

Eine thatsächliche Uebervölkerung pflegt sich nach außen hin hauptsächlich in folgenden zwei Erscheinungen zu erkennen zu geben: einmal ist die Besitzvertheilung eine ungünstige, indem die kleinen und kleinsten Betriebe allzusehr dominiren; zum andern macht sich, da das im Besitz dieser Kleinbetriebe befindliche Areal nicht ausreicht, eine hinreichende Subsistenz für die Familie zu gewähren, ein sehr lebhaftes Bestreben nach Aufsuchung von Nebenverdienstquellen, und weil diese nicht immer ausreichend genug fließen, gleichzeitig ein wahrhaft fieberhafter Eifer geltend, den zu kleinen Besitz durch Zukauf oder Zupacht zu vergrößern. Indem nun aber um jeden kauf- oder pachtfrei werdenden Acker Landes eine große Zahl solcher landhungriger Kleinwirthe sich drängt, werden die Preise auf eine ungesunde Höhe hinaufgetrieben und es belasten sich in Folge dessen die kleinen Wirthe mit einer häufig geradezu enormen Schuldenlast, der sie sich eben wegen der Kleinheit des Besitzes meist nur schwer oder gar nicht mehr zu entledigen vermögen. Daher denn thatsächliche Uebervölkerung, hohe Kauf- und Pachtpreise und starke Ver- und Ueberschuldung in einer durchaus engen Wechselbeziehung stehen. Charakteristisch für alle diese Gemeinden ist das Vorhandensein von Hausindustrien oder das Bestreben, solche einzubürgern. Da aber die Landbewohner in der Regel nicht dazu angethan sind, Gebrauchsgegenstände feinerer Beschaffenheit herzustellen, da auch die Absatzverhältnisse meist schwierig sich gestalten, so bleibt der Verdienst häufig ein sehr karger, und nur in seltenen Ausnahmen — ich erinnere an die Uhrenindustrie des Schwarzwaldes — gelingt es, solchen hausindustriellen Beschäftigungen zu einer größeren Bedeutung zu verhelfen.

Am drastischsten treten diese Erscheinungen einer thatsächlichen Uebervölkerung in einigen Waldgegenden Deutschlands hervor. Mögen wir unsere Blicke auf die Eifel, die Rhön, den Taunus, den bayerischen Spessart, den hessischen und badischen Odenwald oder auf einzelne Theile des südlichen Schwarzwaldes werfen, — überall tritt uns dasselbe vorstehend gezeichnete Bild in geradezu überraschender Uebereinstimmung entgegen, überall sehen wir, wie in diesen Gegenden im Verhältniß zur Größe der Bevölkerung das zur Verfügung stehende landwirthschaftliche Areal als unzureichend erscheint, und wie in Folge dessen Frauen und Kinder, theilweise auch die Männer, sich abmühen, in hausindustriellen Arbeiten meist um wahre Hungerlöhne eine Verbesserung der wirthschaftlichen Lage herbeizuführen, ohne daß doch dieses Bestreben irgendwie von besonderem Erfolge begleitet wäre.

Seltener und auch minder drastisch zeigen sich diese Erscheinungen einer thatsächlichen Uebervölkerung in anderen Gegenden Deutschlands, — am ehesten noch da, wo das Klima und der Boden minder günstig, wo die Wirthschaftsweise daher eine mehr extensive, auf Kornbau und Viehzucht gerichtete ist. Nach meiner Kenntniß dürften außerhalb der Waldgegenden übervölkerte Striche besonders im bayerischen Unterfranken, in den altschwäbischen Landestheilen, da und dort im nördlichen und südlichen badischen Hügelland, aber selbst vereinzelt auch in der Rheinebene anzutreffen sein.

Bei der Erörterung der Maßnahmen, die zu ergreifen sind, um einer Uebervölkerung und den schweren Nachtheilen, die sich daraus ergeben, wirksam entgegenzutreten, muß man wohl im Auge behalten, daß zwischen Uebervölkerung und Besitzzersplitterung, und da die Besitzzersplitterung die natürliche Folge der

Naturaltheilung der Güter im Erbfalle ist, zwischen Uebervölkerung und bäuerlichem Erbrecht ein sehr enger Zusammenhang besteht. Weil nun aber jene Naturaltheilung der Güter im Erbwege, d. h. das System der freien Theilbarkeit, die Wirkung hat und haben muß, zu einer allmählichen Vermehrung der Wirthschaftseinheiten und deshalb zu einem verhältnißmäßig raschen Anwachsen der Bevölkerung hinzuführen, so ist klar, wie bedenklich und gefährlich es wäre und vielfach gewesen ist, dieses System für solche Gebiete zuzulassen, die ihrer ganzen Natur nach nur eine dünne Bevölkerung ertragen, deren Wohlstand also wesentlich darauf beruht, daß sich die Bevölkerung im großen und ganzen thunlichst stabil erhält. Und andrerseits ist nicht minder einleuchtend, wie es als ein Gebot politischer Klugheit sich darstellt, für Gebiete dieser Beschaffenheit jene bäuerlichen Erbrechtsformen, die die Gebundenheit des Bodens zur rechtlichen oder thatsächlichen Voraussetzung haben, nicht nur thunlichst zu konserviren, sondern auch, soweit möglich, sie nachträglich da wieder einzuführen, wo diese Gebundenheit allmählich außer Uebung gekommen oder außer Kraft gesetzt worden sein sollte. Die Stabilität der Bevölkerung aber wird durch diese letzteren Erbrechtsformen, die man gemeinhin unter der Bezeichnung Anerbenrecht zusammenzufassen pflegt, dadurch verbürgt, daß sie in sehr scharfer Weise einen indirekten Auswanderungszwang gegen die zur Gutsnachfolge nicht berechtigten Geschwister enthalten, welche eben, sofern sie nicht als Knechte oder Mägde unverheirathet auf dem Gut des Anerben verbleiben wollen, in der Regel genöthigt sein werden, außerhalb der Heimath ein neues Unterkommen sich zu suchen.

Indem ich nun derart die in den letzten Jahren so außerordentlich lebhaft und eingehend behandelte Frage des bäuerlichen Erbrechts wesentlich unter den Gesichtspunkt der Uebervölkerung rücke, ist damit für mich das Gebiet der Anwendbarkeit der beiden einander grundsätzlich gegenüberstehenden Systeme, des Systems der freien Theilbarkeit einer-, des Systems des Anerbenrechtes andrerseits gegeben: indem ich das System der freien Theilbarkeit in diejenigen Gebiete verweise, die eine dichte Bevölkerung vertragen, in denen also auch eine weitgehende Besitztheilung keinen Bedenken begegnet, — das System des Anerbenrechts aber auf diejenigen Gebiete beschränke, die nur eine dünne Bevölkerung ernähren können, für welche also eine weitgehende Zersplitterung des Besitzes und eine in Folge dessen sich ergebende dichtere Anhäufung der Bevölkerung von schweren Nachtheilen begleitet sein müßte. Ich kann also nicht so weit gehen, daß ich diesem Anerbenrecht einen unbedingten Vorzug einräumen und es verallgemeinert sehen möchte, derart, daß das Intestaterbrecht in landwirthschaftliche Güter ganz allgemein auf dem Grundsatz des Anerbenrechtes aufgebaut würde, und ich glaube, daß die Bestrebungen, die darauf abzielen, folgende Gesichtspunkte nicht genügend beachten. Einmal nicht die große in dem Anerbenrecht ruhende Gefahr der Ueberschuldung des Anerben. Wenn auch durch die Gesetzgebung in vorsichtigster Weise Vorkehr getroffen ist gegen eine Uebervortheilung des Anerben, so ist es doch einleuchtend, daß schon die Aufbringung der Zinsen und die allmähliche Aufbringung der Abfindungssumme die Leistungsfähigkeit der jungen Wirthschaft schwächt und sie in schlechten Jahren leicht ins Schwanken bringen kann. Und wie leicht sind aller Kautelen ungeachtet, die die Gesetzgebung getroffen hat, Ueberschätzungen des Gutswerthes möglich, die für den

Anerben geradezu ruinös werden können! Und was nützen alle Kautelen da, wo herkömmlicherweise — und das trifft für den ganzen Süden, aber auch für viele Gegenden Mittel- und Norddeutschlands zu — die Güter nicht auf den Todesfall, sondern schon zu Lebzeiten der Eltern übergeben werden und wo nun durchaus im Wege freien Uebereinkommens zwischen Vater und Sohn der Uebernahmepreis festgesetzt wird, so daß die übrigen Geschwister in der energischsten Weise ihre Interessen vertreten können und dann in vielen Fällen doch die Folge die sein wird, daß der junge unerfahrene Anerbe, von dem Bestreben geleitet, möglichst bald in den Besitz des Gutes zu gelangen, auch den onerosesten Bedingungen sich fügt. Höchst bezeichnend in dieser Beziehung ist es doch, daß nach allen vorliegenden Erhebungen gerade die Gemeinden des Anerbenrechts die bedeutendste Ziffer der Verschuldung aufweisen.

Ein zweiter von den Freunden der Verallgemeinerung des Anerbenrechts nicht immer genügend beachteter Gesichtspunkt ist sodann der, daß unsere bäuerliche Bevölkerung in allen Gebieten, in denen das System der freien Theilbarkeit seit langer Zeit das herrschende ist, gegen jede grundsätzliche Aenderung des Erbrechts eine tiefgreifende Abneigung zeigt. Ueberall da, wo seit Generationen das Prinzip der Gleichberechtigung der Geschwister in Fleisch und Blut der Leute übergegangen ist, würde eben das Abgehen von diesem Grundsatz der Bevölkerung als das schwerste Unrecht dünken. Von der Einführung eines Zwang-Anerbenrechts könnte unter diesen Verhältnissen wohl niemals die Rede sein; die Schaffung eines fakultativen Anerbenrechts freilich ist überall diskutabel, nur muß man sich nicht der Meinung hingeben, als ob nun von dieser Fakultät in den Gebieten, wo bisher naturaliter getheilt worden ist, ein großer Gebrauch gemacht werden würde.

Endlich aber, und das ist das Wichtigste, dürfte denn doch das Bedürfniß nach einer Verallgemeinerung des Anerbenrechts keineswegs nachgewiesen sein. In unserem badischen Lande ist der unzweifelhaft wohlhabendste Theil noch heute die Rheinebene, also jenes Gebiet, wo seit Jahrhunderten die vollständige Mobilisirung des Bodens durchgeführt ist. Hier ermöglichen eben die Güte des Bodens, die Milde des Klimas eine sehr dichte Bevölkerung, stehen also der Auftheilung des Grund und Bodens in kleine und kleinste Anwesen keineswegs entgegen. Uebrigens wäre es durchaus irrig, anzunehmen, daß überall da, wo dieses System der freien Theilbarkeit besteht, nun mit einer gewissen Naturnothwendigkeit ausschließlich Zwerggüter sich herausbilden müßten; vielmehr gehen mit der Auftheilung des Grund und Bodens im Erbfalle jederzeit gewisse Gegentendenzen in wirksamster Weise Hand in Hand. Jeder Besitzer eines im Erbwege verkleinerten Gutes hat das natürliche Bestreben, dasselbe durch Zukauf allmählich wieder zu vergrößern; und auch durch Heirathen und Erbschaften wird mannichfach das wieder vergrößert, was durch Theilung im Erbwege verkleinert worden war. Und so befindet sich denn in dem Gebiet der freien Theilbarkeit der Grund und Boden in steter Bewegung; größere Anwesen fallen aus einander, kleinere wachsen allgemach wieder zu größeren auf. Endlich aber ist ein ganz wichtiges sozialpolitisches Moment, auf das ja auch mein Herr Vorredner hingewiesen hat, das, daß diese Mobilisirung des Grund und Bodens auch dem kleinsten Tagelöhner die Aussicht eröffnet, ein Stückchen Land zu erwerben und durch Fleiß und Sparsamkeit diesen seinen kleinen Besitz mit der

Zeit zu erweitern. Sicherlich wird durch diese Aussicht, ökonomisch selbständig zu werden, eines der besten und stärksten Bollwerke gegen das Ueberhandnehmen der sozialdemokratischen Bestrebungen auf dem Lande geschaffen. Manche mißliche Erscheinung, die wir im Nordosten Deutschlands wahrnehmen: der chronische Arbeitermangel, die starke Auswanderung aus diesem an sich dünn bevölkerten Gebiet — hängt doch gewiß auch damit zusammen, daß dort dem Arbeiter, dem Tagelöhner die Erwerbung von Grund und Boden so außerordentlich erschwert ist, daß es nicht Wunder nehmen kann, wenn in dem ärmeren Theil der Bevölkerung ein eigentliches Heimathsgefühl sich nie recht zu entwickeln vermochte. —

Nach allem komme ich zu dem Schluß, daß ein unbedingter Vorzug keinem der beiden sich grundsätzlich gegenüberstehenden Erbrechtssysteme einzuräumen ist. Das Anerbenrecht dürfte einen werthvollen Damm bilden gegen Uebervölkerung und daher für solche Gebiete passen, die nur eine dünne Bevölkerung ertragen; in dem System der freien Theilbarkeit anderntheils schaffen wir ein Bollwerk gegen das Umsichgreifen sozialdemokratischer Bestrebungen, weshalb es namentlich für die mit Städten durchsetzten Gebiete am Platze sein wird, die der Ausdehnung der sozialdemokratischen Propaganda auf das Land besonders preisgegeben sind. Die Gefahren des Anerbenrechts, wesentlich in einer Verschuldung des Anerben wurzelnd, werden besonders da hervortreten müssen, wo der Boden günstig, der Absatz in nah gelegene Verkehrszentren leicht und gut, wo in Folge hiervon die Bodenpreise hoch und wo wegen der Nähe der Städte die Aufrechterhaltung eines Präzipuums für den Anerben besonders schwierig sich erweisen würde. Umgekehrt werden die Gefahren des Systems der freien Theilbarkeit da besonders hervortreten, wo die Böden gering, die Absatzverhältnisse schwierig, Gelegenheit zu Nebenverdienst nur in unzureichendem Maße vorhanden, wo also mit einem Wort der landwirthschaftliche Kleinbetrieb Fiasko machen müßte. Daher auch aus diesen Gründen das Anerbenrecht in die minder fruchtbaren, mehr extensiv zu bewirthschaftenden, industriearmen, das System der freien Theilbarkeit in die fruchtbaren, eine intensive Bewirthschaftung ermöglichenden, industriereichen Gegenden zu verweisen ist. Ganz allgemein werden hiernach die Voraussetzungen für die Einführung des Anerbenrechts in Nord- und Mitteldeutschland in höherem Maße gegeben sein als im Süden mit seinem ausgeprägten Handelsgewächs- und Rebbau und seiner da und dort geradezu gartenmäßigen Bestellung des Bodens; nur die eigentlichen Walddistrikte und jene von Natur aus minder günstig ausgestatteten Gegenden Süddeutschlands dürften für das Anerbenrecht wirthschaftlich vereigenschaftet sich erweisen, die bei vorwiegend landwirthschaftlichem Charakter auf einen mehr extensiven Landwirthschaftsbetrieb sich angewiesen sehen. Eben deshalb wird aber auch eine einheitliche Regelung dieser Materie in dem künftigen deutschen Zivilgesetzbuch zu unterbleiben, die jeweilige Regelung des bäuerlichen Erbrechts vielmehr der Partikulargesetzgebung der Einzelstaaten vorzubehalten sein.

Haben sich nun irgendwo einmal Zustände einer thatsächlichen Uebervölkerung herausgebildet, so ist klar, daß von einer prinzipiellen Aenderung des Erbrechts eine unmittelbare Hilfe nicht erwartet werden kann. Aber auch von sonstigen Maßnahmen der Staatsgewalt — mögen sie in Steuererleichterung oder im Hinwirken auf intensiveren Betrieb bestehen — wird man sich eine durchgreifende Hilfe nicht wohl versprechen dürfen. Eine wirksame Abhilfe dürfte vielmehr nur zu erwarten sein entweder von einer Verpflanzung von Industrien in diese Gebiete — daher denn die thunlichste Förderung der Industrie, namentlich auch der Exportindustrie, so sehr gerade auch im Interesse der landwirthschaftlichen Bevölkerung liegt — oder, sofern sich jene Verpflanzung nicht als thunlich erweist, von einer Entlastung des übervölkerten Bodens durch den Abzug eines Theils der nachwachsenden Generation, sei es in Städte oder in Landorte, die noch Arbeitermangel aufweisen, oder aber — und das wird vielfach die Regel sein — in das Ausland, weshalb eben auch die Kolonialbestrebungen der Gegenwart mit unserer landwirthschaftlichen Frage in einem engeren Zusammenhange stehen, als mancher heute noch anzunehmen geneigt ist. Leider tritt diesem höchst wohlthätigen Prozeß der Entlastung des Grund und Bodens durch Abzug eines Theiles der Bevölkerung da und dort der Umstand hinderlich entgegen, daß das an und für sich berechtigte Heimathsgefühl zu einer unwirthschaftlichen Art von Schollenkleberei ausartet, welche lieber unter Entbehrungen aller Art auf der ererbten Scholle ausharrt, als daß sie sich zu entschließen vermag, außerhalb der Heimath eine neue Existenz sich zu gründen. Diese Schollenkleberei hängt theils mit gewissen Stammeseigenthümlichkeiten zusammen — wie man denn leicht beobachten kann, daß im allgemeinen die Angehörigen des fränkischen Stammes seßhafter sind, als die um vieles wanderlustigeren Schwaben und Alemannen —, theils aber auch mit gewissen sozialen Institutionen, wobei namentlich an das Vorhandensein eines reichen Allmendgenusses zu denken ist. So werthvoll auch der Besitz von Allmenden in vielen Beziehungen für die Gemeindegenossen sein mag, so ist doch nicht zu verkennen, daß die Aussicht, früher oder später in den Besitz eines solchen Allmendgenusses zu gelangen, eine starke Versuchung für die jungen Leute bildet, in der Heimathgemeinde zu verbleiben und frühzeitig einen Hausstand zu gründen, wobei dann, weil eben doch die Grundlagen der Existenz dieser Leute sehr unsichere sind, oft schon nach kurzer Zeit das Proletariat der Gemeinde einen neuen Zuwachs und der Armenaufwand eine abermalige Steigerung erfährt. Eine Regelung des Allmendgenusses in dem Sinn, daß erst in einem vorgerückten Alter die Bürger in den Genuß eintreten, dürfte vielleicht geeignet sein, dieser unwirthschaftlichen Form der Schollenkleberei einigermaßen entgegen zu wirken. —

Eine zweite Ursache, warum die Lage der Landwirthschaft heute vielfach eine bedenkliche ist, liegt in der Ueberzahlung bei Käufen und Gutsübernahmen, eine wirthschaftliche Sünde, die leider sehr weit verbreitet ist und die in an und für sich ungünstigen Zeitläuften selbstredend doppelt verhängnißvoll sich erweisen muß. Dieses Ueberzahlen wird da noch als entschuldbar erscheinen, wo die Bezahlung, was aber nur selten der Fall, aus baaren Mitteln des Wirthschafters erfolgt; unentschuldbar aber dann, wenn sie lediglich als die Folge einer mangelhaften Werthung der Grundstücke oder einer gewissen bäuerlichen Großthuerei, die mehr in einem ausgedehnten als in einem gut bewirthschafteten Besitz ihre Befriedigung findet, sich darstellt. Außer allem Zweifel steht, daß wir in dieser Ueberzahlung eine der tiefsten Ursachen der Verschuldung und des dermaligen Darniederliegens der Landwirthschaft zu erblicken haben, und unbefangene Landwirthe haben mich wiederholt versichert, daß an eine Gesundung der Verhältnisse insolange nicht zu denken sei, ehe nicht diese abnorm gesteigerten, theilweise geradezu imaginären, in den wirklichen Ertragsverhältnissen keine Grundlage findenden Bodenpreise allmählich wieder auf ein vernünftiges Maß zurückgegangen sein werden.

Es ist nun klar, daß eine wirksame Abhilfe gegenüber diesen wirthschaftlichen Verirrungen wohl nur von einer wachsenden wirthschaftlichen Einsicht der Betheiligten, also von einer Hebung der Allgemein-Bildung der bäuerlichen Bevölkerung erwartet werden darf. Die Angehörigen des bäuerlichen Standes müssen eben erkennen lernen, daß es auch für sie nothwendig ist, mehr als seither kaufmännisch zu rechnen; sie müssen beherzigen, daß auch sie bei ihren wirthschaftlichen Handlungen ausschließlich durch ökonomische Motive sich leiten lassen dürfen und nicht durch Regungen und Erwägungen anderer Art.

Indem nun aber die durch unbesonnenen Landerwerb zu übermäßigem Preise begangenen Sünden um so schwerer auf dem landwirthschaftlichen Betrieb lasten, je ungenügender für die Organisation des landwirthschaftlichen Kredites gesorgt ist, so erhellt, wie die Frage nach einer möglichst sachgemäßen Organisation dieses Kredites heutzutage doppelt schwer in den Vordergrund treten muß. Es sind in dieser Beziehung durch den Herrn Vorredner alle wesentlichen Punkte bereits so eingehend beleuchtet worden, daß ich glaube, mich auf folgende kurze Bemerkungen beschränken zu sollen.

Bei uns im Süden und Südwesten Deutschlands fehlt es im allgemeinen an Geld und Geldinstituten nicht, und da ein großer Theil des Hypothekenverkehrs durch die örtlichen und Bezirks-Sparkassen und die ebenfalls ziemlich zahlreichen Kirchen- und weltlichen Stiftungsfonds befriedigt wird, in welchen Kreditanstalten die bäuerliche Bevölkerung nachsichtige und loyale Gläubiger besitzt, so ist es erklärlich, warum bei uns das Bedürfniß nach Kreirung weiterer Kreditanstalten und namentlich staatlicher Kreditanstalten weniger laut geworden ist. In den letzten Jahren ist das freilich theilweise anders geworden, namentlich unter dem Druck der Empfindung, daß der Zinsfuß selbst sog. gemeinnütziger Institute im Verhältniß zur jetzigen Rentabilität des Grundbesitzes doch häufig ein recht hoher ist, indem er sich zumeist auf 5—5½ beläuft und je nach der Art der Darlehnsbedingungen durch die nöthig werdende Prolongation sich manchmal noch steigert. Hierzu kommt dann noch die Gefahr der Möglichkeit der jederzeitigen Kündigung. Und da diese Kündigung häufig zu einer Zeit eintreten wird, wo der Zinsfuß steigt, so wird eben die Kündigung für den Schuldner in der Regel mit einer Erschwerung der Darlehnsbedingungen gleichbedeutend sein, wenn nicht überhaupt eine unzeitige Kündigung sofort eine Katastrophe für den Schuldner herbeiführt. Da ferner unter den heutigen Rentabilitätsverhältnissen die zur Abtragung von Schuldposten verfügbaren Wirthschaftsüberschüsse gegen früher wesentlich geringere geworden sind, so ist eben auch viel mehr als früher auf möglichst langsame Schuldentilgung Werth zu legen. Daher neben mäßigem Zinsfuß Unkündbarkeit des Kredites und Möglichkeit langsamster Schuldentilgung mittels Annuitäten die beiden Hauptforderungen sind, die man an eine gute Ordnung des landwirthschaftlichen Realkredits zu stellen haben wird. Zweifelhaft freilich bleibt, ob von einem unkündbaren Annuitätenkredit in den Kreisen unserer landwirthschaftlichen Bevölkerung umfassender Gebrauch wird gemacht werden wollen, und es wäre sehr lehrreich, wenn darüber anderwärts gemachte Erfahrungen mitgetheilt werden könnten. Nach meinem Dafürhalten dürfte ein Bedürfniß nach einem solchen Kredit vorwiegend für diejenigen Distrikte bestehen, die auf Kornbau und Viehzucht angewiesen sind, weil hier die Rente eine besonders mäßige und daher starke Abtragungen nicht möglich sind. Für Handelsgewächsdistrikte wird dagegen das Bedürfniß weniger hervortreten, weil die hier zeitweise sehr günstigen Konjunkturen auf einmal erhebliche Kapitalabtragungen gestatten. Und völlig unbenutzbar dürften solche Kreditinstitute für die Rebdistrikte sein, weil mit dem sprunghaften Gang der Wirthschaft in Reborten die Aufbringung regelmäßiger Annuitäten von bestimmter Höhe sich nicht verträgt.

Neben der Fürsorge für die Regelung des Kredits werden übrigens auch solche Maßregeln in Betracht gezogen werden müssen, die geeignet erscheinen, theils die unbesonnene Inanspruchnahme des Realkredites zu erschweren, theils den verschuldeten Besitzer in seinem Besitz gegen rücksichtslose Betreibungen einigermaßen zu schützen. Außer der Herbeiführung von Kartellen zwischen den Landwirthen einer Gemeinde mit der Verpflichtung, an den Güterversteigerungen gewerbsmäßiger Güterhändler sich nicht zu betheiligen, wie solche in den letzten Jahren da und dort in Baden zu Stande gekommen sind, — neben dem höchst wohlthätigen Aufkauf von Kaufschillingsforderungen durch öffentliche Kreditinstitute, um die Schuldner aus den Händen häufig unreeller Gläubiger zu bringen, — dürfte vielleicht das wirksamste und wichtigste sein: eine Regelung des Systems der Zwangsvollstreckung in ganz Deutschland im Sinne der preußischen Subhastationsordnung vom Juli 1883 d. h. die Einführung des sogenannten Deckungssystems im Gegensatz zum Verkaufssystem. Während es nämlich das Wesen des sogenannten Verkaufssystems ist, daß jeder Gläubiger den Liegenschaftszugriff durchführen kann ohne Rücksicht auf die Rechte des vorangehenden Gläubigers, gehört es zum Wesen des Deckungsverfahrens, daß der Zwangsverkauf immer nur geschehen kann unter Wahrung der besseren Rechte der vorangehenden Gläubiger, insbesondere also nur dann, wenn das höchste Gebot zur Deckung der Vorhypotheken ausreicht. Hierdurch werden nicht nur die Gläubiger erster Hypothek im ruhigen Besitz ihrer Hypotheken geschützt, es wird auch frivolen Betreibungen nachstehender Gläubiger, die manchmal nur eine ganz geringe Forderung haben, ein Riegel vorgeschoben und gleichzeitig verhütet, daß ein Schuldner aus seinem Besitz verdrängt werden kann, ohne daß er selbst seiner Schulden ganz entledigt wird. Eine weitere sehr bemerkenswerthe Folge, die sich an die Annahme des Deckungssystems knüpft, ist sodann die, daß dasselbe zu einer künstlichen Einschränkung des Nachhypothekarkredites führt, und gerade darin werden alle diejenigen eine besonders wohlthätige Wirkung erkennen, die sich überzeugt haben, daß eben ein großer Theil der jetzigen Uebelstände wesentlich in der unbesonnenen Inanspruchnahme des Kredits, „in der freiwilligen Verschuldung", wie Schäffle es nennt, begründet liegt. Im Gegensatz hiezu begünstigt das Verkaufssystem geradezu den Nachhypothekarkredit, weil jeder nachstehende Gläubiger Hoffnung hat, sein Geld zu erhalten, wenn auch nicht durch Anweisung auf den Erlös, so doch dadurch, daß er selbst als Steigerer bei der Zwangsversteigerung auftritt und das von ihm erstandene Gut, das er frei von Pfandlasten besitzt, nunmehr wieder an andere ihm verschuldete Landwirthe zu günstigen Bedingungen anzubringen sucht. Die Vortheile, die sich aus der Annahme des Deckungssystems für die Schuldner ergeben würden, fallen daher theilweise mit jenen zusammen, die man sich von gewisser Seite aus der Uebertragung der amerikanischen Heimstättengesetzgebung auf Deutschland versprochen hat, eine Uebertragung, die ja so ohne weiteres sicherlich nicht durchführbar wäre. Leider stehen der allgemeinen Durchführung des Deckungssystems überall da, wo die Grundsätze des modernen Pfandrechts — die Grundsätze der Spezialität und Publizität — nicht durchgeführt sind, die allergrößten Schwierigkeiten entgegen, und man wird sich deshalb in diesen Ländern (z. B. in denen des code civil) bis zum Erlaß des deutschen Zivilgesetzbuches gedulden müssen, in welches, wie man annimmt, die Grundsätze des Deckungssystems Aufnahme finden werden.

Eine dritte Ursache, weshalb in einer Anzahl von Landgemeinden Süd- und Südwestdeutschlands die heutige Lage eine so unerfreuliche und der Schuldenstand theilweise ein so besorgnißerregender ist, liegt in dem Vorkommen wucherischer Geschäfte. In vielen Gemeinden, die an sich die Bedingungen des Gedeihens hätten, ist hier die Wurzel des Uebels; in anderen wird die an sich schlimme Lage durch das Umsichgreifen wucherischer Geschäfte wesentlich verschärft. Der Wucher tritt dabei in der Form des Darlehns-, des Vieh- und des Güterwuchers auf. In der ersten Form ist er seit Erlaß des Wuchergesetzes, welches ohne Zweifel günstig gewirkt hat, seltener geworden; mit um so größerer Energie haben sich leider die betreffenden Geschäftsleute nunmehr auf den Vieh- und Güterwucher geworfen. Der Vieh- und Güterhandel dient dabei häufig nur als Vorwand, um in Geschäftsverbindung mit gewissen Landwirthen zu treten, irgend eine Geldverbindlichkeit herbeizuführen, die dann durch geschickte Benutzung gewisser Momente sehr rasch sich steigert und oft schon nach kurzer Zeit den Landwirth vollständig in die Hände des Gläubigers bringt. — Eine vollständig durchgreifende Abhilfe dieser Kalamität gegenüber werden wir von einer strafrechtlichen Verfolgung allein nicht erwarten dürfen, da eben, wie hundertfältige Erfahrungen zeigen, die Schuldner aus Furcht vor ihren Gläubigern zu schweigen pflegen und deshalb zahllose Wucherfälle der gerichtlichen Kognition sich entziehen. Hand in Hand mit der strafrechtlichen Verfolgung muß deshalb eine vernünftige Organisation des landwirthschaftlichen Personalkredits gehen, und in dieser Beziehung dürfte nach allen bis jetzt vorliegenden Erfahrungen in Hessen, Baden und Württemberg sich nichts so sehr bewähren wie die Gründung genossenschaftlicher Kreditinstitute mit örtlicher Begrenzung ihres Wirkungskreises — (Sehr richtig!) —, so daß es kaum eine Aufgabe giebt, die für die nächste Gegenwart wichtiger und bedeutungsvoller erscheint, als auf die Verdichtung dieses Netzes örtlicher Darlehnskassen überall da hinzuwirken, wo die personellen Voraussetzungen einigermaßen gegeben sind.

Wie man allgemein wahrnehmen kann, sind vor allem die Rebgemeinden in besonderem Maße eine Domäne des gewerbsmäßigen Wuchers, weil hier die Produktion mehr oder weniger den Charakter des Hazardspiels annimmt und die Wohlstandsverhältnisse in durchaus sprunghafter Weise sich bewegen; daher denn auch die zur Bekämpfung des Wuchers geeigneten Maßnahmen, zu welchen man wohl auch die Errichtung örtlicher Viehleihkassen rechnen kann, gerade in den Rebbezirken besonders wohlthätig sich erweisen werden.

Eine vierte Ursache des Rückgangs des Wohlstands in unseren Landgemeinden liegt in den mehr oder weniger ungünstigen Ernten des letzten Jahrzehnts. Unsere deutsche Erntestatistik ist leider noch nicht so ausgebildet, daß man auch nur einigermaßen annähernd berechnen könnte, wie groß zahlenmäßig die Einnahmeausfälle in Folge einer Anzahl minder guter Ernten für die deutsche Landwirthschaft sich berechnen; aber daß es sich hier in der That um enorme Kapitalverluste handelt, möge daraus entnommen werden, daß allein für unsere badischen Rebgemeinden der Einnahmeausfall im letzten Jahrzehnt auf 30 bis 40 Millionen Mark veranschlagt werden darf. Und zu diesen ungünstigen Ernten kamen da und dort noch mannichfache andere Schäden, Ueberschwemmungen, verheerende Hagelschläge, Auftreten zahlloser thierischer und pflanzlicher Parasiten, für deren Entwicklung der vorwiegend nasse Charakter des letzten Jahrzehnts besonders günstig war. —

Auch den vorbezeichneten Einflüssen gegenüber kann, wenn wir schon auf den Gang der Witterung einflußlos sind, doch manches geschehen, um wenigstens einigermaßen die Nachtheile, die sich aus der Einwirkung schädlicher elementarer Ereignisse ergeben, abzumildern. Vor allem ist hieher zu rechnen ein Hinwirken auf eine umfassendere Betheiligung der bäuerlichen Bevölkerung an den bestehenden landwirthschaftlichen Versicherungsanstalten und — sofern sich zeigen sollte, daß diese Nichtbetheiligung die Folge des Umstandes ist, daß die Organisation der betr. Versicherungsunternehmungen nicht genügt — ein Bedachtnehmen auf staatliche Organisationen des bezüglichen Versicherungszweiges, was namentlich von der Hagelversicherung gilt, in Bezug auf welche bei uns im Südwesten ein Zustand besteht, den man wohl als Nothstand bezeichnen darf. Ist doch auch aus diesem Grunde im letzten Jahre in Bayern die Errichtung einer Landeshagelversicherungsanstalt herbeigeführt worden. Weiterhin dürfte auf einen möglichst schneidigen und energischen Vollzug aller derjenigen Vorschriften hinzuwirken sein, die die Bekämpfung und Unterdrückung der Pflanzenschädlinge bezwecken, in welcher Beziehung eben bei unserer Landbevölkerung noch immer sehr viel Lässigkeit wahrzunehmen ist. Und endlich — da je stabiler der ganze Charakter einer Wirthschaft ist, je gleichmäßiger Einnahme und Ausgabe verlaufen, desto günstiger der Wirth sich befindet, während jede Störung durch Zwischenfälle irgendwelcher Art die Wirthschaft leicht ins Schwanken bringen kann, so wäre es gewiß von größtem Werth, wenn durch fortgesetzte Belehrungen unsere bäuerliche Bevölkerung dahin gebracht werden könnte, die Ueberschüsse besserer Jahre in Form von jederzeit flüssig zu machenden Reserven anzulegen, während jetzt meist das Bestreben herrscht, diese Ueberschüsse thunlich sofort für häufig ganz unrentable Landerwerbungen auszugeben, so daß man in schlechten Erntejahren wohl Land aber keine Einnahmen hat und alsbald wieder zum theuren und oft so verhängnißvollen Kredit seine Zuflucht nehmen muß.

Eine fünfte Ursache des Wohlstandsrückgangs in den Landgemeinden ist endlich auf eine Anzahl solcher Momente zurückzuführen, welche nachweislich die Rentabilitätsverhältnisse des Landwirthschaftsbetriebs nachtheilig beeinflussen und deren Einwirkungen wohl ziemlich gleichmäßig in allen Landgemeinden sich bemerkbar machen. Die hier in Frage kommenden Momente: Sinken des Geldwerths und in Folge dessen Steigen aller nicht nur für die privaten Bedürfnisse, sondern auch für diejenigen des landwirthschaftlichen Betriebs erforderlichen Ausgaben; erhebliches Anwachsen der öffentlichen Lasten; immer bedrohlichere Entfaltung der ausländischen Konkurrenz auf gewissen Gebieten und in Folge dessen gedrückte Preise — alle diese Momente machen sich mehr oder weniger in ganz Westeuropa in einer Weise geltend, daß es begreiflich erscheint, wenn die Erörterung der Mittel zur Hebung der gesunkenen Rentabilität dermalen im Vordergrund des öffentlichen Interesses steht. Nach meinem Dafürhalten dürfte in dieser Beziehung insbesondere auf folgendes Bedacht zu nehmen sein. Vor allem wird sich die landwirthschaftliche Bevölkerung unter den heutigen so erschwerten Verhältnissen vor der Anlage übermäßiger Preise bei der Erwerbung von Grund und Boden doppelt zu hüten haben, eine Forderung, gegen die leider fort und fort auch heutzutage immer wieder gesündigt wird. Zweitens wird mit besonderer Energie seitens der bäuerlichen Bevölkerung Bedacht zu nehmen sein auf Herbeiführung aller derjenigen Verbesserungen in der Technik des Betriebes die eine Steigerung der Rente mit einiger Wahrscheinlichkeit voraussehen lassen Auch hier ist ein außerordentlich großes und fruchtbringendes Gebiet für die Verwaltungs- und für die landwirthschaftliche Vereinsthätigkeit gegeben, da eben noch in vielen Beziehungen ertragsteigernde Wirthschaftsverbesserungen möglich scheinen, wobei nur an die sorgfältigere Auswahl des Saatguts, intensivere Düngung, namentlich auch mit künstlichen Düngemitteln, Uebergang zu rationelleren Fruchtfolgen, weitere Ausdehnung des Ackerfutterbaus, des Obstbaus, bessere Pflege der Wiesen, verständnißvolleren Betrieb der Viehzucht, sorgsamere Herrichtung der Produkte für den Verkauf — erinnert sein möge. In Süddeutschland liegt allerdings vielerorts ein Hinderniß, um in rascherer Weise zu einem rationelleren Betriebe überzugehen, in dem mangelhaften Zustande der Feldwege, in Folge dessen sich für viele Gemeinden ein Zustand thatsächlichen Flurzwanges und die Nöthigung ergiebt, an der alten Form der Dreifelderwirthschaft festzuhalten; leider aber ist für eine Vereinigung der Gemarkung, bestehe sie auch nur in der Anlegung eines rationellen Feldwegenetzes, sehr viel Verständniß noch nicht vorhanden, was allerdings weniger von Baden, wo vielmehr im letzten Dezennium auf diesem Gebiet immerhin manches geschehen ist, als für das übrige süddeutsche Gebiet: Bayern, Württemberg und Elsaß-Lothringen gilt. Erschwert wird dieser nachtheilige Zustand meist noch durch eine sehr weit getriebene Parzellirung des Bodens; ist doch für eine der badischen Erhebungsgemeinden nachgewiesen worden, daß das Areal von 1700 bis 1800 Hektaren in rund 13 000 Parzellen aufgetheilt ist.

Nicht minder wichtig als ein Hinwirken auf eine Verbesserung der Technik erscheint die Bedachtnahme auf thunlichste Herabminderung der Produktionskosten, wobei namentlich die Vermeidung überflüssigen Arbeitsaufwandes in Betracht kömmt. Vielfach sind aber die Bauernwirthschaften namentlich mit Familienarbeitskräften allzusehr übersetzt, was zum Theil mit der früher schon gerügten Schollenkleberei in Zusammenhang stehen dürfte. Ferner ist kein Zweifel, daß in manchen Wirthschaften sehr gut die kostspielige Pferdehaltung durch Ochsen- oder Kühehaltung ersetzt werden könnte. Auch in Bezug auf die Beschaffung der vielen Bedarfsartikel des Betriebs: Saatgut, Düngungs-, Fütterungsmittel, welche unsere bäuerliche Bevölkerung im großen und ganzen immer noch von dem nächsten besten Detaillisten und Zwischenhändler zu theuren Preisen bei oft schlechter Qualität zu beziehen gewohnt ist, könnten nicht unerhebliche Summen erspart werden, wenn man sich entschlösse, den Einkauf jener Bedarfsartikel im genossenschaftlichen Wege herbeizuführen. Und wenn oben bemerkt wurde, daß es eine der wichtigsten Aufgaben der nächsten Gegenwart sei, das Netz der lokalen Darlehnskassen thunlichst zu verdichten, so dürfte als eine nicht minder wichtige Aufgabe die möglichst vielseitige Gründung örtlicher landwirthschaftlicher Konsumvereine bezeichnet werden.

Behufs Besserung der Rentabilitätsverhältnisse wird endlich unsere bäuerliche Bevölkerung auch eine bessere Organisation des Absatzes der Produkte sich angelegen sein lassen müssen. Die Lage der zahllosen Kleinwirthe, die nur kleine verzettelte Mengen anzubieten haben und von denen jeder gern am raschesten losschlagen möchte, ist natürlich eine sehr ungünstige gegenüber der im Verhältniß geringen Zahl von Aufkäufern, welche die günstigste Zeit des Aufkaufs abwarten können und die nun ihre überlegene Stellung häufig mehr als billig ausnützen, was namentlich im Tabacksgeschäft oft zu recht beklagenswerthen Vorkommnissen führt. So dürfte auch die Flauheit im jetzigen Getreidehandel wenigstens theilweise damit zusammenhängen, daß der Aufkauf in zahllosen kleinen Quantitäten bei hunderten von Bauern in so und so viel Ortschaften gegenüber der Möglichkeit des Bezuges einer einzigen großen Sendung aus dem Auslande unseren Händlern und Müllern zu kostspielig, zu unbequem und zu zeitraubend erscheint. Wie deshalb bereits mehrfach und manchmal mit Erfolg empfohlen ist, für Wein, Obst, Milch den genossenschaftlichen Verkauf dieser Produkte in die Hand zu nehmen, so dürfte auch beim Getreide auf gemeinsame Verkaufsveranstaltungen, ähnlich den amerikanischen Elevatoren, hinzuwirken sein.

Während die bis jetzt besprochenen Maßnahmen zur Besserung der Rentabilität des bäuerlichen Betriebes wesentlich dem Gebiete der Selbsthilfe angehören, erübrigt zum Schlusse, noch zweier Maßnahmen zu gedenken, die sich als solche der Staatshilfe darstellen und von denen die eine auf dem Gebiet des Steuer-, die andere auf dem Gebiet des Zollwesens liegt. In der That sind Steuerermäßigung und Zollerhöhung die beiden Forderungen, die aus landwirthschaftlichen Kreisen heute am lautesten erhoben, freilich auch von anderer Seite am heftigsten bekämpft werden, weil man es hier mit Forderungen zu thun hat, die mehr oder weniger empfindlich in die Interessensphäre anderer Kreise eingreifen.

Was die Steuerfrage anlangt, so ist wohl nicht zu leugnen, daß die Leistungsfähigkeit der grundbesitzenden Kreise gegen früher eine geminderte ist. Man wird zugeben müssen, daß die landwirthschafttreibende Bevölkerung im Verhältniß ihres Reineinkommens gegenüber anderen Erwerbsklassen, namentlich im Gebiet der Großindustrie und des Großhandels vielleicht etwas allzustark herangezogen ist und daß überhaupt heutzutage noch immer in einer Anzahl von Steuergesetzgebungen das mobile Kapital sich mannichfacher Begünstigungen vor dem immobilen erfreut. Daher denn überall da, wo man diese Verhältnisse unbefangen betrachtet, das Bestreben hervortritt, das mobile Kapital stärker zu erfassen, wie das beispielsweise im Laufe dieses Jahres zum Ausdruck gekommen ist durch den Erlaß eines Kapital- und Einkommensteuergesetzes in Hessen und eines Einkommensteuergesetzes in Baden. Es ist die ausgesprochene Absicht dieser beiden Gesetze, eine Herabsetzung des Steuerfußes der sogenannten direkten Steuerkapitalien, also eine Entlastung namentlich der grundbesitzenden und der hausbesitzenden Klassen zu ermöglichen; es soll aber durch diese beiden Gesetze gleichzeitig eine andere alte Forderung der Landwirthschaft, welche auf Ermöglichung des Schuldabzuges bei der Steuer gerichtet ist, ihrer endlichen Verwirklichung entgegengeführt werden. Gleichwohl wird man, wie sympathisch man sich nun auch in Regierungskreisen diesen Wünschen der bäuerlichen Bevölkerung gegenüber stellen mag, auf sehr rasche Erfolge auf diesem Gebiet kaum rechnen dürfen; jede steuerliche Entlastung des Grund und Bodens geht eben auf Kosten anderer Erwerbskreise vor sich, und es ist menschlich begreiflich, daß eine anderweite Steuervertheilung, die diese letzteren in höherem Maße heranzieht, auf nachdrücklichen Widerstand zu stoßen pflegt[1]).

Und nun zum Schlusse noch einige Bemerkungen über die Zollfrage, die sich heutzutage auf die Getreidezollfrage zuspitzt. Wenn diese Frage so außerordentlich bestritten ist, so hängt dies nicht blos mit dem natürlichen Gegensatz zusammen, der sich sofort bei Erörterung derselben zwischen Stadt und Land ergiebt, sondern auch damit, daß in dieser Frage die Interessen der bäuerlichen Bevölkerung selbst keineswegs durchweg zusammenfallen. Denn die Angehörigen der Handelsgewächsdistrikte, der Rebdistrikte und jener Gegenden, die vorwiegend auf Viehzucht sich angewiesen sehen, sind selbstredend an dieser Frage so gut wie nicht betheiligt; aber auch innerhalb der eigentlichen Kornbaudistrikte erscheinen die landwirthschaftlichen Tagelöhner und die Kleinbauern mit einem Besitz von 10—20 Morgen, weil sie nur wenig oder kein Getreide zu Markte bringen, an der Erhöhung der Getreidezölle nur wenig interessirt. Anders verhält es sich freilich mit den Angehörigen der mittel- und großbäuerlichen Bevölkerung, welche mehr oder weniger nennenswerthe Quantitäten Getreide regelmäßig zu Markte bringen und deren Einnahmen daher durch die jeweilige Gestaltung der Getreidepreise in größerem oder geringerem Grade beeinflußt werden.

Ich muß nun offen gestehen, daß ich mich denjenigen nicht beigesellen kann, die das aus der Mitte dieses Theils der bäuerlichen Bevölkerung immer heftiger erschallende Verlangen nach einer auch nur mäßigen Erhöhung der Getreidezölle als ein schlechthin verwerfliches bekämpfen. Das Hauptargument, daß man einer Maßnahme nicht zustimmen könne, welche geeignet sei, das Brot des armen Mannes zu vertheuern, dürfte doch in der heutigen Zeit nicht mehr so ganz stichhaltig sein, wo die Getreidepreise so außerordentlich heruntergegangen sind, daß jetzt thatsächlich bei uns im Süden der Doppelzentner Weizen um 6—7 M. billiger steht als im Durchschnitt des letzten Jahrzehnts. Ich glaube, bei dieser Sachlage würde eine mäßige Erhöhung der Getreidezölle, unter welcher ich eine Verdopplung, äußerstenfalls eine Verdreifachung der seitherigen Sätze ver-

[1]) Die Staatsgrundsteuer wird im allgemeinen weniger lästig empfunden als die Belastung mit Gemeindeabgaben, die auch in Süddeutschland manchmal eine geradezu drückende Höhe erreichen. Auf eine thunliche Schonung der finanziellen Kräfte der Gemeinden wird daher in der Folge ein Hauptaugenmerk zu richten sein. Eine Entlastung der Gemeinden ist von dem Erstarken der finanziellen Leistungsfähigkeit des Staats selber bedingt; auch in dieser Beziehung kann die angestrebte Entwicklung naturgemäß nur einen sehr langsamen Verlauf nehmen.

stehe, höchstens die Wirkung haben können, diesen ganz außerordentlichen Preisrückgang um einen minimalen Prozenttheil aufzuhalten, keineswegs aber die, die Getreidepreise auf ein den Durchschnitt des letzten Jahrzehnts übersteigendes Niveau zu heben. Nur aber wenn letzteres der Fall wäre, würde jenes Argument Anspruch auf Beachtung erheben dürfen. Nicht also eine Vertheuerung der Getreide- und Brotpreise gegen seither kann jene Maßregel im Gefolge haben, sondern nur von der Wirkung begleitet sein, daß eine zu erwartende Verbilligung der Brotpreise in Folge einer mäßigen Zollerhöhung nicht in dem sonst möglichen Umfang eintritt; also, um diesen Ausdruck zu gebrauchen, nicht ein damnum emergens, sondern nur ein lucrum cessans für die konsumirende Bevölkerung steht in Frage. Daß aber irgend wer im Volke, und wäre er der ärmste, den Anspruch erheben dürfte, daß auf Kosten anderer Erwerbskreise das Brot immer billiger werden solle, das vermag ich bei allem Mitgefühl für die Lage der arbeitenden Klassen nicht zuzugestehen.

Wenn nun aber in der That die Sache so liegt, daß eine mäßige Erhöhung der Getreidepreise sich vollziehen kann ohne Erschwerung der Lebenshaltung der konsumirenden Bevölkerung, dann gewinnt zweifellos der finanzpolitische Charakter jener Maßregel eine eminente Bedeutung. In der That — in einer Zeit, in der man sich seit Jahren vergebens bemüht, mit allen möglichen Steuerprojekten im Interesse der Entlastung der Einzelstaaten Mehreinnahmen für das Reich zu erzielen, dürfte es sicherlich nicht gleichgiltig sein, mit einem Schlag auf diesem Wege eine Summe von 15—20 Millionen Mark für unsere Reichskasse zu gewinnen, ohne daß das Ausgabebudget der konsumirenden Klassen selbst gegen seither eine Steigerung erfährt. Es mag dies ja allerdings — wissenschaftlich genommen — eine recht ketzerische Ansicht sein.

Wenn ich also aus finanzpolitischen Gründen einer mäßigen Erhöhung der Getreidezölle durchaus sympathisch gegenüberstehe, so muß ich allerdings die Meinung auf das entschiedenste bekämpfen, als ob mit einer solchen mäßigen Erhöhung nun auch die Lage der bäuerlichen Bevölkerung in unmittelbarer Weise irgendwie nennenswerth verbessert werden könnte. Geht doch aus den Berechnungen der badischen Enquête hervor, daß beispielsweise ein Wirth im Süden Badens mit einem Besitz von etwas über 50 Morgen bei Verdoppelung der Getreidezölle auf eine Vermehrung von höchstens 50 Mark bei einer sonstigen Gesammteinnahme von 3000 Mark rechnen könnte, also doch nur auf eine verhältnißmäßig geringe Mehreinnahme, die gewiß nicht dazu angethan wäre, seine wirthschaftliche Lage mit einem Schlag von Grund aus umzugestalten. Und doch stellen diese Bauern mit einem Besitz von 50 Morgen und mehr nur etwa 2—3 % aller landwirthschaftlichen Betriebe des Landes dar. Und bedenkt man wie heutzutage die Preise des Getreides so außerordentlich gesunken sind gegenüber dem Preisdurchschnitt des letzten Jahrzehnts, während doch selbst dieser Durchschnittspreis seiner Zeit als durchaus ungenügend erachtet worden ist, wie sollte denn da eine so minimale Erhöhung des Zolles für die Rentabilitätsverhältnisse Wandel schaffen können! Außer Frage ist deshalb, daß wenn auf dem Wege der Getreidezollpolitik der bäuerlichen Bevölkerung geholfen werden soll, nicht minime, sondern sehr hohe Zölle nöthig sind, daß man die Zölle nicht verdoppeln, sondern veracht- oder verzehnfachen muß.

Ist es aber denkbar, daß in absehbarer Zeit solch hohe Zollsätze zur Einführung gelangen? Ich glaube: angesichts der Befürchtung, die in weiten Kreisen sich geltend machen würde, daß hohe Zölle allerdings eine empfindliche Wirkung auf die Brotpreise haben würden, angesichts des Standes der öffentlichen Meinung in den Städten, angesichts der Rücksichten, die man auf die Stimmung der Handwerker und der arbeitenden Klassen und auf die Verhältnisse der Exportindustrie zu nehmen genöthigt sein wird, dürfte in der That die Aussicht, daß in absehbarer Zeit ein Reichstag sehr hohe Zölle beschließt, nur eine verschwindend kleine sein. Und deshalb ist es allerdings auch meine Ueberzeugung, daß überhaupt mit den Mitteln der Getreidezollpolitik unserer bäuerlichen Bevölkerung und namentlich demjenigen Theil derselben, der am meisten der Aufhilfe bedarf, nämlich der klein- und mittelbäuerlichen, nicht oder doch nur in sehr unbedeutendem Maß geholfen zu werden vermag. Alle die anderen, eine Besserung der wirthschaftlichen Lage verbürgenden Maßnahmen der Gesetzgebung und Verwaltung gewinnen in Folge dessen eine um so höhere Bedeutung.

Damit, meine Herren, bin ich am Schlusse meiner Ausführungen angelangt, und auch ich muß um Ihre Nachsicht bitten, wenn ich vielleicht das mir gesetzte Zeitmaß überschritten und Ihre Geduld allzusehr in Anspruch genommen habe. Es würde mich freuen, wenn Sie meinen Ausführungen entnehmen wollten, daß es keineswegs nur einzelne wenige, sondern daß es meist sehr komplizirte Verhältnisse sind, die die Wirthschaftslage unserer bäuerlichen Bevölkerung nachtheilig zu beeinflussen vermögen, und daß daher auch nicht ein Universalmittel existirt zur Heilung der Schäden unserer Zeit, sondern daß an unzähligen Punkten der Hebel angesetzt werden muß, wenn durchgreifende Erfolge erzielt werden sollen. Aber auch das werden Sie vielleicht meinen Ausführungen entnommen haben, daß, was auch immer von Seiten des Staates geschehen kann zur Besserung der Lage der landwirthschaftlichen Bevölkerung, alle die möglichen Gesetzgebungsakte und Verwaltungsmaßnahmen doch nur ein Nothbehelf bleiben, der die Gewähr völligen Gelingens keineswegs in sich trägt, wenn nicht mit diesen Bestrebungen der Staatsregierung Hand in Hand geht die wachsende wirthschaftliche Einsicht der Betheiligten, wenn nicht unsere bäuerliche Bevölkerung in Sinnes- und Denkweise eine ganz andere wird, als sie seither war. Immer und immer wieder hat sich mir deshalb bei der badischen Enquête, die ich ja von Anfang bis zu Ende in ihren kleinsten Einzelheiten zu verfolgen Gelegenheit hatte, die Ueberzeugung aufgedrängt, daß die bäuerliche Frage der Gegenwart im eminenten Sinne des Wortes eine Erziehungs- und Bildungsfrage ist.

Zu einem düster in die Zukunft blickenden Pessimismus scheint auch mir kein Anlaß vorzuliegen. Es ist doch sehr tröstlich, daß neben so vielen trüben Bildern, die die über ganz Deutschland vorliegenden Berichte entrollt haben, auch solche erfreulichster Art sich gefunden haben. Auch unsere badische Enquête hat deren nicht wenige aufzuweisen, und wie leicht wäre es denjenigen, die diese Enquête einzuleiten hatten, gewesen, die Zahl dieser sogenannten guten Gemeinden um ein beliebiges zu vermehren. Und das dürfte ja überhaupt das werthvollste und interessanteste Ergebniß aller bis jetzt für Deutschland veranstalteten Erhebungen sein, daß klargestellt worden ist, wie auch unter den heutigen so schwierigen Verhältnissen der einzelne seinen Wohlstand zu behaupten, ja selbst wirthschaftlich vorwärts zu kommen vermag, wenn nur immer mit den Tugenden des Fleißes, der Sparsamkeit und der Nüchternheit — Tugenden, die, wie wir alle wissen, bei der ländlichen Bevölkerung im großen und ganzen in so erfreulicher Weise sich vorfinden, — auch die Tugend der wirthschaftlichen Vorsicht sich verbindet.

Auch das möchte ich zum Schluß noch betonen, daß unsere bäuerliche Bevölkerung in ihrer Mehrheit einem muthlosen Pessimismus keineswegs huldigt, daß man vielmehr überall in den Dorfgemeinden Anzeichen eines zähen Selbstvertrauens begegnet. Pessimismus oder gar malkontente Gesinnung wird man nur sehr vereinzelt und meist nur innerhalb großbäuerlicher Kreise antreffen, deren Angehörige, unter besseren Verhältnissen aufgewachsen, sich in die heutige schwierige Lage noch nicht haben finden können, die frühere Gewohnheiten nicht lassen wollen und doch empfinden, daß es ohne wesentliche Aenderung der Lebensweise nicht geht. In dem eigentlichen bäuerlichen Mittelstande aber, dessen Angehörige in den Zeiten der Klemme einen so bewunderungswürdigen Grad von Einschränkungsfähigkeit zu entwickeln verstehen, sind Kundgebungen einer pessimistischen oder gar verbissenen Gesinnung, die überall die Ursachen des Rückgangs außerhalb der eigenen Sphäre sucht, glücklicherweise eine seltene Erscheinung.

Nicht in kurzer Zeit, meine Herren, werden wir die schlimmen Folgen, die durch ungünstige Ernten, durch elementare Ereignisse, durch wirthschaftliche Sünden aller Art herbeigeführt worden sind, überwinden können; nicht in kurzer Zeit werden wir uns der Einwirkungen erwehren können, in Folge deren die Rentabilitätsverhältnisse ganz allgemein sich verschlechtert haben. Aber: die erhöhte Aufmerksamkeit, welche dermalen Wissenschaft und Praxis dem Stande der Landwirthschaft widmen, die verdoppelte Fürsorge, die überall in Deutschland die Regierungen den Interessen der landwirthschaftlichen Bevölkerung entgegenbringen, die unverkennbaren, wenn auch langsamen Fortschritte, die sich in der Technik des Betriebes der landwirthschaftlichen Bevölkerung unzweifelhaft vollziehen, — all dies bürgt mir dafür, daß das, was wir die gegenwärtige Krisis der Landwirthschaft nennen, kein chronischer Zustand ist, sondern ein Uebergangsstadium bildet zu einer völligen Wiedergesundung unseres Bauernstandes. (Bravo!)

Präsident Dr. Nasse (Bonn): Meine Herren! Das Resultat der inzwischen vorgenommenen Wahl von neun Ausschußmitgliedern ist folgendes. Es haben erhalten die Herren

v. Roggenbach	41	Stimmen
Carl Geibel	40	"
L. Brentano	35	"
Schönberg	34	"
Dannenberg	32	"
Conrad	29	"
Cohn	26	"
Gneist	25	"
Bueck	25	"

(Es tritt hierauf eine ³/₄stündige Pause ein.)

Präsident Dr. Nasse (Bonn): Ich eröffne die Sitzung wieder und ertheile das Wort Herrn Geheimrath Dr. Thiel zu Geschäftsordnung.

Geheimrath Dr. Thiel (Berlin) (zur Geschäftsordnung): Meine Herren! Wir sind den beiden Herren Referenten gewiß dankbar für die sehr ausgedehnte Bearbeitung, die sie unserem Thema haben angedeihen lassen. Ich glaube aber, daß mit dieser Dankbarkeit es sich sehr wohl verträgt, wenn wir jetzt mit Rücksicht auf die sehr beschränkte Zeit, die uns noch zu Gebote steht, an den Herrn Präsidenten die Bitte richten, die Diskussion nur auf den speziellen Inhalt des Themas sich ausdehnen zu lassen. Das Thema heißt:

> Maßregeln der Gesetzgebung und Verwaltung zur Erhaltung des bäuerlichen Grundbesitzes, im Anschluß an die Ergebnisse der Untersuchung über die bäuerlichen Zustände.

Ich glaube, wir würden wohl thun, wenn wir die Diskussion speziell auf dasjenige beschränkten, was, im engeren Sinne genommen, Maßregel der Gesetzgebung und Verwaltung sein kann, um die Schäden zu vermeiden, von denen man je nach seinem Standpunkte annehmen kann, daß sie dem Bauernstande drohen. Es würde sich hierbei also im wesentlichen handeln um Maßregeln des Erbrechts, der Steuer- und Zollgesetzgebung und der Kreditorganisation.

Präsident Dr. Nasse (Bonn): Ich stimme vollständig mit dem überein, was der Herr Vorredner gesagt hat. Ich habe geglaubt, den Herren Referenten ein etwas weiteres Maß in der Ausbreitung ihres Vortrages gestatten zu sollen.

Ich habe Scheu getragen, diese Vorträge, die ja ein in sich gerundetes Ganzes bildeten, das wir mit Dank gehört haben, zu unterbrechen, aber ich glaube, jetzt in der Diskussion werden wir gut thun, uns möglichst an das gestellte Thema zu halten und nicht die allgemeine wirthschaftliche Lage und die allgemeinen Mittel zur Hebung der Landwirthschaft zu besprechen, sondern speziell die Maßregeln der Gesetzgebung und der Verwaltung zur Erhaltung des bäuerlichen Grundbesitzes.

Sodann habe ich Ihnen im Auftrag des Ausschusses vorzuschlagen, daß, entsprechend der Praxis, die früher in dieser Versammlung geübt worden ist, jeder Redner nur 10 Minuten zu sprechen hat, und daß nach 10 Minuten der Vorsitzende die Versammlung zu befragen hat, ob der Redner noch weiter gehört werden soll. (Allgemeine Zustimmung.)

Ich eröffne die Diskussion und ertheile das Wort Herrn Professor Schulze (Heidelberg).

Geheimrath Dr. Hermann Schulze (Heidelberg): Unter den Maßregeln, welche die Gesetzgebung zur Erhaltung des Bauernstandes in Deutschland treffen kann, steht die Reform des bäuerlichen Erbrechtes mit in erster Linie. Wir haben in unserer letzten Versammlung vor zwei Jahren diesem Gedanken bereits Ausdruck gegeben. Diese Ideen haben in immer weiteren Kreisen Propaganda gemacht. Seitdem sind wieder mehrere preußische Provinzen auf dem Wege der Provinzialgesetzgebung in diese Reform eingetreten, zuletzt auch Schlesien, auf dessen bäuerliche Verhältnisse ich in voriger Versammlung näher eingegangen bin. Auch dort hat man, wie in Brandenburg, im wesentlichen das System der hannoverschen Höferolle adoptirt, jedoch mit wesentlichen Modifikationen. Alle deutschen Landestheile, welche bis jetzt derartige Gesetze erhalten haben, gehören dem Systeme des gemeinen Rechtes und des preußischen allgemeinen Landrechts an. Man hatte bis jetzt noch keinen Versuch gemacht, in Ländern des französischen Rechtes derartige Reformen auch nur vorzuschlagen. Als ich vor zwei Jahren, in der ersten badischen Kammer, den Gedanken aussprach, daß auch in Baden eine solche Reform nicht nur möglich, sondern auch geboten erscheine, begegnete ich manchem ungläubigen Kopfschütteln; es wurde mir eingeworfen, das Anerbenrecht in jeder Gestalt stehe mit den Grundsätzen des code civil in so schneidendem Widerspruche, daß man für Baden von vornherein auf solche Pläne verzichten müsse. Als die große landwirthschaftliche Enquête der ersten Kammer vorgelegt und mir das Referat über diese Frage übertragen wurde, beschäftigte ich mich eingehend mit diesen Thema und habe meine Studien in einem umfangreichen Berichte an die erste Kammer niedergelegt. Hauptresultat meiner Untersuchung war, daß trotz der Herrschaft des neufranzösischen Zivilrechts auch in Baden sich viel mehr altgermanische bäuerliche Institutionen erhalten haben, als man irgendwie bei oberflächlicher Beobachtung denkt. Es ist in diesem Lande auch heutzutage noch von großer Bedeutung, zu welchem Territorium früher dieser oder jener Landestheil gehört hat. Auch in Baden beginnt die lebendig fortwirkende Rechtsgeschichte nicht erst mit der Einführung des napoleonischen Gesetzbuchs, sondern jedes Gebiet trägt noch seine besondere historische Signatur. Während in der Rheinpfalz schon früh die freie Theil=

barkeit der Güter Sitte war, sind in den eigentlichen landwirthschaftlich-bäuerlichen Gegenden im 17. und 18. Jahrhundert überall Verordnungen erlassen worden, welche die Untheilbarkeit der Bauerngüter und ein entsprechendes Erbrecht im Interesse der Erhaltung des Bauernstandes bezweckten. Von besonderem Einfluß waren namentlich die Fürstenbergischen Verordnungen und die für den damals österreichischen Breisgau. Als Großherzog Karl Friedrich aus politischen Gründen das französische Zivilgesetzbuch einführte, hatte er die große Weisheit, nicht ohne weiteres die Grundsätze der bäuerlichen Erbfolge im ganzen Lande zu nivelliren. Durch ein besonderes Edikt und einige Paragraphen des neuen Gesetzbuchs erhielt er besonders die sogenannten Hofgüter in ihrer Untheilbarkeit und mit ihrem Anerbenrechte, welche besonders Südbaden und dem Schwarzwalde angehören, vielleicht jetzt noch einige tausend an der Zahl. Diese sind allerdings vielfach Gegenstand von Angriffen gewesen; man hat gesagt, sie seien ein Anachronismus, den man so bald als möglich beseitigen müsse, es sind verschiedene Gutachten von theoretischem Standpunkt gegen sie abgegeben worden, aber aus dem Kreise der betheiligten Bevölkerung — es ist eine ganze Literatur aus dem Hofbauernkreise selbst hervorgegangen — ist nie eine Stimme gegen dieselben erhoben worden. Als im Jahre 1848 die Frankfurter Grundrechte die unbedingte Theilbarkeit alles Grundbesitzes proklamirt hatten, haben 69 badische Gemeinden gegen diesen Beschluß protestirt und verlangt, daß man ihr altes gutes Recht nicht nivelliren dürfe, sondern der partikularrechtlichen Gesetzgebung überlassen müsse. Auch die neuesten gründlichen Untersuchungen haben die wirthschaftliche Zweckmäßigkeit der Untheilbarkeit gerade für diese Gegenden dargethan, und abermals hat sich die bäuerliche Bevölkerung in volksthümlichen Weisthümern einstimmig für die Erhaltung der Hofgüter ausgesprochen, so daß deren Gefährdung durch eine doktrinäre Gesetzgebung nicht mehr zu befürchten ist. Aber mit diesem negativen Resultat ist noch nicht genug geschehen. Die Gesetzgebung muß auch an die vielen zahlreichen Bauerngüter denken, welche nicht zu diesen Hofgütern gehören und also nach dem Buchstaben des Gesetzes unter dem code civil stehen, der in jedem Erbfalle entweder Naturaltheilung oder Verkauf des Grundbesitzes anordnet. Durch die öfters erwähnte Enquête hat sich nun herausgestellt, daß auch in vielen Theilen Badens zahlreiche Bauerngüter bestehen, bei welchen, trotz des entgegenstehenden Gesetzesbuchstabens, nur durch Sitte und Herkommen, sich Untheilbarkeit und Anerbenrecht erhalten haben. Dieses Herkommen würde aber stets weichen müssen, wenn die übrigen Miterben ihr volles Pflichttheil in Anspruch nehmen, wenn besonders ein übergewissenhafter Vormund die Interessen seines Mündels rücksichtslos vertreten wollte. Aber auch in Baden beweisen die Bauern ihr zähes deutsches Familienbewußtsein — plus ibi boni mores valent, quam alibi bonae leges — und haben t h a t s ä c h l i c h da überall ihr Anerbenrecht konservirt, wo es den wirthschaftlichen Verhältnissen entspricht. Hier ist der Punkt, wo die Gesetzgebung einzugreifen, wo sie den Bauernstand im Kampf gegen einen fremdartigen Gesetzesbuchstaben zu schützen, wo sie sein Herkommen in ein G e s e t z zu verwandeln hat. Ich habe die Grundlinien eines derartigen Gesetzes ausgearbeitet, meine Vorschläge haben die Zustimmung der ersten Kammer erhalten und auch in der zweiten Kammer Anklang gefunden, dieselben beruhen wesentlich auf der Grundlage des hannoverschen Höferechts, aber mit wesentlichen Modifikationen, die sich den süddeutschen Verhältnissen anpassen. Es steht zu hoffen, daß dem nächsten badischen Landtag ein entsprechender Gesetzesentwurf vorgelegt werden wird, welcher auf dem Grundsatze vollständiger Freiheit beruht und niemandem ein Anerbenrecht aufnöthigt, der von dieser gesetzlichen Befugniß keinen Gebrauch machen will. Ueberhaupt halte ich jedes zwangsweise Vorgehen auf diesem Gebiete nicht nur für bedenklich, sondern geradezu für unmöglich.

Wo die gesetzliche Untheilbarkeit der Bauerngüter noch besteht, wie bei den badischen Hofgütern, und wo sie sich wirthschaftlich bewährt hat, mag man sie erhalten, neu einführen kann man sie nicht. Auch stimme ich darin mit dem ersten Herrn Referenten nicht überein, daß das bäuerliche Erbrecht im deutschen Zivilgesetzbuch eine Regelung für ganz Deutschland erfahren möge. So sehr man sonst für nationale Rechtseinheit sich erwärmen mag, so giebt es doch Punkte, wo man der partikularrechtlichen Gesetzgebung, ja sogar der Provinzialgesetzgebung, freien Spielraum lassen muß. Dahin gehört vor allem das so eigenartige, unendlich verschiedene bäuerliche Erbrecht. Wir würden nur folgenden Satz in das Zivilgesetzbuch aufgenommen wünschen: Die Ordnung der bäuerlichen Erbverhältnisse bleibt der Landesgesetzgebung überlassen. Es giebt Gegenden in Deutschland, wo die Naturaltheilung des Grundbesitzes vollständig korrekt ist, wie in starkbevölkerten industriellen Gegenden, in Gegenden, wo Handelsgewächse gebaut werden, wo Spatenkultur vorherrscht oder wo Weinbau betrieben wird. Hier würde das Anerbenrecht ebenso den wirthschaftlichen Bedürfnissen, wie dem Rechtsbewußtsein der Bevölkerung widersprechen, welches die völlig gleiche Theilung unter den Kindern als allein gerecht betrachtet. Wir sprachen uns wiederholt gegen jede allgemeine Regelung des bäuerlichen Erbrechts für ganz Deutschland, besonders aber gegen jede zwangsweise Durchführung des Anerbenrechtes aus. Wir können über die Linie des fakultativen Anerbenrechts nicht hinausgehen, freilich auf die Gefahr hin, daß von einer solchen Befugniß wenigstens anfangs nicht viel Gebrauch gemacht wird. Der Bauer meidet gern jeden aktiven Schritt, jedes neue Vorgehen, wenn das Neue auch nur eine Rückkehr zum Alten ist. Gerade hier muß vor allem Lehre und gutes Beispiel wirken. Erstere muß von den landwirthschaftlichen Vereinen, von den Wanderlehrern, von allen wohlwollenden Freunden des Bauernstandes ausgehen. Vor allem wichtig ist aber das Beispiel. Wenn intelligente höher gebildete Grundbesitzer vorangehen und sich in die Landgüterrolle eintragen lassen, wenn die Bauern sehen, daß dadurch kein Zwang begründet, sondern nur eine größere Freiheit in der Verfügung gegeben wird, so werden auch sie herankommen, wie dies in Hannover in so großartigem Maßstabe geschehen ist. Wir machen uns auch für Baden keine übertriebene Vorstellung, aber wir vertrauen auf die Macht der Ueberzeugung und die noch in unserem Bauernstande vorhandene alte Familiensitte, die durch ein solches Gesetz nur neu belebt werden soll.

Freiherr von Hövel (Herbeck): Meine Herren! Ich würde Sie gar nicht mit den paar Worten, die ich sagen werde, behelligen, wenn nicht mein Freund von Hammerstein heute fehlte[1]), und deshalb eine Partei nicht zum Worte

[1]) Herr von Hammerstein hatte das zweite Korreferat zu dem Thema übernommen, war aber durch dienstliche Obliegenheiten verhindert worden, und hatte ein Mitglied des Vereins ersucht ihn zu entschuldigen.

kommen würde, die der erste Herr Referent als Pessimisten bezeichnet hat. Es ist allerdings so, wie der Herr Referent gesagt hat, daß die Berichte der Verbände, der Vereine meistentheils pessimistisch gefaßt sind. Es liegt das zuerst daran, daß fast sämmtliche Berichterstatter praktische Landwirthe sind, und es ist möglich, daß die schlechten Resultate der letzten Jahre mehr Einfluß gehabt haben, als sie hätten haben sollen. Außerdem aber mache ich darauf aufmerksam, daß die Gründe, die uns zu der pessimistischen Anschauung bewogen haben, doch auch bewiesen worden sind, schon durch die Aenderung der allgemeinen Verkehrsverhältnisse. Der Beweis, daß eine Krisis, oder daß eine Decadence der Landwirthschaft besteht, ist noch nicht geführt. Wenn nun der erste Herr Referent die Sache so hingestellt hat, als wenn wir Pessimisten ein Siechthum der Landwirthschaft konstatirt hätten gegenüber einer Krisis, so bestreite ich das; wir haben blos eines behauptet, nämlich daß der Fortschritt in der Technik allerdings besteht, aber zu trennen ist von der Ueberzeugung vieler von uns, daß das alles umsonst gewesen ist. Wir haben den Kampf tapfer aufgenommen, aber eine Vervollkommnung unseres Gewerbes und eine Erhöhung der Rentabilität ist leider Gottes zweierlei geworden. Es hat keiner von uns gesagt, daß die Landwirthe die Flinte ins Korn werfen, wir kämpfen weiter, und die deutsche Landwirthschaft darf mit Stolz auf die Resultate der letzten zehn Jahre in Bezug auf die technische Vervollkommnung des Gewerbes blicken, aber gerade deshalb müssen Sie uns gestatten, daß wir auch die Schattenseiten schärfer ins Auge fassen, namentlich die Gefahren, die uns durch die Gesetzgebung, durch die Konkurrenz des Auslandes drohen. Wenn ich sage: ich weiß nicht, ob ich gewinnen werde, so gebe ich den Kampf darum noch nicht auf. Ein Siechthum behaupte ich nicht und keiner von denen, die berichtet haben.

Ich habe mich gewundert, daß man in Bezug auf das Anerbenrecht so weit gegangen ist, wie der erste Herr Referent. Ich bin Westfale, also aus einem Lande, wo das Anerbenrecht volksthümlich ist und ungeschrieben von fast jedem Bauer als selbstverständlich angesehen wird. Trotzdem verschließe ich mich nicht der Ansicht, daß es nicht möglich ist, in der zu erwartenden Zivilgesetzgebung das Anerbenrecht für ganz Deutschland zu konstituiren. Die einzige Möglichkeit, das Anerbenrecht zu erhalten, liegt darin, daß wir es den verschiedenen Ländern oder Provinzen anheim geben, das zu thun, was Westfalen schon längst thut. Wer, wie ich, zum Theil auf dem Boden des code civil, zum Theil auf dem alten westfälischen Lande verkehrt, der weiß, daß es unmöglich ist, einer Bevölkerung fränkischen Stammes, die nicht blos durch den code civil, sondern durch die uralte fränkische Stammesgewohnheit zur Theilung des Erbes bewogen ist, anderer Meinung zu machen. Der code civil hat eine abscheuliche Folge: er hat die Uebel des fränkischen Systems dadurch verschärft, daß er die Theilung der einzelnen Grundstücke obligatorisch gemacht hat. Das ist freilich nicht altes fränkisches Recht. Ich bin der Ueberzeugung, daß, je schärfer wir vorgehen wollen mit gesetzlichen Bestimmungen, je weniger wir erreichen; wir dürfen nicht gegen das Bewußtsein ganzer Stämme kämpfen. Wir können also nicht ein allgemeines Anerbenrecht in Deutschland einführen, wenn ein großer Theil unserer Landschaften es nicht will. Am linken Rheinufer, in Elsaß-Lothringen, auch in Thüringen ist es nicht möglich, durch ein Gesetz ein Anerbenrecht zu konstituiren, ohne die größte Unzufriedenheit zu erregen. Wir müssen für diese Gegenden andere Mittel finden, um die Landwirthschaft zu erhalten, und die liegen auf einem anderen Gebiet: auf dem Gebiet der Steuergesetzgebung, in der Erleichterung der Landwirthschaft von der Doppelbesteuerung. In Bezug auf die Kornzölle stimme ich dem zweiten Herrn Referenten vollständig bei: ich unterschreibe jedes Wort, was er gesagt hat, und so bin ich mit diesem Punkt fertig.

Wir müssen uns selbst helfen; der Staat kann uns nicht durch Zölle allein retten. Die Landwirthschaft darf sich nicht aufgeben, sondern sie muß den Kampf weiter führen. Aber wenn die Landwirthschaft erhalten bleiben soll, so können wir das nicht allein, sondern das ganze deutsche Volk muß sich erst überzeugen, daß der Bauer nicht im Fett sitzt, sondern einer Krisis entgegengeht. Ich will mir auch das Wort Krisis gefallen lassen. Wenn aber auch das von großen Parteien bestritten wird, und wenn gesagt wird: ihr Landwirthe bezahlt noch viel zu wenig; wenn gesagt wird: die Steuern sind ganz gerecht, ihr habt keine Doppelbesteuerung, dann müssen Sie es uns nicht übel nehmen, wenn wir nach der andern Seite auch etwas schwärzer malen, um zum Ziel zu kommen; und dieses Ziel ist, daß man in Deutschland einsehe, daß die deutsche Landwirthschaft die Basis des Staats- und Volkswohls ist, und daß sie erhalten und gepflegt werden muß gegenüber dem Ausland. Wenn erst einmal die Frage der Erhaltung und Prosperität der Landwirthschaft nicht mehr eine Parteifrage, sondern eine Frage der Intelligenz ist, dann befürchte ich nichts mehr von Decadence, dann werden wir jede Krisis überwinden. Deshalb sehen Sie die Pessimisten nicht zu scharf an, sondern nehmen Sie an, daß jeder von uns geschrieben hat für das Wohl und Wehe seines Landes als Patriot, der doch, glaube ich, jeder von uns ist. (Bravo!)

Geheimrath Dr. Thiel (Berlin): Ich muß mich auf ganz wenige Punkte beschränken. Ich möchte zuvörderst einigen gesetzgeberischen Kleinkram erledigen, der noch nicht in der Diskussion berührt worden ist.

Herr Ministerialrath Buchenberger hat schon darauf hingewiesen, wie schwierig unter Umständen die Verhältnisse in einzelnen Gegenden dadurch werden, daß durch den Landhunger der Leute eine Ueberzahlung der Grundstücke eintritt. Nun hätte ich sehr gern von ihm gehört, ob der Anlauf, den man in Baden genommen hat, um diesem Nothstand energisch entgegenzutreten, zu einem Ziele geführt. Es handelt sich hierbei allerdings um ein juristisch gewagtes Experiment, nämlich um die Eröffnung der Möglichkeit des Rücktritts vom Kaufvertrage innerhalb der nächsten 5 Tage, in denen ja gewöhnlich der Katzenjammer eintritt. So viel ich weiß, ist dieser Anlauf zunächst vergeblich gewesen; aber der Gedanke ist ein solcher, der wohl geprüft zu werden verdient. Wir würden damit auch die Schäden der Güterschlächterei besser treffen, als durch den leicht zu umgehenden Conrad'schen Vorschlag. Der Reiz zum Güterschlachten besteht in der Aussicht, für die Theilstücke übertriebene Preise zu erhalten, und diese werden dadurch herbeigeführt, daß durch alle möglichen Manipulationen, durch Veranstaltung der Verkäufe in Wirthshäusern mit Branntweinspenden 2c. die Leute veranlaßt werden, Gebote zu thun, an die sie bei ruhigem Blute nicht denken würden; sie werden in animirter Stimmung bei ihrer Eitelkeit gepackt und steigern ins ungemessene.

Ueber die Konsolidation sage ich kein Wort; es hat kein Landwirth das Recht, sich über wirthschaftliche Mißstände zu beklagen, so lange in seinem Bezirke noch nicht konsolidirt und damit ein ganz wesentliches Mittel zur Besserung der Verhältnisse noch nicht ergriffen ist.

Sodann noch eine Bemerkung über die Wuchergeschäfte. Vielleicht wäre ein Eingreifen des Staates noch weiter möglich als durch die kriminelle Ahndung, von der ich mit Freuden gehört habe, daß damit gute Resultate erreicht worden sind. Es sollte aber auch die hier schon früher vorgebrachte Idee weiter verfolgt werden, ob man nicht die gewerbsmäßigen Gelddarleiher wie die Pfanddarleiher und Rückkaufsgeschäftsleute behandeln und sie zwingen könne, Buch zu führen und die Bücher über ihre Geschäfte fortwährend den Verwaltungsbehörden offen zu legen. Man würde damit manches Wuchergeschäft verhindern und vor allem die Landleute den reellen Kreditinstituten zuführen, die sie heute meiden, weil sie die Oeffentlichkeit ihrer Kreditoperationen scheuen. Werden die Privatkreditgeschäfte auch auf diese Weise öffentlich, so fällt dieser Grund weg. Es wäre das meiner Ansicht nach zwar nicht möglich einzuführen, ohne streng-formalistisch-juristischen Begriffen ein bischen das Kreuz zu brechen, aber praktisch würde das sehr wohlthätig sein.

In Bezug auf das Anerbenrecht möchte ich nur erwähnen, daß ich in der Befürwortung desselben auf dem Miaskowski'schen Standpunkt stehe, und ich möchte dem Herrn Vorredner zu bedenken geben, daß es sich bei dieser Gestaltung des Erbrechts, wie auch Herr Geheimrath Schulze es ins Auge gefaßt hat, zunächst nur um eine Fakultät handelt, die dem einzelnen Besitzer verliehen werden soll, nicht um eine Vergewaltigung ganzer Bevölkerungsklassen; wer das Höferecht nicht anwenden will, ist ja nicht dazu gezwungen.

Sodann möchte ich meinem Erstaunen darüber Ausdruck geben, daß in Bezug auf die Maßregeln der Steuer und Zollgesetzgebung wohl von Getreidezoll die Rede gewesen ist, daß aber in Bezug auf unsere Steuergesetzgebung das Resultat nicht genügend erwähnt worden ist, was meiner Ansicht nach sowohl aus den Verhandlungen des Landesökonomiekollegiums Preußens wie des Landwirthschaftsraths für ganz Deutschland am unbestrittensten sich herausgestellt hat: nämlich die von Vertretern aller politischen Parteirichtungen geäußerten Klagen über das Erdrückende der Kommunallasten, vorzüglich hervorgerufen durch die ungemessene und schlecht vertheilte Schul- und Armenlast. Wenn irgend etwas schon jetzt so weit festgestellt ist, daß es zu weiteren Maßregeln der Gesetzgebung Veranlassung geben muß, so glaube ich, ist es dieser Punkt, über den in einer großen Anzahl von Gemeinden in den verschiedensten Theilen des Vaterlandes geklagt wird; da müßte zunächst die bessernde Hand angelegt werden. Darin kann ich allerdings dem ersten Herrn Berichterstatter nicht beistimmen, daß es nützlich sein würde, die Grundsteuer aufzuheben oder sie zu $^2/_3$ für ablösbar zu erklären, denn meiner Ansicht nach würden Sie, wenn Sie an einem Tage die Grundsteuer abschaffen, dieselbe am andern Tage in Form einer Steuer auf das fundirte Einkommen oder in Form einer Kommunalsteuer wieder einführen müssen. Was die Grundsteuer so schlecht gemacht und ihr Haß und Verachtung zugezogen hat, das ist der Irrthum, daß man sie als Maßstab des Vermögens benutzt und als Basis zu Zuschlägen aller Art verwendet hat. Dazu paßt sie nicht, weil sie auf die persönlichen Verhältnisse des Grundstücksbesitzers keine

Rücksicht nimmt und auch nicht nehmen kann. Es wäre aber ein Fehler, deswegen die werthvolle Vorarbeit der Grundsteuerveranlagung aufzugeben; man soll sie beibehalten, am besten als Kommunalsteuer zur Deckung aller der Aufwendungen, die wie Wegebauten u. dergl. gerade der Benutzung und Werthsteigerung des Grundbesitzes zu Gute kommen. Bei der Deckung solcher Aufwendungen, die in erster Linie den Ertrags- und Verkaufswerth der Grundstücke erhöhen, kann man dann auch ohne Unbilligkeit von den momentanen Vermögensverhältnissen des Grundeigenthümers absehen und diese Steuer nur nach Fläche und Qualität vertheilen. Es ist wenigstens nicht einzusehen, wenn durch einen Wegebau in einer Gemeinde die Grundstücke dem Verkehr aufgeschlossen und dadurch werthvoller werden, oder wenn durch die Wegeunterhaltung die Benutzbarkeit des Grundstückes erhalten bleibt, warum die verschuldeten Grundbesitzer hierzu weniger beitragen sollten, als die unverschuldeten.

Sodann noch ein Wort über die Kreditverhältnisse. Da muß ich nun gestehen, daß ich gar kein so großer Schwärmer für eine sehr weitgehende Ausdehnung des Kredits bin. Ich glaube, daß ein großer Theil der Landwirthe dadurch in schlechte Verhältnisse gekommen ist, daß er einen viel zu leichten Kredit hat. (Sehr wahr!) Die landläufigen Begriffe über den Kredit haben sich, wie so viele andere wirthschaftliche Begriffe, entwickelt vorzugsweise aus dem städtischen Verkehr in Handel und Industrie, wo ja die Kreditwirthschaft unvermeidlich ist und auch ihre großen Vorzüge hat. Diese Anschauungen hat man auf die Landwirthschaft, als wenn das ganz dasselbe sei, übertragen, und man spricht jetzt schon ruhig davon, eine Verschuldung bis zur Hälfte des Werths eines Grundstücks sei ganz unbedenklich; ja bis zu $^3/_4$ läßt sich auch noch darüber reden. Dies geht so weit, daß man fast geneigt ist, einen Landwirth, der von diesem werthvollen Mittel der Kulturentwicklung keinen Gebrauch gemacht hat, für einen indolenten Menschen zu halten, der mit den Fortschritten der Zeit nicht vorwärts geht. Ich bin nun in dieser Beziehung noch so altväterisch, daß ich für den Landwirth eigentlich den schuldenfreien Zustand für den idealen halte, was ja nicht ausschließt, daß ich den Kredit unter Umständen, geschickt benutzt, allerdings für ein sehr werthvolles Mittel, Kulturfortschritte zu erreichen, halte. Ich kann aber die schwerstwiegenden Bedenken nicht unterdrücken, wenn ich sehe, wie von diesem Kulturhebel, ganz abgesehen von dem leichtsinnigen Konsumtionskredit, ein Gebrauch gemacht wird, theils nothgedrungen, theils unüberlegt, der die Wohlthaten des Kredits schließlich ganz in ihr Gegentheil verkehren muß. Die Fundamentalregel muß hier sein: es darf an Kauf- und Meliorationskredit nicht mehr in Anspruch genommen werden, als in entsprechender Frist auch amortisirt werden kann. Hier berührt sich die Kreditfrage mit der Erbrechtsfrage. Wenn in unseren bez. Institutionen ein Grund liegt, der die Landwirthe immer wieder bei Erbübernahmen zu Ueberlastung mit Schulden zwingt, so müssen diese Institutionen geändert werden, und wenn wir sehen, daß die Landwirthe immer tiefer in Verschuldung versinken, so drängt sich der Gedanke einer Kreditbeschränkung viel mehr auf, als der einer Krediterweiterung. Es ist ein ganz eminentes Staatsinteresse, zu verhindern, daß das, was ich als die gesundeste Basis des Staatslebens ansehe, der Grundbesitzerstand, der auf seinem Erbe ohne drückende Verpflichtungen irgend welcher Art sitzt, immer mehr verschwindet. Ich möchte in dieser Beziehung daran erinnern: welche Opfer, ja welche gewaltsamen Eingriffe hat der Staat bei uns in einer der glorreichsten Zeiten der sozialen Gesetzgebung daran gesetzt, um einen freien Bauernstand zu schaffen, frei von allen Verpflichtungen gegen andere. Das that man nicht, weil der Entstehungsgrund jener Abhängigkeitsverhältnisse ein ungerechter gewesen war, oder weil es für die Leute unter allen Umständen so furchtbar schädlich gewesen wäre, zu diesem oder jenem Dienste einem andern verpflichtet zu sein, oder weil sie dadurch in ihrer wirthschaftlichen Existenz überall bedroht gewesen wären, sondern gewiß hauptsächlich aus der richtigen Einsicht, daß es für den Staat unentbehrlich sei, eine große Klasse von Grundbesitzern zu haben, die frei und unabhängig auf ihrem Erbe wohnen. Aus diesem Grunde hat man nicht nur alle Lasten abgelöst, sondern auch unter Nichtachtung des angeblichen Urrechts eines jeden Menschen auf Freiheit seiner Entschließungen die Dispositionsfreiheit nach der Richtung hin beschränkt, daß neue solche Lasten nicht mehr entstehen können. Und was ist daraus geworden? Nachdem wir — nebenbei bemerkt, nicht auf dem Wege strenger Gerechtigkeit, sondern im Interesse des Staatswohls mit fast revolutionären Mitteln — hier eingegriffen haben und nicht überall Entschädigung gegeben, sondern viele Rechte ohne Entschädigung einfach aufgehoben, andere mehr oder minder nach ihrem Werth abgelöst haben, nachdem wir also diesen freien Zustand geschaffen, sind wir jetzt auf dem besten Wege dazu, eine Unfreiheit durch die Schuldverhältnisse erwachsen zu sehen, die unter Umständen viel schlimmer wirken kann, als die alten feudalen Verhältnisse und aus denen sich zu befreien die Betroffenen zwar das formale Recht, nicht aber die faktische Kraft haben. (Bravo!) Ich gehe sogar so weit, daß ich behaupte, es können auf diesem Wege Zustände eintreten, die den Staat in die Zwangslage bringen müßten, im Interesse des Staatswohls wieder einmal mit derselben Härte und Schärfe einzugreifen, wie er seiner Zeit es gethan gegen die zu weit gehenden Verpflichtungen der Grundeigenthümer zu fremden Lasten und Diensten. Der Herr Referent hat das zwar kurzer Hand abweisen wollen; er hat gesagt, eine Schuldentilgung durch den Staat würde dem Wucher nur seine schlechten Hypotheken theuer bezahlen. Wenn es aber einmal dahin kommt — und es könnte freilich dahin nur kommen in den Zeiten eines absoluten Nothstandes, in den Zeiten einer agrarischen Revolution —, dann wird man ebenso verfahren wie bei der Aufhebung und Ablösung der früheren Lasten, dann werden die schlechtesten Hypotheken nicht bezahlt, sondern durch dieselben wird einfach ein Strich gemacht, andere werden mit 10 % ihres Nominalbetrags, andere mit 20 % u. s. w. und vielleicht die Hälfte zum vollen Nominalbetrage abgelöst und auch dann noch als Aequivalent für die feste Rente gegen die Privatzinszahlung mit einem sehr niedrigen Zinsfuß berechnet werden. Wie gesagt, das wären revolutionäre und tief einschneidende Maßregeln, vor denen wir heutzutage Gott sei Dank noch nicht stehen, aber es sind das Dinge, die der Gesetzgeber und Staatsmann ins Auge fassen muß, damit wir nicht in solche Zustände hineinkommen. In dieser Beziehung sehe ich allerdings unsere Schuldenstatistik ungünstiger an, als vielleicht mancher unter Ihnen. Ich glaube, unsere Schuldenstatistik spricht schon heute dafür, daß die Landwirthschaft nicht in der Lage ist, sich von einer immer tiefer gehenden Verschuldung zu sichern und genügend zu amortisiren. Ich bedauere, daß man nicht in ganz Deutschland schon seit 50 Jahren die betreffenden Daten genau ermittelt hat, damit man ganz klar ersehen könnte, ob und in welchem Maße die Verschuldung zugenommen hat. Wenn wir jetzt mit solchen statistischen Erhebungen anfangen, wie auch der erste Herr Referent empfohlen hat, so müssen wir leider recht lange warten, ehe wir für die praktische Verwerthung brauchbare Resultate erhalten. Denn es ist das Eigenthümliche solcher statistischen Aufnahmen, daß die einmaligen durch sie erhaltenen absoluten Zahlen für sich allein kaum verwerthbar sind. Diese Zahlen erhalten ihren vollen Werth erst dann, wenn wir längere Reihen mit einander vergleichen und aus dem Vergleich entnehmen können, in welcher Richtung sich die Zustände geändert haben. Denn wenn man in wirthschaftlichen Dingen vor die Frage gestellt ist: soll man die bestehenden Gesetze und Einrichtungen ändern oder bestehen lassen? — so genügt es nicht, daß man den bestehenden Zustand genau kennt, man muß auch durch Vergleichung der Entwicklung beurtheilen können, ob die Zustände unter der Herrschaft der geltenden Gesetze stabil geblieben, besser oder schlechter geworden sind, welche Tendenz also die betreffenden Gesetze gefördert haben. Die Statistik, die wir jetzt erst anfangen, kommt mit ihren Resultaten daher etwas spät. Inzwischen müssen wir uns mit andern Mitteln helfen und über solche Entwicklungszustände, welche wir noch nicht zahlenmäßig belegen können, wenigstens das Urtheil in diesen Dingen erfahrener Personen einzuholen suchen. Die Enquêten, welche auf das Einholen solcher Urtheile abzielen, haben aber nur dann vollen Werth, wenn sie in einem kontradiktorischen Verfahren erhärtet worden sind. Bei unsern bisherigen Enquêten stehen immer die Urtheile der betreffenden Referenten unvermittelt neben einander und dem Leser wird gar kein inneres Kriterium geboten, welches Maß von Glaubwürdigkeit er den einzelnen Aussagen beimessen soll. Er kann sich nur an den äußeren Umstand halten, ob und bei welcher Partei der betr. Referent für eine mehr oder minder anerkannte Autorität gilt. Sehr erleichtert wird ihm dagegen die Urtheilsbildung, wenn in der Enquête Gelegenheit geboten war, die einzelnen Ansichten sich in einem kontradiktorischen Verfahren messen zu lassen, und wenn der Leser aus den betr. Protokollen ersehen kann, was individuelle Ansicht und was ganz allgemeines, von keinem, auch nicht von der Gegenpartei bestrittenes Urtheil war. Und auch selbst da, wo in einem solchen kontradiktorischen Verfahren Ansicht gegen Ansicht stehen bleibt, wird der Leser der betr. Protokolle immer sehr viel leichter aus der Diskussion ersehen können, auf welcher Seite die besseren Gründe, die größere Sachkenntniß und Erfahrung ist, auf welcher Seite politische und wirthschaftliche Parteistandpunkte das Urtheil am meisten gefärbt haben, als bei den jetzigen Enquêten, die sich meist auf das Einziehen von Berichten und Publikation derselben beschränkt haben und welche daher in ihrem widerspruchsvollen Material für jeden Standpunkt ausgenutzt werden können. Deshalb kann ich nur wünschen, daß neben den statistischen Aufnahmen auch auf dem Wege von Enquêten mit kontradiktorischem Verfahren über die Lage der ländlichen Verhältnisse bei uns vorgegangen werden möge. (Bravo!)

Oberbürgermeister Dr. Miquel (Frankfurt a. M.): Meine Herren, ich will aus dem großen Material, welches uns die beiden Herren Referenten in so ausführlicher Weise vorgetragen haben, nur einige Punkte herausgreifen. Zuerst möchte ich anknüpfen an die Bemerkungen meines geehrten Freundes Dr. Thiel, daß ich zwar seine Abneigung gegen ein übermäßiges Kreditnehmen theile, aber daraus nicht entfernt herleite, daß die Organisation des Kredits nicht doch für die Landwirthschaft ein dringendes Bedürfniß wäre. Er wird mir, da er ein Mann ist, der mitten im Leben steht und in diesen Dingen erfahren ist, den Satz gewiß nicht bestreiten, daß das übermäßige leichtsinnige Kreditnehmen durch schlechte Bedingungen nicht verhindert wird; daß aber in vielen Fällen das Kreditnehmen ganz rationell ist, steht wohl auch fest. Ich habe nun gefunden, daß in den alten Provinzen Preußens und merkwürdigerweise in denjenigen Ländern, wo der kleine Besitz vorherrschend ist, in Süddeutschland, am wenigsten für eine Organisation des Kredites geschehen ist, während in den überwiegend mit Mittelbesitz ausgestatteten westlichen Provinzen Deutschlands in dieser Beziehung viel besser gesorgt ist. Wenn ich beispielsweise aus der badischen Enquête gesehen habe, wie trotz der vielen Gelegenheiten, von Privaten, Stiftungen und Kommunen zu leihen, wir in Hannover durch die Organisation der Landeskreditkassen ganz anderes geleistet haben, so finde ich, daß Süddeutschland, und gerade die kleineren süddeutschen Staaten, die meiste Veranlassung hätte, eine bessere Organisation des Kredits zu schaffen, namentlich für den Kleinbesitz. Ein ähnliches Resultat stellt sich für den Osten der preußischen Monarchie heraus, wo zwar durch die landschaftlichen Institute sehr schön gesorgt ist für den großen Besitz, wo man aber erst neuerdings allmählich dazu übergegangen ist, einigermaßen für den kleinen Besitz einzutreten. Nun bin ich der Meinung, daß derartige Institute unter einer obrigkeitlichen Verwaltung keineswegs direkt aus Staatsmitteln den Landwirth zu subventioniren brauchen, daß aber die große Kreditfähigkeit, die zweckmäßigere Organisation der Kreditinstitute durch genaue Prüfung der Sicherheit doch dahin führt, daß jedes Herabgehen des Zinsfußes unmittelbar dem betreffenden Landwirth zugute gebracht werden kann, während wir es jetzt erleben, daß, obgleich der Zinsfuß in permanentem Sinken ist für alle industriellen und städtischen Verhältnisse, es sehr lange Jahre dauert, ehe der kleine Besitz auf dem Lande irgend einen Vortheil davon hat. (Sehr richtig!)

Ich kann auf die Frage des Kredits wegen der Redezeit von 10 Minuten nicht näher eingehen; aber ich schließe damit, daß ich den Wunsch ausspreche, man möge namentlich in den süddeutschen Staaten in dieser Beziehung doch dem bisweilen nützlichen Beispiele des Nordwestens Folge geben.

Ich will sodann kurz eingehen auf die Frage des Herrn Geheimraths Schulze, der sich ein großes Verdienst erworben hat durch die Entdeckung der Widerstandsfähigkeit eines großen Theiles der süddeutschen Bauern gegen die fränkischen Traditionen und die französische Gesetzgebung. Auch ich bin der Ansicht, daß es unmöglich ist, in die Zivilgesetzgebung Deutschlands obligatorische Bestimmungen über irgend eine bestimmte bäuerliche Erbrechtsform aufzunehmen; aber ich halte es für völlig unschädlich, daß fakultativ das Anerbenrecht, ja daß es subsidiär überall da eintritt, wo nicht andere Bestimmungen testamentarisch gegeben sind. Wenn man aber nicht so weit gehen will, so verlange ich einen obligatorischen Satz im Zivilrecht, der eine völlige Beseitigung des dem Bauernstande so schädlichen römischen und französischen Rechtssatzes herbeiführt in Bezug auf die Berechnung der Quoten derjenigen Erbberechtigten, die das Gut nicht übernehmen. (Sehr richtig!)

Das römische und französische Recht fingiren immer, als wenn bei der

Vererbung das Gut verkauft würde, und als sollte der betreffende Gutsinhaber die übrigen Erben abfinden nach einem fingirten Verkaufswerth. Aber das Gut soll ja gerade nicht verkauft werden, sondern der Familie verbleiben. Der Landwirth kann überhaupt keine Kapitalien abgeben, sondern nur Renten, folglich muß obligatorisch bestimmt werden, daß bei ländlichen Gütern die Abfindung stattzufinden habe nicht nach dem Kapitals- oder Verkaufswerth, sondern nach dem durchschnittlichen, als sicher anzunehmenden Ertragswerth. Meine Herren, wenn Sie das thun, so brauchen Sie kaum Bestimmungen über Beschränkungen des Pflichttheilsrechts, denn überall, wo man die Sache in concreto genau prüft, wird man die übermäßige Abfindung immer aus dieser verkehrten Anschauung des römischen Rechts herleiten können. Es kann ja nach dem hannöverschen Höferecht der Gutsbesitzer auch anders verfügen, aber das Wesen der neueren hannöverschen Gesetzgebung liegt eben darin, daß bestimmte Regeln gegeben werden über die Art der Berechnung der Abfindung nach dem System des Ertragswerths. Das ist, glaube ich, die Hauptsache, daß man in dieser Beziehung mit dem römischen Recht breche. Einen solchen Satz verlange ich aber als obligatorisch, ebenso wie wir jetzt in unserem Recht obligatorische Bestimmungen über die entgegengesetzte Art der Berechnung haben, und ich hoffe auch, daß es gelingen wird, in das deutsche Zivilrecht einen solchen Satz hineinzubringen, und ich würde es mit großer Freude begrüßen, wenn die landwirthschaftlichen Vereine in dieser Beziehung ihre Stimmen laut vernehmen ließen. Dadurch würde eine ähnliche Sicherung der Erhaltung des Besitzes für den mittleren und kleinen Bauernstand erzielt werden, wie sie da, wo Fideikommisse bestehen, für die größeren Besitzungen längst vorhanden ist, vielleicht in übertriebenem Maße vorhanden ist.

Die Hauptsache aber, wenn wir von der Erhaltung des bäuerlichen Besitzes sprechen, ist für mich immer die: kann gegenüber den großen technischen Fortschritten der Landwirthschaft, gegenüber der Anwendung von Maschinen u. s. w. der mittlere Besitz sich überhaupt konkurrenzfähig — nicht gegen das Ausland, sondern gegen den großen Grundbesitz erhalten? Das ist für mich die Hauptfrage. Ich habe die Ansicht immer vertreten, daß allerdings der kleine Besitz doch wieder so bedeutende Vortheile auf der anderen Seite hat, daß er sich dauernd erhalten könne. Würden wir das verneinen, so könnten alle gesetzlichen Maßregeln nicht nützen. Ich bin allerdings der Meinung, daß diese Frage mindestens zweifelhaft sein würde für sehr viele Bezirke Deutschlands, namentlich da, wo unmittelbare Konkurrenz in der Nachbarschaft zwischen kleinem, mittlerem und großem Grundbesitz stattfindet, wenn nicht durch Hilfe der Assoziation der kleine Besitz sich einen Theil der Vortheile des Großgrundbesitzes sichert; und ich meine, meine Herren, wenn wir die Geschichte unserer ländlichen Gemeinden studiren, wenn wir begriffen haben, wie die Gemeinde im damaligen Sinne eine wirthschaftliche Gesammtorganisation für den einzelnen Besitzer und für das Gedeihen der Mitglieder der gesammten Gemeinde bedeutete; wenn wir, wie ich, es bedauern, daß man in einer ganz unhistorischen und den Verhältnissen nicht entsprechenden Weise die Bedeutung des Gesammtbesitzes und der Gesammtaufgabe der Gemeinde als einer wirthschaftlichen Organisation bei der Einführung der Ablösungsgesetze, der Zerschlagung der Gemeinheiten verkannt hat; wenn wir es für höchst bedenklich halten müssen, daß wir so unvermittelt damals aus dem Genossen einer größeren Gesammtheit ein auf sich selbst gestelltes Individuum gemacht haben; wenn wir aber doch endlich jeden Tag die zähe Zusammengehörigkeit einer solchen ländlichen Gemeinde bewundern, so ist das natürlichste namentlich in jenen großen weiten Gegenden Deutschlands, wo ein gleichmäßig vertheilter Klein- und Mittelbesitz vorherrscht, diese neuen wirthschaftlichen Aufgaben nicht künstlich zu schaffenden neuen Organisationen zu geben, sondern der vorhandenen Gemeinde. Ich finde es viel leichter nach meinen Erfahrungen — ich habe sehr lange mitten im Bauernstande gelebt — eine Gemeinde dahin zu bringen, daß sie eine Dreschmaschine oder eine Mähmaschine anschafft, als dafür neue Organisationen herzustellen, an welche die betreffenden Gemeinden gar nicht gewöhnt sind. Ich möchte aus der noch vorhandenen ländlichen Gemeinde wieder eine wirthschaftliche Gemeinde der Neuzeit machen. (Bravo!)

Ich glaube, da müßten namentlich die Verwaltungsbeamten — und die können ja auf dem Lande viel mehr thun als in den Städten — sich ganz bestimmte Aufgaben stellen. Ich könnte eine Menge von Gemeinden namhaft machen, wo das schon durchgeführt ist, aber das könnte noch sehr verallgemeinert werden. Diese Organisationen sind in Süddeutschland um so leichter, als die Gemeinden dort noch größtentheils Vermögen besitzen, also in der Lage sind solche Dinge durchzuführen.

Geh. Komm.-Rath Heyl (Worms): Ich wollte mir gestatten, aus dem Kreise der Industrie heraus, in welchen ich gehöre, einige Bemerkungen zu machen zu den Ausführungen der beiden Herren Referenten, welche in so ausgiebiger, wissenschaftlicher und interessanter Weise dieses Gebiet behandelt haben, daß ihnen jeder Zuhörer lebhaften Dank aussprechen muß. Ich kann aber nicht leugnen, daß es mir doch aufgefallen ist, daß die beiden Herren außerordentlich große Bedenken darüber zu haben schienen, als ob der industrielle Arbeiter schon sehr nahe berührt würde von der Einwirkung einer Erhöhung der Kornzölle. Ich kann Ihnen versichern, daß bei vielen Industriellen die Meinung vorherrscht, daß es unsere Aufgabe ist, dafür einzutreten, daß der Landwirthschaft nicht nur durch korporatives Zusammenschließen, durch Selbsthilfe, sondern auch durch den Staat so viel als möglich geholfen werde, und wir keine trennenden Gesichtspunkte zwischen den Interessen der Landwirthschaft und der Industrie anerkennen, vielmehr es geradezu für unsere Pflicht gegen das Land und den Arbeiterstand halten, für das Gedeihen der Landwirthschaft einzutreten.

Meine Herren! Wenn behauptet wird, daß eine mäßige Erhöhung der Kornzölle schon eine Lohnerhöhung herbeiführe oder gar das Brot vertheuere, so kann ich nur darauf hinweisen, daß die Bäckergewinne in Deutschland noch heute exorbitant groß sind. Ich habe als Kandidat zum Reichstag i. J. 1881 mir die Mühe gemacht, weil ich mit warmem Interesse für die Kornzölle eingetreten bin, Bäckerkalkulationen aufstellen zu lassen, und da bin ich auf einen Gewinn von 45—50 % bei feiner Waare gestoßen; und die Brotpreise sind trotz dem großen Sinken der Getreidepreise damals nicht heruntergegangen, sondern dieselben geblieben. In meinem Fabrikkonsumverein bezahle ich die gleichen Brotpreise, obwohl mir durch große Lieferungen Zugeständnisse gemacht worden sind, schon seit 1870, und der Bäckergewinn, der schon vor drei Jahren bis zu 50% gestiegen war, muß heute entschieden noch höher sein. — Ich glaube, wenn diese Gefahr also nicht vorliegt, so brauchen wir gar nicht so ängstlich zu sein gegenüber einer angemessenen Erhöhung der Kornzölle. Ich komme aus einem gesegneten Lande, aus Rheinhessen, aber auch da machen sich die Beschwerden der Landwirthe so stark geltend, daß wir der Meinung sind, daß gegenüber den großen Gefahren, die dem kleinen Landwirth durch den börsenmäßigen Verkauf des Getreides drohen, — ich sage, daß da durch Zölle so bald wie möglich geholfen werden soll. Ich habe seiner Zeit auch die Exporteurs in Antwerpen besucht und gefragt, was sie von unserem deutschen Kornzoll halten, und da habe ich einstimmig als Antwort bekommen, daß seit Einführung der Kornzölle das Getreideeinfuhrgeschäft nach Deutschland ein viel gesunderes sei, weil dadurch das wilde Spekulationsgeschäft sich gemäßigt habe; es werden aber dadurch die schwachen Kräfte im Getreidegeschäft vor Spekulation, Bankerott und Getreideverschleuderung bewahrt.

Wenn der erste Herr Referent gesagt hat, daß das Defizit im Getreidebau auszufüllen sei durch eine Vermehrung der Viehzucht, so möchte ich darauf hinweisen, daß doch nicht alle Gegenden in Deutschland sich für Graswuchs oder Einführung der Viehzucht eignen, und daß überall da, wo die Viehzucht vermehrt wurde, wie in der Schweiz, jetzt durch die Einführung der Käseindustrie in Bayern ein solches Sinken der Milchpreise eingetreten ist, daß auch die Viehzucht nicht mehr rentabel ist. Ich bin in den schweizer landwirthschaftlichen Verhältnissen durch eigenen Grundbesitz orientirt, und ich sehe den landwirthschaftlichen Ruin für St. Gallen und Appenzell voraus, wo doch der Graswuchs ein guter ist und Hausindustrie besteht.

Mir ist sodann der Gedanke gekommen, daß die beiden Herren Referenten die Bedeutung der Einfuhr nicht genügend betont haben. Ich glaube, aus dem praktischen Leben heraus, daß, wenn wir nicht einen Verein durch wirthschaftliche Staatsverbände gründen können oder durch eine Erhöhung der Kornzölle wenigstens probiren, das zu thun, was in unserer Macht steht, die Landwirthschaft in Deutschland aufs schwerste geschädigt wird. Ich glaube zu diesen Ausführungen berechtigt zu sein, um damit darzuthun, daß man auch in den Kreisen der Industrie — ich spreche nicht nur von meinem persönlichen Standpunkt aus — die Dinge gerade so ernst ansieht wie in denjenigen der Landwirthe, und ich mich in diesem Sinne zu den Pessimisten zähle, von welchen heute die Rede gewesen ist.

Sombart (Berlin): Ich erkläre mich mit dürren Worten gegen die Getreideschutzzölle. Ich will nicht näher darauf eingehen, weil ich vor fünf Jahren hier schon ein Referat darüber hatte und ich auch die Finanzgetreidezölle dadurch beseitige, daß, wenn wir uns lediglich innerhalb unseres heutigen Themas halten, wir mit Finanzschutzzöllen nicht viel zu thun haben.

Sodann aber möchte ich über die andere Steuerfrage, die von meinem Freunde Thiel angeregt ist, einiges sagen und meine Verwunderung darüber aussprechen, daß die Herren Referenten nicht mehr auf diese Realsteuern eingegangen sind und namentlich auf die Grundsteuer. Nach meiner Auffassung — und das habe ich schon in einem Exposé von 1871 im Preußischen Landesökonomiekollegium ausgeführt — ist heutzutage die Grundsteuer als Staatssteuer nicht mehr zu rechtfertigen. 1821, als sie in Preußen eingeführt wurde, lag die Sache anders, da gab es keine anderen Objekte, zu denen man greifen konnte. Aber heute, bei dem ungeheuren Vermögen des mobilen Kapitals, ist es eine falsche Maßregel, daß man die Staatsgrundsteuer noch beibehalten hat, und deshalb habe ich schon 1871 mich für die Beseitigung derselben als Staatssteuer und für die Ueberweisung der Grundsteuer an die Kommune ausgesprochen. Es sind auch viele Städte derselben Ausführung beigetreten, ich erinnere nur an die Petition von Berlin und die 94 Städte, die sich dafür erklärt haben. 1871 hatten wir noch nicht die neue Kreis- und Provinzialordnung in Preußen, und weil durch die Dotationen eine große Summe für Wege und Chausseen u. s. w. den Provinzen und Kreisen überwiesen war, habe ich mich jetzt auf die Hälfte zurückgezogen. Ich fordere also nach wie vor die Hälfte der Grundsteuer als Kommunalsteuer. Es ist schon ausgeführt, daß der größte Theil der Landwirthe vom Schutzzoll nur Nachtheil hat, denn die größere Zahl konsumirt ihr angebautes Brot selbst und muß noch zukaufen, und nur der größere Grundbesitz würde davon profitiren.

In Bezug auf die Höferolle stehe ich auf dem fakultativen Standpunkt, so daß man diese Einrichtung als eine zweckmäßige empfehlen und in den anderen Provinzen mit geschlossenen Gütern einführen kann, wo das geeignete Material dazu vorhanden ist; und um es den Leuten angenehmer zu machen, in die Höferolle einzutreten, könnte man ihnen vielleicht einen kleinen Erlaß an der Grundsteuer in Aussicht stellen. Es ist gewiß eine bedeutsame Maßregel, daß wir den bäuerlichen Besitz erhalten. Wenn nun aber auf das, was mein Freund Miquel sagte, auf die Ermittelung des Ertragswerthes, zu welchem das Gut dem einzelnen Anerben überlassen werden kann, näher eingegangen werden soll, so haben wir bei der jüngsten preußischen Gesetzgebung die schwankendsten Zahlen wahrgenommen. Die Provinz Westfalen hat z. B. stipulirt, der Anerbe soll zum sechzehnfachen des Grundsteuerreinertrags das Gut übernehmen können. Die Provinz Brandenburg hat das dreißigfache angenommen. Ich kenne nicht den Betrag, den Schlesien angenommen hat, weiß aber, daß Hannover sich eine Separattaxe vorbehalten hat. Da muß Wandel geschaffen werden. Nun hat man mit Gelassenheit das große Wort gesprochen, es soll der Ertragswerth ermittelt werden. An dieser Klippe ist noch jeder gescheitert, eine wirkliche Taxe des Ertragswerthes aufzustellen. Ich hoffe, daß die Wissenschaft, namentlich die Geologie, die Agronomie u. s. w. gewisse Einheiten erzielen werden, nach denen der Ertragswerth bemessen wird; bis heute ist das aber nicht möglich. Dieser Ertragswerth wäre der Maßstab auch für die Beleihung. Ich pflichte dem bei, was einer der Herren gesagt hat: nach meiner Auffassung hat in sehr vielen Gegenden der Großgrundbesitz viel zu viel Kredit, und dadurch wird seine Verschuldung herbeigeführt. Aber das habe ich aus der badischen Enquête gesehen, und ich glaube, daß es auch so mehr oder weniger in ganz Süddeutschland liegt, daß es dem kleinen Grundbesitz an Instituten fehlt, bei denen er unkündbare Kapitalien zu mäßigem Zinsfuß aufnehmen kann. Wir haben für den großen Grundbesitz in einzelnen Provinzen Preußens die Landschaften; in Westfalen und Sachsen erstreckt sich deren Beleihung auf den kleinen Grundbesitz bis zu einem Grundsteuerreinertrag von 50 Thalern. Aber es ist vielleicht besser, daß der kleine Grundbesitz separat behandelt wird, denn ein großes Gut von 100000 Thalern Beleihung verursacht nicht mehr Kosten als ein kleines Gut. Aber davor möchte ich warnen, den Personal- und Realkredit zu verquicken. Die Erfahrung zeigte, daß man die Personalbeleihung nur auf enge genossenschaftliche Bezirke ausdehnen kann, während für den Realkredit das erforderliche Geld in diesem Bezirke nicht immer zu haben ist. Wenn sich der Personalkredit bis zum ganzen Staat aufbauen soll, so fehlt die Aufsicht. Es mögen in einzelnen Bezirken oder Provinzen solche Institute eingeführt werden, aber einer Verbindung des Personal- und Realkredits möchte ich entgegentreten. Vielleicht ließe sich mit den Sparkassen der Realkredit in Verbindung bringen.

In Bezug auf Separationen stehe ich auf demselben Boden wie Herr Geheimrath Thiel. Wenn man die Erfahrung gemacht hat, namentlich in Thüringen, wo die Parzellen zwei Schritt breit und 500 Ruthen lang waren, was da aus einer solchen Feldmark geworden ist, nachdem eine Separation mit einem vernünftigen Wegenetz eingeführt ist, so tritt da ein ganz neues Leben ein, und ich möchte dringend wünschen, daß man dieses Beispiel in Süddeutschland beachtet. Wenn in Preußen der vierte Theil die Verkoppelung beantragt, so mußten die drei Viertel zustimmen, dahingegen muß in Bayern nach Qualität und Quantität die Majorität vorhanden sein. Da muß man etwas drakonisch vorgehen und derb durchgreifen.

Sodann möchte ich die sogenannten Winterschulen erwähnen von fünf Monaten, wo zu ein- oder zweijährigem Kursus die Bauernsöhne in die Stadt kommen. Hier wird, was die Wissenschaft nun einmal fordert für die Landwirthschaft, den Bauernsöhnen gelehrt. Sollte das noch nicht allgemein sein, so möchte ich diese Einrichtung empfehlen.

Zum Schluß möchte ich die Frage, die Herr Miquel aufgeworfen hat, auch entschieden bejahen, daß der kleine Besitz im Stande ist, nicht nur neben dem mittleren und großen Besitz zu bestehen, sondern zu prosperiren. Ich habe aus meiner eigenen 25jährigen Erfahrung gesehen, wie der Großgrundbesitz sich gehoben hat und wie auch der Kleinbauer durchaus gut fortkam und mit demselben konkurriren konnte.

Dr. Arendt (Berlin): Meine Herren! Von den Fragen, die uns heute beschäftigt haben, ist wohl keine so viel umstritten, keine in so hohem Maße brennend, wie die der Getreidezölle. Deshalb ist es vielleicht auch von besonderem Werthe, wenn diese über den Parteien stehende Vereinigung sich in ruhiger und sachgemäßer Diskussion über diese Frage weiter ergeht. Mir war es von besonderem Interesse, daß der erste Herr Referent, Herr Professor Conrad, seinen Standpunkt in dieser Frage nicht unwesentlich modifizirt hat. Auf dem Kongreß deutscher Volkswirthe vor vier Jahren war Herr Professor Conrad noch ein prinzipieller Gegner der Getreidezölle und konnte unter dem Beifall jener Versammlung eine Resolution vorschlagen, die auch zur Annahme gelangte. Heute würde Herr Professor Conrad den Beifall jener manchesterlichen Versammlung nicht mehr finden, denn er sprach sich nicht prinzipiell gegen die landwirthschaftlichen Schutzzölle aus, sondern er hieß Retorsionszölle und Schutzzölle, wenn ein mitteleuropäischer Schutzzollverein zu Stande käme, ausdrücklich gut. Nun, ich glaube, das wichtige Faktum, das auf diesem Gebiet sich seit vielen Jahren immer deutlicher herausgestellt, ist der phänomenale Rückgang der Getreidepreise.

Wenn heute auf dem Weltmarkt in England der Getreidepreis z. B. so gesunken ist, daß seit 1780 ein gleich niedriger Preis in den Listen nicht zu finden ist, wenn man erwägt, welche Veränderungen im Geldwerth und in den allgemeinen Verhältnissen in diesem Jahrhundert stattgefunden haben, so ist das eine Frage von der allergrößten Tragweite, wie das alte Europa diesen Rückgang ertragen wird. Da scheint mir nun zunächst wichtig zu sein, ob der Preisrückgang eine vorübergehende Erscheinung oder eine dauernde ist. Nun haben die Untersuchungen über die englische Landwirthschaft, die unser hochverehrter Herr Vorsitzender publizirt, ergeben, daß in England fünf Jahre der Mißernte auf einander gefolgt sind, und daß nichtsdestoweniger der Getreidepreis immer mehr sank. Wir haben ferner heute hier erfahren, daß in den letzten Zeiten auf zehn schlechte Ernten nur zwei gute gekommen sind; nichtsdestoweniger sank der Getreidepreis. Es scheint mir, daß jene gewaltigen Umwälzungen, welche die moderne Technik hervorgerufen hat, und die sich in der Industrie bereits seit einem viertel Jahrhundert geltend machen, jetzt auch in der Landwirthschaft zum Ausdruck kommen. Es dürfte vielleicht eine Theilung der Arbeit in der Art entstehen, daß die Produktion landwirthschaftlicher leicht transportabler Massengüter, insbesondere des Getreides, immer mehr den exotischen Ländern zu Theil wird, daß die Welt gleichsam zu einem Thünenschen Staat wird, dessen Zentrum Europa bildet, während die überseeischen Länder als die Peripherie zu betrachten sein würden. Es mag nun wohl sein, daß Getreidezölle gegen diese außerordentliche Einwirkung keinen Schutz gewähren; indessen, meine Herren, es ist doch wohl eine wichtige Aufgabe der Gesetzgebung, diese Veränderungen, die aus den nun einmal nicht zu ändernden Verhältnissen entspringen, möglichst zu modifiziren, zu beschränken und das Bestehende, wenn möglich, noch einige Zeit zu erhalten, um dadurch den Uebergang zu erleichtern. Nun zeigt es sich, daß gegenwärtig nicht Amerika allein in einer gefährlichen Weise unseren Markt bedroht. Es ist Australien, es ist Indien, welches noch eine außerordentliche Zunahme der Produktion in Aussicht stellt, und ich glaube nicht, daß deshalb die Zuversicht des Referenten zutrifft, daß die Preise bereits ihren niedrigsten Stand erreicht haben. Man erwäge, welche ganz anderen Bedingungen der Produktion in den überseeischen Ländern vorhanden sind, die niedrige Grundrente, der niedrige Arbeitslohn in Indien, die Exportprämie, welche besonders für Indien in der Silberentwerthung liegt. Alles das zusammen muß dahin führen, daß ein immer weiteres Herabgehen des Getreidepreises zu erwarten ist, daß insbesondere in den Jahren, wo in Europa eine schlechtere Ernte stattfindet, dies nicht zu einer naturgemäßen Erhöhung des Getreidepreises führt, sondern umgekehrt der Preis immer weiter sinkt.

Dagegen nun, glaube ich, liegt ein gewisser Schutz in Getreidezöllen, die indessen nicht fest normirt zu sein brauchen, sondern die variiren können in Gemäßheit des Getreidepreises. Solche variablen Getreidezölle würden die Befürchtungen des Herrn Professor Conrad ganz wesentlich beschränken. Es würde dann nicht im Falle theurer Getreidepreise das Gehässige der Steuer hervortreten, denn bei theuren Getreidepreisen würden die Zölle wegfallen. Es würde dann auch nicht der Umstand in Betracht kommen, daß durch diese Zölle die Industrie geschädigt wird, denn wenn die anderen Länder diesem Beispiele Deutschlands nicht folgen würden, so würde unsere Landwirthschaft, durch die Zölle geschützt, eine ergiebigere Konsumtion der Industrieerzeugnisse bieten, als das in anderen Ländern der Fall ist. Ferner würden solche variablen Zölle den Vorwurf der Brotvertheuerung nicht aufkommen lassen, weil umgekehrt dann nur eine Verwohlfeilerung des Getreides hintan gehalten wird. Es scheint mir, daß die Frage, inwiefern die Getreidezölle das Brot vertheuern, weder in der Art, wie sie Herr Heyl ausführt, bewiesen ist, noch in der Art, wie von der anderen Seite behauptet wird, daß Getreidezölle mathematisch genau auf den Brotpreis einwirken. Der Brotpreis kann ja immer nur eine Wirkung der Produktionskosten des Bäckers sein. Die Zölle werden ja immer nur einen Theil der Getreidepreise bilden, während andere Umstände, die Miethe, der Geldwerth u. s. w. gleichfalls ihre Wirkung auf den Brotpreis üben müssen. Es ist nun hier von besonderem Interesse, daß eine Untersuchung des Professors Lexis bewiesen hat, daß mit der Aufhebung des Bäckereimonopols in Paris der Brotpreis in keiner Weise billiger wurde, daß aber die Zahl der Bäcker in Paris sich damals verdoppelte. Es war das die natürliche Folge davon, daß die Gesammtproduktionskosten des Gewerbes zunahmen und die Verbilligung des Brotes hinderten. Nun wird gegen die Getreidezölle ins Feld geführt, daß Deutschland nicht im Stande ist, den eigenen Bedarf an Getreide zu bauen. Ich glaube, daß es ganz besonders wichtig wäre, wenn, wie der Herr Referent andeutete, eine Zollvereinigung, nicht eine Zollunion, mit Oesterreich in dem Sinne zu Stande käme, daß das österreichische Getreide auf dem deutschen Markt zollfrei zugelassen wird, — ein so wichtiges Zugeständniß, daß Oesterreich dafür seinerseits gewiß unserer Industrie Zugeständnisse machen würde. Daß eine solche Zollvereinigung zwischen Deutschland und Oesterreich dann den Mittelpunkt einer mitteleuropäischen Zollvereinigung bilden und diese dann Retorsionszölle gegen die überseeischen Getreide bauenden Länder einführen könnte, wenn diese sich unseren Industrieerzeugnissen verschließen, das ist eine weitere wichtige Folge.

Um nun zu den Fragen der Kreditorganisation überzugehen, so möchte ich glauben, daß eine Aenderung unserer Genossenschaftsgesetzgebung die Vorbedingung sein muß, um eine Organisation des Kredites ins Leben zu rufen, nämlich daß die fakultative Theilhaft eingeführt wird. Dann aber würde die Kreditgenossenschaft, wie Herr Professor Conrad sie sich dachte, nicht dahin führen, den Kredit zu erleichtern, sondern sogar vielleicht eine Erschwerung des Personalkredits bilden, weil die Genossen in dem engen Kreise dann ein Urtheil haben über die Kreditfähigkeit und die Kreditwürdigkeit des einzelnen. Es handelt sich also hier bei der Bildung dieser Genossenschaft nicht um eine Erleichterung, sondern um eine Konsolidirung des Kredites. Es handelt sich darum, dem Wucher entgegenzutreten, indem man den Kredit da organisirt, wo er am Platze ist.

Herr Prof. Conrad hat dann außerordentlich treffend auf die Stellung der Reichsbank zu diesen Fragen hingewiesen, indem er meinte, daß ein direktes Eingreifen der Reichsbank nicht am Platze wäre, daß aber die Reichsbank wohl indirekt Hilfe leisten könne. Da würden nun diese Kreditorganisationen das Mittelglied bilden können, und die Gesetzgebung könnte hier eingreifen und für diese Genossenschaften Normalstatute entwerfen, deren Annahme diesen neuen Organisationen dann eo ipso den Bankkredit bieten würde. Allerdings glaube ich, daß es hier zunächst einer Verstaatlichung der Reichsbank bedarf, denn in der jetzigen Form würde es nicht Sache der Gesetzgebung sein können, der Reichsbank derartige Pflichten aufzuerlegen.

Geheimrath Dr. Thiel (Berlin): Ich wollte nur mit zwei Worten Herrn Oberbürgermeister Miquel erwidern, daß ich natürlich für eine Organisation unserer Kreditverhältnisse und für eine möglichst zweckmäßige Organisation derselben bin. Was ich bei der Kürze der jedem Redner zugemessenen Zeit zu sagen vergessen hatte, das war, daß ich insofern für eine Beschränkung der Kreditfähigkeit der Grundbesitzer bin, daß ich glaube, daß es sehr nützlich ist, daß irgend eine Grenze festgesetzt wird, über die hinaus der Grundbesitz nicht beliehen werden darf, eine Grenze, die gegriffen werden kann in einer Quote des Werthes des betreffenden Grundstückes, oder die auch erreicht werden kann durch etwas der amerikanischen Heimstättengesetzgebung ähnliches, denn es ist schließlich einerlei, ob ich die Beleihungs- oder die Exekutionsfähigkeit begrenze. Eine solche Kreditbegrenzung führt ganz von selbst zu einer Einschränkung der Privathypotheken und zu einer Begünstigung des korporativen Kredits, und in dieser Beziehung möchte ich meinem Freunde Sombart entgegnen, daß ich glaube, daß dieses Ziel der Verhinderung der Ueberverschuldung für den kleinen Besitz am besten erreicht werden kann gerade durch Verquickung des Personal- und Realkredits in derselben genossenschaftlichen Institution. Für den Großgrundbesitz kann die Landschaft sehr leicht die angemessene Beleihungsgrenze festsetzen, es ist aber sehr schwer, für den kleinen Besitz eine Beleihungsgrenze in einer Werthquote des Besitzes mechanisch festzustellen. Hier werden immer die Verhältnisse des einzelnen Besitzers ein großes Wort mitsprechen, der Realkredit für den kleinen Besitzer ist von seinem Personalkredit gar nicht so scharf zu trennen. Die Kreditgenossenschaft muß da immer die ganze Lage und Persönlichkeit des Kreditsuchers ins Auge fassen und darf sich nicht ausschließlich an ein mechanisches Prinzip der realen Sicherheit für die Schuldforderung halten; durch eine solche Beurtheilung nicht nur der Kreditsicherheit, sondern auch der Kreditwürdigkeit, wie sie nur von einer Genossenschaft der Interessenten selbst ausgehen kann, wird zugleich dem leichtsinnigen Schuldenmachen am besten entgegengearbeitet.

Wenn dann Herr Sombart es für so schwierig hält, bei Erbtheilungen den Ertragswerth festzustellen, so kann ich nur erwidern, daß zu dem Zweck, um den es sich hier handelt, nichts leichter wäre, als den Ertragswerth festzustellen. Man braucht nur das zu thun, was z. B. in Schleswig-Holstein die Landeskulturrentenbank thut, wenn sie zur Feststellung der Beleihungsgrenze einen Gutswerth ermitteln will. Sie hält sich einfach an den Pachtwerth, den das Grundstück in den letzten 10 bis 15 Jahren gehabt hat. Dazu braucht man gar keine großen Berechnungen zu machen, sondern blos mit den betreffenden Verhältnissen vertraute Männer zu befragen.

Ich stimme Herrn Oberbürgermeister Miquel vollständig bei, wenn er unsere Gemeinde wieder mehr ausbilden will zu einem wirthschaftlichen Organ. Wir sind aber leider Gottes schon zu sehr in antisoziale Ideen hineingekommen, und der Individualismus hat bei uns so sehr Wurzel gefaßt, daß man geradezu einen Sturm der Entrüstung in vielen Kreisen erregt, wenn man der Gemeinde wirthschaftliche Aufgaben und Ausgaben auferlegen will, die nicht — und das trifft beinahe niemals ein — allen Gemeindemitgliedern in gleichem Maße zu gute kommen. In manchen Theilen Süddeutschlands besteht z. B. mit großem Erfolge die Verpflichtung der Gemeinden, die Bullen zu halten für die Viehbesitzer. Kommen Sie mit einer solchen Idee aber in anderen Gegenden und sagen Sie, es ist Aufgabe der Gemeinden, dafür zu sorgen, daß die Viehbesitzer durch ungenügende oder schlechte Bullenhaltung keinen Schaden nehmen, so treffen Sie auf den größten Widerstand; man sagt dann stets, das sei ausschließlich Sache der betreffenden Interessenten, weil eben die Erkenntniß verloren gegangen oder doch wenigstens abgeschwächt ist, daß in einem Gemeinwesen einer dem andern helfen muß, daß keiner sagen darf, daß das Wohlergehen des andern ihn nichts angehe. In dieser Beziehung müssen wir erst noch vieles wieder zurücklernen, um wieder auf den Standpunkt sozialer Solidarität zu kommen.

Dr. Meitzen (Berlin): Ich möchte meine Befriedigung darüber aussprechen, daß der Standpunkt, der mir bei meinen Arbeiten über die Lage der Landwirthschaft der richtige schien, im wesentlichen von den beiden Herren Referenten getheilt werden konnte. Es ist dies der Standpunkt, daß es sich nicht um eine wirkliche Decadence, um ein dauerndes Leiden unserer Landwirthschaft handelt, welches niemals heilbar wäre, sondern daß nur eine Krisis, deren Gründe wir alle kennen, besteht.

Die einzelnen Fragen betreffend muß ich zunächst bezüglich der Grundsteuer erklären, daß ich dieselbe in ganz Deutschland für nicht erheblich hoch halte und nicht glaube, daß es zweckmäßig wäre, diese Grundsteuern aufzuheben. Wenn man in Preußen z. B. die Grundsteuer aufheben wollte, würde man größtentheils Zahlungen erlassen, welche von jeher von Rechts wegen auf den Gütern als Last gehaftet haben, denn die Grundsteuer der acht alten Provinzen ist nur mit 2 Millionen überhaupt eine Grundsteuer, zu 8 Millionen ist sie im wesentlichen ein Ersatz für seit Alters bestandene Reallasten. Ich gebe vollständig zu, daß man solche Erlasse gewähren kann, wenn sie eine Nothwendigkeit sind, aber ich sehe zunächst keine Nothwendigkeit ein, auch nicht die, den halben Betrag zu schenken, denn die Zahlung muß doch anderweitig wieder ersetzt werden.

Dagegen stimme ich damit überein, daß die Grundsteuer zu einem wahren Uebel werden kann, wenn sie die Grundlage der Kommunalbesteuerung bildet. Ihr Maßstab kann dann zu so großen Ungleichheiten führen, daß man ernstlich daran denken muß, wie man zu einer Reform der Kommunalbesteuerung zu kommen vermag. Maßnahmen in diesem Sinne sind nicht vollständig unbekannt, denn wir haben noch manche ältere Kommunalsteuerorganisation erhalten, welche sich ebenfalls auf den Grundbesitz gründet, aber innerhalb des Kreises der Kommune das Einkommenverhältniß und die Steuerfähigkeit richtiger trifft, als die allgemeinen Veranlagung der Staatsgrundsteuer, welche so individuelle Unterschiede nicht machen kann. Auch hat neuerdings Sachsen Schritte gethan, welche einer solchen Reform zum Vorbild dienen können, nämlich daß man jedes Jahr den Ertrag der Güter veranlagt. Dabei werden in den Gemeinden die speziellen Verhältnisse der einzelnen Güter genauer berücksichtigt werden können.

Was die Zölle betrifft, so erkenne auch ich keinen sehr wesentlichen Einfluß einer Erhöhung des Getreidezolls auf die landwirthschaftlichen Verhältnisse an. Ich glaube nicht, daß ein Zoll von 1 Mark sehr ins Gewicht fallen würde, und wir als Konsumenten würden auch wenig davon merken. Ich halte deshalb einen solchen Zoll für überflüssig und für bedenklich. Praktisch würde es nichts nützen. Die individuellen und ich möchte sagen die ideellen Folgen würden aber von großem Nachtheil sein. Die Maßregel würde den größeren Theil der Bevölkerung gegen den bei weitem kleineren, gegen die Gutsbesitzer, aufbringen, vor allem aber würde sie die Landwirthe sofort zu dem Gedanken veranlassen, daß ihr Gutswerth ein höherer dadurch werde. Der Landwirth, der rechnet, daß er von seinem Gute 1000 Scheffel Roggen verkauft, würde sich sagen, daß er dafür 1000 Mk. mehr bekomme, daß sein Gut also unter Brüdern 20 000 Mark höher im Werthe stehe. Meine Herren! Der ganze Gedankengang des Gutsbesitzers ist heut leider vielfach darauf gerichtet, nur zu kaufen, um wieder zu verkaufen. Man kauft sein Gut zu einem schon an sich übermäßigen Preise, putzt es so viel wie möglich auf und sagt: ich werde schon einen Narren finden, der mir 20 % mehr bezahlt. Das ist ein wesentlicher Grund der bestehenden Kalamität. Sowie Sie eine Mark Zoll mehr auferlegen, so werden Sie namentlich die großen Güter von neuem in die Spekulation hineintreiben. Ich glaube, für die kleinen Güter hat die Mark des Getreidezolls wirthschaftlich gar keine Bedeutung, sie verzehren das meiste selbst oder müssen gar kaufen. Für sie läßt sich in der That nur denken, daß der ohnehin imaginäre Preis des Guts steigen und in noch weniger angemessenem Verhältnisse zum Ertrage stehen wird. Jedenfalls würde also, wenn man eine zweckentsprechende Wirkung mit einem Zolle erzielen will, nichts anderes zu machen sein, als den Getreidezoll ganz erheblich, zugleich aber nach einer gleitenden Skala zu erhöhen. Eine gleitende Skala müßte bei einem erheblichen Zoll jedenfalls in Aussicht genommen werden. Man müßte bei niedrigem Getreidepreise sich schützen und bei höherem Preise den Schutz fallen lassen. Aber diese gleitende Skala haben die Engländer gehabt und dann abgeschafft, sie haben sie wieder eingeführt und wieder abgeschafft, immer mit den größten Kämpfen, und jedesmal haben sie sich glücklich gefühlt, wenn sie sie los waren. Ich will nicht sagen, daß die Schwierigkeiten in der gleitenden Skala lagen, sondern sie lagen in der Schwierigkeit der richtigen Bestimmung des Preises. Es ist möglich, daß diese Dinge sich erleichtern lassen, aber einstweilen glaube ich nicht an die Möglichkeit einer gleitenden Skala und damit auch nicht an die eines hohen Getreidezolles.

Sodann eine Bemerkung zur Parzellirung. Ich komme unmittelbar aus einem Landestheile Deutschlands, in dem von jeher freie Theilbarkeit besteht, aus den Elbmarschen; ich war auch in Ostfriesland, und ich habe außerdem Beobachtungen in Kassel gemacht. Trotz der freien Theilbarkeit in den Marschen sind die Höfe dort außerordentlich gut erhalten. Ich habe manche Ortschaften getroffen, wo seit der Anlage durch die Holländer kaum etwas geändert ist; anderswo ist parzellirt worden, aber im großen und ganzen haben sich die Güter selbst in der Nähe großer Städte wie Hamburg u. s. w. immer wieder auf eine erhebliche Größe zusammengezogen. In Ostfriesland würde man sich höchlich darüber beschweren, wollte man ihnen die freie Theilbarkeit und damit die

Möglichkeit nehmen, schnell etwas Grund und Boden zu verkaufen, deswegen nämlich, weil die augenblicklich entstehenden und ganz unvorhergesehenen Deichlasten den Wirth total aus seinem Besitz werfen, wenn er nicht Geld durch Verkauf erlangen kann. Ich habe auch in Kassel Gelegenheit gehabt, die Katasterkarten des vorigen Jahrhunderts, aus d. J. 1760, genau zu vergleichen mit den heutigen Katasterkarten; daraus konnte ich ersehen, daß der bäuerliche Besitz um 1760 im Hessischen erheblich mehr Parzellen hatten als der heutige. (Hört!)

Es ist das so zu verstehen: Im vorigen Jahrhundert bestanden noch die Gemeinheiten und die Güter waren sehr parzellirt. In unserer Zeit sind nun sehr viele solcher Parzellen zusammengekommen; diese inzwischen stattgefundenen Vereinigungen sind auf den heutigen Katasterkarten, welche Kopien der alten sind, noch durch punktirte Linien erkennbar und man kann sehen, wie häufig sie vorgekommen sind; sie erweisen sich in der That überraschend häufig. Dagegen sind inzwischen die alten Gemeinheiten getheilt worden; diese Theilung aber erfolgte theilweise in sehr großer Zersplitterung, weil nicht blos die alten Güter, sondern in der Regel alle Einwohner der Gemeinde, die auf Grund ihres Bürgerrechts oder durch Verleihung gegen Zins antheilsberechtigt geworden waren, sehr kleine Stücke, vielleicht $^{1}/_{16}$, $^{1}/_{32}$ Morgen und weniger von der Gemeinheit bekommen haben. Wenn Sie nun alle diese Parzellen rechnen, so ist die Parzellirung allerdings größer als im vorigen Jahrhundert: aber die Rechnung ist dennoch falsch, die Konsolidation ist im Gegentheil vorgeschritten, die eigentlichen Ackerhöfe sind größer geworden. Dabei bin ich aber weit entfernt, dem entgegenzutreten, daß nicht eine weitere Konsolidation dringend nothwendig wäre. Ich bin jedoch nicht dafür, daß man im deutschen Zivilgesetzbuch eine allgemeine Anordnung treffe, daß ein Anerbenrecht geschaffen werden müsse; ich halte das für so individuell, daß ich es der Landesgesetzgebung gerade so überlassen möchte, wie es von jeher in jedem Zivilgesetzbuch, mit Ausnahme des preußischen, welches sehr radikal vorging, ihr überlassen gewesen ist.

Was die Taxe bei der Uebernahme durch den Anerben betrifft, so bestehen darüber mancherlei Erfahrungen. In Schlesien sind die Güter lange Zeit immer nach einer Taxe übertragen worden, und ich weiß kein Gesetz, wodurch das geändert wäre, sondern es ist nur ein Resultat neuerer Anschauungen und Gewohnheiten, wenn es damit nicht mehr so gehalten wird. Allerdings war dabei die Zustimmung der anderen Erben erforderlich, aber fast selbstverständlich. Dieselbe wurde indeß durch ein besonderes Institut erleichtert, nämlich durch die Eintragung eines sogenannten Surplus-Reservats. Es beruhte auf dem Gedanken, daß, wenn der Erbe das Gut zu einem höheren Preise als die niedrige Taxe verkaufte, die anderen Erben an dem Mehrgewinn ihren Antheil forderten. Dieses Surplus-Reservat würde meines Erachtens gewiß nicht zu entbehren sein, wenn auch mehr als das 16fache des Grundsteuerreinertrages der Uebernahme zu Grunde gelegt würde, wie es zu meinem Erstaunen vorgeschlagen worden ist. Die Kaufpreise im preußischen Staate erreichen durchschnittlich das 63fache des Grundsteuerreinertrages. Jenes Reservat gab indeß bei der Hypothekenverwaltung und bei Subhastationen zu so vielen Weiterungen und Zweifeln Anlaß, daß es als eine ganz besondere Schwierigkeit betrachtet wurde.

Nach allem Erörterten möchte ich mich am ersten dem Gedanken zuneigen, daß der wirkliche wirthschaftliche Werth des Gutes zwischen den Erben durch eine Taxe festgestellt werde und die Erben ihre Antheile zugewiesen erhalten, wie sie ihnen das allgemeine Erbrecht zuspricht, daß ihnen ihr Anspruch aber nur in Rente und darüber Rentenverschreibungen ausgefertigt würden. Die Schwierigkeiten, die durch solche von Rodbertus angeregte Verschreibungen entstehen, sind allerdings sehr groß, aber scheinen mir doch nicht unüberwindlich. Ich habe dafür auch einen anderen Gewährsmann, v. Inama-Sternegg in Oesterreich, der sich nach gründlichen Untersuchungen für diese Form der Vererbung ausspricht, weil er die Anstände einer zu niedrigen Taxe doch noch bedenklicher findet.

Schließlich noch wenige Worte über den Kredit. Im Osten des preußischen Staates ist der öffentliche Kredit des Bauernstandes deshalb so sehr vernachlässigt, weil da nur landschaftliche Kreditinstitute existiren, die mit dem bäuerlichen Besitz ihrer Natur nach nichts zu thun haben können. Die großen Geschäfte der Landschaften gestatten ein genügendes Eingehen auf den seinem ganzen Wesen nach eigenartigen bäuerlichen Kredit nicht. Als das beste Institut für bäuerlichen Kredit hat sich die hannöversche Landeskreditkasse erwiesen. Sie war ausschließlich für die Bauern bestimmt, hat für deren Bedürfnisse mit Hingabe gesorgt und ist in das Vertrauen der Bauern eingewachsen. Ein großer Theil des guten Zustandes der hannöverschen Bauern beruht darauf, daß sie Vertrauen zu dieser Kasse haben. Ich bin übrigens auch meinerseits der Ueberzeugung, daß die Landwirthe nicht zu wenig, sondern eher viel zu viel Kredit haben. Ich kann nur erstaunen über die ganz unbesonnenen Kreditirungen, welche auch ganz schlecht situirten Landwirthen immer wieder entgegengebracht werden; kein Kaufmann und kein Fabrikant findet Aehnliches. Ein Mann, der schon durch den Ankauf seines Gutes sein ganzes Vermögen verloren hat, und der von Anfang an nur mit untilgbaren Schulden wirthschaftet, bekommt noch immer Kredit aufgehalst, so viel er Lust hat. Daß daraus die größten Kalamitäten entstehen müssen, ist klar. Ich bin der Meinung, daß man besondere, mit der Gemeinde eng verknüpfte, in ihrem engeren Kreise möglichst selbständige Kreditkorporationen für den kleinen Besitz zu bilden suchen muß, die unter der Kontrole größerer Kreis- und Provinzialinstitute stehen, bei denen sie zugleich Rath und Unterstützung finden können. Solche Lokalanstalten sollen dann nicht nur Kredit geben, sondern auch wissen, weswegen sie ihn geben, sie sollen vermögen seine Verwendung zu beaufsichtigen und sollen ihn verweigern und zurückziehen, wenn er unzweckmäßig ist. Daß man die Gemeinde zu einem wirthschaftlichen Kreditganzen umgestaltet, dagegen muß ich mich erklären; aber die Intelligenz, die in der Gemeindeleitung steckt, gleichzeitig zu verwenden für die Leitung eines solchen Kreditinstituts, das halte ich für das eigentlichste Bedürfniß. Ich muß sagen, ich wünsche nichts angelegentlicher, als daß sich der Verein entschlösse, darüber nähere Belehrungen ausarbeiten zu lassen, und zwar zunächst eine ganz einfache praktische Arbeit dahin, daß man nachfrage und feststelle: welche Kreditinstitute, die nicht landschaftlich sind, sind bisher aufgetreten, welche Einrichtungen haben sie gehabt, welche Mittel haben sie angewandt, aus welchen Gründen sind die einen zu Grunde gegangen, unter welchen Verhältnissen bestehen die anderen fort, welche Wirkungen haben sie gehabt, welcher Verbesserung sind sie fähig? — Die Beantwortung dieser Fragen wäre von größter Wichtigkeit. Sie kann aber wirklich zutreffend und belehrend nur durch Vertrauensmänner erreicht werden; durch lediglich polizeiliches Eingreifen und Nachfragen wird man zu falschen

Urtheilen gelangen. Ich empfehle aber dringend solche Ermittelungen, für die mir der Verein sehr geeignet erscheint.

Dannenberg (Hamburg): Meine Herren! Ich hatte mir das Wort erbeten, um auf die Ausführungen des Herrn Dr. Arendt in Bezug auf Kornzölle zu antworten. Bei der vorgerückten Stunde verzichte ich darauf und will nur eine die Ausführungen des Herrn Geheimrath Dr. Meitzen ergänzende Mittheilung machen. Er sprach von der gleitenden Skala, die man in England gehabt hat. Der Grundfehler derselben bestand in folgendem. Die Skala war ungefähr so: bei einem Preise von ungefähr 40—45 Schilling per Quarter betrug der Zoll 10 Schilling; ging der Preis auf 50 Schilling, so betrug der Zoll 5 Schilling, und wenn der Preis noch höher stand, hörte der Zoll auf. Ich habe die Zahlen nicht genau im Kopfe, aber annähernd sind sie richtig. Praktisch machte sich das nun, wie folgt. Der importirende Kaufmann legte bei steigenden Preisen seine Waare in bond, um den Augenblick abzuwarten, wo die Ermäßigung des Zolles eintreten würde; war dieser Augenblick gekommen, so strömte plötzlich der ganze gelagerte Vorrath auf den Markt und drückte die Preise rasch wieder auf den Punkt hinunter, bei welchem wieder der höhere Zoll eintrat. Damit stockten dann wieder die Zufuhren, die Preise stiegen von neuem, und so war der Markt in unaufhörlichem Schwanken, bei dem jeder Theil nur verlor. Der Kaufmann verlor bei den plötzlichen Preisrückgängen, deren Eintritt sich nicht vorher berechnen ließ, der Staat verlor einen großen Theil der Zolleingänge und der Landmann hatte keinen Vortheil von einem solchen Zollschutz. Die Folge war, daß das ganze System unleidlich wurde und aufgegeben werden mußte. Daß Herr Dr. Arendt die Erklärung abgab, hohe Kornzölle wären in Deutschland nur mit einer gleitenden Skala denkbar, bedeutet für mich, daß wir sie überhaupt nicht bekommen werden. (Heiterkeit.)

Oberbürgermeister Dr. Miquel (Frankfurt a. M.): Gestatten Sie mir noch, meinem Freunde Sombart ein Wort zu erwidern. Er sagte, eine Ertragsberechnung sei überhaupt nicht möglich; dann sage ich mit demselben Recht, eine wirkliche Verkaufswerthsberechnung ist gar nicht möglich, denn sie ist noch viel schwankender. Die Berechnung nach dem kapitalisirten Grundsteuerreinertrag ist doch auch nur eine Ertragswerthsberechnung.

Herr Geheimrath Meitzen scheint nun zu glauben, als wenn wir eine Beschränkung in der Verfügung unter Lebenden wollten. Davon ist nicht die Rede. Wenn der Marschbauer das Höferecht annimmt, so kann er verkaufen wie jeder andere und kann auch jede testamentarische Verfügung machen. Die Sache ist nur die: wenn Streitigkeiten über die Innehaltung des Pflichttheils entstehen, dann fragt der deutsche Richter: was kann für das Gut aufkommen, wenn es unter den Hammer gebracht wird? Diese Frage will ich nicht, man soll einfach fragen (da ja das Gut nicht verkauft werden, sondern der Familie bleiben soll): welchen dauernden Reinertrag kann das Gut bei vernünftiger Bewirthschaftung bringen? — und nach diesem Reinertrag soll die Abfindung gegeben werden. Das römische Recht, welches soche Zustände gar nicht kannte, hat uns das geltende System gebracht. Julius Cäsar hat bekanntlich bei der Ansiedelung seiner Soldaten durch die Einführung der dreißigjährigen Unveräußerlichkeit zum ersten Mal in seiner großartigen Weise diese hundertjährige Tradition der römischen Jurisprudenz durchbrochen; zu einer solchen Maßregel aber ist das römische Recht, welches ein städtisches Recht ist, im allgemeinen nicht gekommen. Unsere Jurisprudenz ist heute nicht mehr blos eine Philologie, die die größte Aufgabe des Juristen darin sucht, das römische Recht nur zu verstehen und blind anzuwenden, sondern wir sind dahin gekommen, aus unseren deutschen realen Verhältnissen die Rechtssätze zu konstruiren und danach das Gesetz zu machen. Aber wie tief in unseren Gesetzgebern noch diese Grundanschauung des römischen Rechtes steckt und wie sehr jedesmal für jeden deutschen Juristen eine Ueberwindung nöthig ist auf den realen Boden unserer deutschen Gegenwart zu kommen, das lehrt uns doch die tägliche Erfahrung.

Noch ein Punkt! Es hat eben Herr Geheimrath Meitzen gesagt, er kenne sehr viele deutsche Gegenden, wo die freie Theilbarkeit von jeher bestand, wie z. B. in den Marschen, und doch würde thatsächlich nicht getheilt. Das ist mir vollständig bekannt. Wenn Herr Geheimrath Meitzen die Marschen noch genauer kennt, als er sie bis jetzt kennen gelernt hat, so wird er sehen, daß ein Marschgut überhaupt nicht getheilt werden kann: es ist durch die Natur der Sache untheilbar; man kann davon ein Stück abverkaufen, aber das ganze Gut kann man nicht theilen, denn das Gut in seinem wesentlichen Zusammenhange ist als ein Wassergut, um sich gegen Wind und Wasser zu sichern, eine absolute Nothwendigkeit. Ich gebe aber zu, daß viele ähnliche Verhältnisse in Deutschland vorkommen, wo trotz der freien Theilbarkeit niemals getheilt werden kann. Aber wir wollen doch auch nicht verkennen, wie unsere Gesetzgebung auf Sitten und Gewohnheiten, auch gegen die Natur der Dinge eingewirkt hat. Wer hat denn das Räthsel schon gelöst, daß die Thüringer theilen, daß sie die Hofeinheit nicht kennen, daß die Franken theilen, während die Sachsen das gerade Gegentheil thun. Woher kommt das? Das kommt nicht von der verschiedenen Beschaffenheit der realen Verhältnisse. Gehen Sie nach der Grafschaft Lauterberg, da finden Sie Franken, Sachsen und Thüringer neben einander wohnend, unmittelbar neben einander. Die Höfe haben ursprünglich dieselbe Größe gehabt. Der Sachse hat Zehnten, der Grundbesitz ist eine Einheit, er hat Anerbenrecht. Der Thüringer hat keine Zehnten, dagegen hat er das Lehngeld, eine Abgabe, die seit Urzeiten besteht, von der Veräußerung jedes Grundstückstheils; folglich hatten die Grundherrschaften ein großes Interesse, daß möglichst viel verkauft werde, weil jedesmal beim Verkauf die Abgabe fällig wurde an den Grundherrn. In Folge dessen sehen Sie ein thüringisches Dorf neben dem sächsischen liegen, zersplittert bis in kleine Staubtheile. In der Grafschaft Hohenstein sind zwei alte sächsische Dörfer, Niedersachswerfen und Obersachswerfen: Hofeinheit, Anerbenrecht, Untheilbarkeit des ganzen Hofes; alles andere ist zersplittert. Das kommt von der Einwirkung des Staates, der Verwaltung und Gesetzgebung; man soll daher die Einwirkung der Gesetzgebung auf diese Dinge nicht unterschätzen. Sie kann Sitten erzeugen im Volke, gegen die eine spätere Gesetzgebung machtlos wird. Allerdings kann durch eine zweckmäßige Gesetzgebung auch allmählich eine Heilung verkehrter Sitten und Anschauungen erfolgen, und das zu bewirken ist die Aufgabe einer guten Gesetzgebung.

(Ein Schlußantrag wird abgelehnt.)

Freiherr von Reitzenstein (Freiburg i. B.): Meine Herren! Als Referent über die Lage der Landwirthschaft in Frankreich würde ich gewünscht haben, über die Mittel, mit welchen dort die Staatshilfe erstrebt wird, hier etwas hinzufügen zu können. Die Grenzen aber, welche die vorgerückte Zeit meinen Bemerkungen zieht, verbietet mir hierauf näher einzugehen, und daher beschränke ich mich auf ein kurzes Wort gegen den Vorschlag, welchen Herr Sombart wieder aufgenommen hat, nämlich den der theilweisen Ueberlassung der Grundsteuer an die Gemeinden, — einen Vorschlag, den seit den siebziger Jahren namhafte Finanzpolitiker gemacht haben, und der wenn auch mit verschiedenen erheblichen Modifikationen in die Entwürfe der preußischen Verwendungsgesetze übergegangen ist. Meine Herren, ich bin ein Gegner dieser Ueberweisung. Ich theile allerdings die Ansicht, daß die Hauptursache des Druckes der Steuerlast nicht liegt in den Staatssteuern, sondern in den Kommunalsteuern. Es ist indessen diese Ueberlastung der Gemeinden keineswegs eine allgemeine Erscheinung; sie trifft nur eine Anzahl von Gemeinden, während in anderen Gemeinden, die in Folge günstiger Erwerbsverhältnisse oder durch ein größeres eigenes Vermögen mit einer größeren Steuer- und Finanzkraft ausgestattet sind, die Leistungsfähigkeit im Verhältniß zu den Aufgaben steht. Warum sollen wir nun diesen Gemeinden helfen? — Es kommt doch nur darauf an, daß denen geholfen werde, bei denen eine Bedürftigkeit vorhanden ist, d. h. deren Finanzkraft zur Erfüllung der Aufgaben, insbesondere der staatlichen Aufgaben, die ihnen gestellt sind, nicht genügt. Ich bin deshalb der Meinung, daß jede Ueberweisung, welche nach gleichem Maße und ohne die Bedürftigkeit zu unterscheiden, giebt, doch nur sehr unzureichende Wirkungen erzielen kann. Kann der Staat Einnahmen entbehren und sie den Gemeinden überweisen, so muß er meines Erachtens diese Ueberweisung entwickeln zu einer Erleichterung der Gemeinden, welche dessen bedürftig sind. Sollen alle ohne Unterschied erleichtert werden, so werden Mittel erforderlich, zu denen die erzielten Resultate in keinem Verhältniß stehen, während, wenn auf die Bedürftigkeit Rücksicht genommen wird, mit mäßigen Mitteln doch Dankenswerthes erreicht werden kann.

Dr. Meyer (Hannover): Ich habe mir nur zu einer kleinen Bitte das Wort erbeten. Es ist gut, daß diese Vereinigung keine Resolutionen annimmt; aber für einen Wunsch ist wohl Raum. Von den interessanten Anregungen und Vorschlägen zur Hebung der bäuerlichen Verhältnisse im ersten Referat ist mir besonders einer sehr sympathisch gewesen: es möge doch aus dieser Vereinigung hervorgehen eine Schrift, welche direkt oder indirekt darauf hinwirkt, daß die Kleinbauern mehr und mehr zu wirthschaftlichen Genossenschaften sich zusammenthuen. Ich habe aus eigener Erfahrung gesehen, wie ungeheuer schwierig es ist, einen landwirthschaftlichen Konsumverein zu Stande zu bringen. Die Unwissenheit der Bauern, die Antipathie, mit ihres gleichen zusammenzugehen und hineinblicken zu lassen in ihre Verhältnisse, hat jenes häufig gehindert. Es wird vielmehr vielfach mit dem ersten besten Zwischenhändler wegen des Einkaufs von Saatkorn, Futterstoffen, Dungmitteln u. s. w. verhandelt und dem ersten besten Aufkäufer wird Wolle, Butter u. s. w. hingegeben zu wahrhaften Schleuderpreisen. Auf diesem Gebiete ist noch unendlich viel zu thun — daß nämlich einzelne Gemeinden und mehrere Gemeinden zusammen sich zu wirthschaftlichen Konsumvereinen für Konsum und Absatz zusammenthun. Es fehlt aber diesem Wirkungskreise noch die rechte wirthschaftliche Grundlage, auf welcher unsere Wanderlehrer und unsere landwirthschaftlichen Vereine fußen könnten. — Nach meiner Ueberzeugung ist der kleine Bauer nicht zurückgegangen, sondern ist nur nicht vorwärts gekommen in den letzten 10 Jahren. Er kämpft zwar vorwärts zu kommen, aber er kann's nicht. Der große Bauer dagegen ist in manchen Gegenden zurückgekommen, zum Theil aus Schuld der wirthschaftlichen Verhältnisse, zum Theil aus eigener Schuld, weil die Bedürfnisse des Lebens zu groß geworden sind, weil seine Söhne sich von der Handarbeit zurückhalten, und er zum Theil in Spekulation und Aktienwesen hineingerathen ist. Ist er aber zurückgekommen, so wird er auch klüger werden und einsehen, daß er selbst wieder Hand anlegen muß. Ihm kann geholfen werden, durch die Gesetzgebung nicht so sehr, wie durch gemeinnützige Bestrebungen. Wenn nun das Resultat der heutigen Berathung sein würde, daß aus dieser Vereinigung hervorginge eine Schrift über Wesen und praktische Einrichtung landwirthschaftlicher Genossenschaften und dergleichen, so wäre solches ein sehr hübsches Resultat.

(Die Diskussion wird geschlossen.)

Dr. Meitzen (Berlin) (zur persönlichen Bemerkung): Ich möchte nur bemerken, daß Herr Oberbürgermeister Miquel mir trotz seiner Freundlichkeit doch wohl Unrecht thut, wenn er meint, daß ich mich in den Marschen nicht hinreichend umgesehen habe, um zu wissen, daß Marschenhöfe nicht dismembrirt werden können. Ein solcher Marschenhof besteht in der Regel aus 6 oder 8 großen Längsstreifen, die ihrerseits allerdings nur ganz ausnahmsweise dismembrirt werden können, weil sie zwischen tiefen Gräben liegen. Wohl aber kann ein solcher Hof sehr gut seinen 8 Streifen nach in Achtel, Viertel oder Hälften getheilt werden, und wenn er sechsstreifig ist, in Sechstel und Drittel. Jeder einzelne Streifen ist geeignet eine besondere Stelle zu bilden. Man könnte also erwarten, daß an Stelle eines alten Hofes häufig 6 oder 8 Kossäthen entstanden wären. Dies kommt ab und zu auch in der That vor, aber, wie ich sagte, überraschend selten.

Heyl (Worms) (zur persönlichen Bemerkung): Herr Dr. Arendt hat bemerkt, ich hätte mich dafür ausgesprochen, daß die Kornzölle auf die Brotpreise gar keine Einwirkung haben könnten. Ich habe das nicht gesagt, sondern vielmehr ausgeführt, daß eine mäßige Erhöhung einflußlos bleiben würde. Ich dachte an einen Zoll von 3 Mark.

Referent Professor Dr. Conrad (Halle): Zunächst möchte ich Herrn von Hövel meinen Dank aussprechen für seine freundlichen Worte, erwidere ihm aber dann, daß der Ausdruck Siechthum nicht von mir herrührt, sondern daß er in den Sitzungen des Landesökonomiekollegiums und im Landwirthschaftsrathe gebraucht worden ist, und daß man dort diesen Gegensatz zwischen Siechthum und Krisis aufstellte, den ich besprach. Daß die betreffenden Herren es in ihrem Innern mit dem Siechthum nicht so schlimm gemeint haben, davon bin ich überzeugt gewesen und freue mich, daß es hier bestätigt wurde.

Ferner kann davon keine Rede sein, daß ich den Pessimisten Mangel an Patriotismus vorwerfe, sondern wer, wie ich, ein Kind vom Lande ist, der bewahrt die Sympathie dem Landwirth für alle Zeit und weiß ihn auch als Pessimisten zu respektiren.

Herrn Geheimrath Thiel gegenüber befinde ich mich in einiger Verlegenheit, da er es als einen Mangel hervorhob, daß die Referenten nicht die Belastung durch Kommunalabgaben betont hätten. Die Schuld trifft aber nicht mich, weil ich es nicht gesagt, sondern ihn, weil er es nicht gehört hat. Aehnlich steht es mit seinem Vorwurf inbetreff der Grundsteuer. Ich sagte gerade, daß es mir wünschenswerth schiene, die Umwandlung eines Theils der Grundsteuer in eine Grundlast zu vollziehen, damit man eine neue Grundsteuer den Kommunen überlassen könnte, — dann aber auf Grund einer Schätzung der thatsächlichen Ertragsverhältnisse: so daß wir uns auch auf diesem Gebiet näher stehen als es ihm scheinen wollte.

Ich möchte dann noch Herrn Sombart gegenüber betonen, daß ich mich ganz ausdrücklich dafür aussprach, daß nur in kleinen lokalen Verbänden Real- und Personalkredit vereinigt würde, während bei den Landschaften solche Vereinigung ganz unthunlich wäre.

Nun bedaure ich schließlich noch eine mich betreffende persönliche Bemerkung machen zu müssen, da ich von Herrn Dr. Arendt provozirt bin. Von einer Aenderung meiner prinzipiellen Ansichten ist absolut keine Rede gewesen. Ich bitte um Verzeihung, wenn ich hier auf das, was ich früher einmal gesagt und geschrieben habe, kurz zurückkomme. Ich habe damals auf dem volkswirthschaftlichen Kongreß ausdrücklich gesagt, daß, trotzdem ich den prinzipiellen Anschauungen der betreffenden Herren nicht zustimmte, ich aus genauer Erwägung der faktischen Verhältnisse im Moment ein Vorgehen mit Getreidezöllen nicht für angemessen erachtete. Ich habe in einer speziellen, eingehenden Arbeit über die Getreidezölle von vorn herein gesagt: ich bin in keiner Weise prinzipiell Freihändler, sondern ich bin unter Umständen, die ich besonders anführte, auch für Getreidezölle, aber derartige Umstände liegen augenblicklich nicht vor. Ich werde stets sehr bereit sein, es offen zu erklären, wenn sich bei mir eine prinzipielle Meinungsänderung wirklich vollzogen hat, hier aber liegt eine solche in keiner Weise vor, und ich glaube, Herr Dr. Arendt thäte gut, sich bei derartigen Vorwürfen etwas mehr vorzusehen. Weiter habe ich nichts hinzuzusetzen.

Präsident Dr. Nasse (Bonn): Meine Herren! Es ist bei Abschaffung der Abstimmung in unserem Verein der Wunsch geäußert worden, daß der Vorsitzende nach dem Schluß der Debatte das Resultat derselben kurz zusammenfassen möge. Ich glaube, Sie werden mir zugeben, daß bei der Reichhaltigkeit des Gegenstandes, bei den mannigfaltigen Differenzen und Nuancen der verschiedenen Ansichten das in diesem Falle keine leichte Aufgabe ist, und ich bitte deshalb um ihre Nachsicht.

Die beiden Referate haben zunächst eine große Bedeutung dadurch, daß sie einmal sich bemühten zurückzuweisen gewisse pessimistische Anschauungen über einen Verfall der bäuerlichen Wirthschaft, der in den Institutionen unseres Landes wurzele und deshalb mit Nothwendigkeit eintrete, — und dann dadurch, daß sie darauf hingewiesen haben, wie die wesentliche Hilfe ohne Zweifel von der Entwicklung des Bauernstandes selbst zu erwarten sei, von den Fortschritten desselben in intellektueller und moralischer Beziehung. Ich glaube nicht, daß es meine Aufgabe ist auf diese Frage weiter einzugehen. Dagegen möchte ich eingehender diejenigen Maßregeln der Gesetzgebung und Verwaltung zur Erhaltung und Hebung des Bauernstandes hervorheben, in Bezug auf welche überwiegende Einstimmigkeit unter den Rednern hervorgetreten ist.

Da glaube ich nun zuerst sagen zu dürfen, daß man einstimmig war über die Nothwendigkeit von Maßregeln zur Erhaltung und Befestigung des bäuerlichen Anerbenrechtes da, wo dasselbe dem Rechtsbewußtsein der bäuerlichen Bevölkerung noch entspricht. Es ist andererseits freilich hervorgehoben worden, daß es Gegenden giebt, in denen eine gleiche Erbtheilung aus wirthschaftlichen Gründen oder in Folge des Rechtsgefühls der Bevölkerung unvermeidlich ist und nicht wieder beseitigt werden kann. Aber für diejenigen Gegenden, in denen das Anerbenrecht thatsächlich noch unter mannigfaltigen Modifikationen besteht, wünschte man zu verhindern, daß die Gesetzgebung diese Sitten und Gewohnheiten des Volkes zerstöre, daß sie nicht allmählich das Rechtsbewußtsein der Bevölkerung ändere. Das Mittel, welches, wie ich glaube, ebenfalls allgemeine Zustimmung fand, ist das in einigen preußischen Provinzen eingeführte Höferecht. Man hat von verschiedenen Seiten darüber gesprochen, wie man dieses Höferecht dem Bauernstande annehmbar machen könne; ich will nur einen Vorschlag hervorheben, daß nämlich der erste Herr Referent befürwortete, man möge den eingetragenen Höfen eine gewisse Ermäßigung in der Grundsteuer bewilligen. Dagegen haben sich fast alle Redner mit Ausnahme des ersten Herrn Referenten gegen eine allgemeine Aenderung des Intestaterbrechts für sämmtliche ländliche Grundstücke in Deutschland ausgesprochen. Ebenso hat auf der anderen Seite nach Berichtigung einiger Mißverständnisse der Gedanke eine überwiegende Zustimmung gefunden, daß bei der Erbtheilung nicht maßgebend sein solle der Verkaufswerth, sondern der Ertragswerth, und daß die Erbquoten in Renten oder in Kapitalien danach bemessen werden sollen. Ich glaube, daß, obwohl hierüber nicht sämmtliche Redner sich geäußert haben, doch im großen und ganzen dieser Gedanke sich der Zustimmung eines großen Theiles der Anwesenden erfreut.

In Bezug auf die Steuergesetzgebung ist hervorgehoben worden, wie in der That die Steuerverfassung der meisten deutschen Staaten den Grundbesitzer, speziell den Bauernstand prägravire. Vor allem ist darauf aufmerksam gemacht worden, daß das bei der kommunalen Besteuerung der Fall sei. Ueber die Stellung der Staatsgrundsteuer gingen ja die Ansichten aus einander, aber daß in sehr vielen Theilen von Preußen die wichtigsten Kommunallasten, insbesondere Schul- und Armenlasten nach dem Fuße der Grundsteuer vertheilt werden, das wurde, wie ich glaube, von allen Seiten als eine Unbilligkeit bezeichnet, die um so mehr empfunden werde, als die Kommunallasten in den letzten Jahren in übermäßiger Weise angewachsen seien.

Was die Zollfrage angeht, so ist über die Getreidezölle von verschiedenen Standpunkten aus geredet worden. Die Ansichten gingen weit aus einander, aber ich glaube doch, daß kein einziger Redner die Getreidezölle empfohlen hat als ein Mittel, gerade den Bauernstand zu erhalten und den bäuerlichen Besitz zu schützen gegen Zusammenlegung zu großen Gütern oder Zersplitterung in allzu kleine Wirthschaften.

Völlige Einstimmigkeit hat unter allen Rednern darüber geherrscht, daß für einen großen Theil von Deutschland, also für das ganze linksrheinische Deutschland, für das Königreich Bayern und Theile von Württemberg die wesentliche Bedingung einer Bessergestaltung der bäuerlichen Wirthschaften in der Konsolidation der zersplitterten Grundstücke oder wenigstens in einer besseren Flurregulirung liege. Gegenüber dem außerordentlichen Widerstande, den z. B. in meiner Heimath bei dem Bauernstande und bei vielen Juristen die Maßregel der Konsolidation noch findet, glaube ich, hat es einige Bedeutung, zu konstatiren, daß alle Redner, die hier gesprochen haben, diese zersplitterte Lage der Grundstücke in derselben Feldmark, die unordentliche Gestalt derselben, die mangelnde Zugänglichkeit als ein in der That unerträgliches Hinderniß der Wirthschaft bezeichnet haben.

Was die Kreditfrage angeht, so ist, glaube ich, ziemlich einstimmig der Wunsch geäußert worden nach Kreditorganisationen, welche die Vortheile des niedrigen Zinsfußes und der auf lange Zeit unkündbaren Kapitalien, wie sie die großen Kreditanstalten den großen Gütern zuführen, auch dem mittleren und kleinen Bauernstande verschaffen. Vor allem aber hat man hervorgehoben, daß es wünschenswerth sei, lokalisirte Darlehnskassen unter Selbstverwaltung der ländlichen Bevölkerung einzurichten für kleine Bezirke, in denen die Wirthschaft der einzelnen Schuldner kontrolirt und die Verwendung der ausgeliehenen Kapitalien überwacht werden kann. Zunächst verlangte man sie für den persönlichen Kredit, dessen rechten Gebrauch die bäuerlichen Wirthe großentheils erst noch lernen müssen. Daß die Organisirung solcher lokalisirten kleinen Darlehnskassen in der That ein allgemeines Bedürfniß in unserem Bauernstande ist, um dem Wucher und der schlechten Wirthschaft der Bauern zu steuern, ist allgemein zugegeben worden. Es ist aber ferner darauf aufmerksam gemacht worden, daß die kleinen ländlichen Kreditanstalten zum großen Theil der Anlehnung an größere Verbände oder Landeskreditkassen, wie sie in Hessen und Hannover bestehen, dringend bedürfen.

Sie mögen verzeihen, wenn ich bei diesem Punkt nicht umhin kann, zu gedenken des vortrefflichen Mannes, der das Bedürfniß zuerst in Deutschland nicht nur erkannt, sondern auch unter schwierigen Verhältnissen, ohne irgendwie von der Verwaltung begünstigt zu werden, unter einem sehr heruntergekommenen Bauernstande, seine Befriedigung mit Energie versucht hat, — ich meine den Bürgermeister Raiffeisen. (Bravo!)

Ferner sind einige Maßregeln zur Steuerung des gewerbsmäßigen Wuchers bei den kleinen Bauern empfohlen worden, dieselben sind freilich nicht eingehend erörtert worden. Ich will aber doch die beiden Heilmittel, welche vorzugsweise betont worden sind, erwähnen. Einmal ist von dem zweiten Herrn Referenten der Wunsch nach Aenderung des Systems der Zwangsvollstreckung ausgesprochen worden, daß nämlich an die Stelle des Verkaufssystem das sogenannte Deckungssystem der neueren preußischen Subhastationsordnung treten möge. Ferner ist der Gedanke angeregt worden, ob es nicht möglich sei, diejenigen Personen, welche gewerbsmäßig Darlehen an Grundbesitzer machen, durch die Gesetzgebung in ähnlicher Weise zu behandeln, wie es mit den gewerbsmäßigen Pfanddarleihern und Rückkaufshändlern geschieht.

Dann ist endlich noch der Wunsch ausgesprochen worden nach Organisationen zu besserem Einkauf und Verkauf, sei es in Konsum- oder Verkaufsvereinen, sei es indem die Gemeinden diese Organisation in die Hand nehmen.

Damit glaube ich wenigstens einige Punkte angedeutet zu haben, die als unmittelbare praktische Maßregeln der Gesetzgebung und Verwaltung, ich will nicht sagen den Beifall aller Redner gefunden haben, aber doch in den Worten der meisten Redner hervorgetreten sind.

Die heutige Sitzung ist geschlossen.

Schluß der Sitzung 4 1/2 Uhr.

Zweite Sitzung.

Dinstag den 7. Oktober 1884.

Vormittags 9 Uhr.

Präsident Dr. Nasse (Bonn): Ich eröffne die Sitzung.

Der Gegenstand unserer heutigen Tagesordnung ist:

Einwirkung der Organisation unserer höheren und mittleren Schulen auf das soziale Leben und die Erwerbsthätigkeit der Nation.

Der Verein betritt, indem er diese Frage erörtert, ein neues Gebiet, und zwar ein Gebiet von außerordentlicher Schwierigkeit und von der allergrößten Bedeutung für unser ganzes Volksleben, insbesondere für unsere wirthschaftliche und sozial Entwicklung. Der Verein hat trotz dieser großen Schwierigkeit und trotz der Bedeutung der Frage nicht, wie das sonst immer üblich gewesen ist, die Verhandlungen durch Gutachten und Berichte vorbereitet. Der Ausschuß betrachtete sie nur als ersten Versuch in dieses Gebiet einzutreten. Wir werden sehen, in welcher Weise uns die heutigen Verhandlungen die Wege zeigen und die Mittel angeben, in fruchtbarer Weise auf diesem Gebiete vorzugehen und unsere Arbeit fortzusetzen.

Ich gebe das Wort dem ersten Referenten Herrn Bueck.

Referat

von Generalsekretär Bueck (Düsseldorf)

über

die Einwirkung der Organisation unserer höheren und mittleren Schulen auf das soziale Leben und die Erwerbsthätigkeit der Nation.

Meine Herren! Aus dem Umstande, daß ich bei Besprechung der weiteren Thätigkeit des Vereins in dem Ausschuß die Behandlung der vorliegenden Frage warm befürwortete, leitete ich für mich die Verpflichtung her, der Aufforderung das Referat zu übernehmen Folge zu leisten. Damit verkenne ich nicht, daß es fast vermessen erscheinen könnte, wenn ich, der ich nach 25jähriger recht mühevoller gewerblicher Thätigkeit in der Abgeschlossenheit des Landlebens mich nur rein empirisch und autodidaktisch später mit wirthschaftlichen Fragen beschäftigt habe, hier vor einen Kreis von Männern trete, die die Wissenschaft zu ihrem Lebensberuf erkoren und es in derselben zu allgemein anerkannten hohen Leistungen gebracht haben. Ich kann nicht, wie es sonst fast ausnahmslos hier der Fall ist, als selbständiger Forscher auftreten und habe auch durchaus nicht die Absicht, mir den Schein eines solchen zu geben. Das thatsächliche Material, welches ich vorzubringen habe, habe ich den Arbeiten der vielen hochverdienten Männer entnommen, welche sich mit der Frage beschäftigt haben, und Sie werden das von mir benutzte Material sehr leicht erkennen. Ich werde höchstens versuchen einige selbständige Schlußfolgerungen zu ziehen; die Erkenntniß der Stellung aber, die ich hier einnehme, wird es mir sehr leicht machen, jede Korrektur von Ihnen mit Dankbarkeit anzunehmen.

Gestatten Sie mir noch eine kleine Vorbemerkung. Als ich das Referat übernahm, glaubte ich, in der Stille, die mit dem Sommer immer im öffentlichen und im Vereinsleben eintritt, Muße genug zu finden. Das ist aber ganz anders gewesen; einmal sind die industriellen und wirthschaftlichen Vereine durch die Vorbereitungen für die Unfallversicherung sehr in Anspruch genommen, sodann aber wurde ich kommissarisch zur Mitarbeit an einem in Berlin neu gegründeten Verein berufen, sodaß ich gerade im letzten Sommer das Gegentheil von Ruhe genossen habe. Ich glaube daher, daß ich einen gewissen Anspruch habe, Sie um Ihre Nachsicht zu bitten.

Meine Herren, im höheren und mittleren Schulwesen hat sich gerade in letzter Zeit eine Aenderung vollzogen, die wohl als bedeutungsvoll angesehen werden muß. Dieselbe hat aber auf die Verhältnisse, die hier zur Erörterung stehen, noch keinen Einfluß ausüben können. Wollen wir die Einwirkungen des höheren und mittleren Schulwesens auf das soziale Leben und die Erwerbsthätigkeit des Volkes erörtern, so müssen wir die Entwicklung der Schule und deren Organisation in der Vergangenheit ins Auge fassen. Dabei wird es mir nun nicht möglich sein, in Bezug auf die Einwirkung der Schule das soziale Leben und die Erwerbsthätigkeit gleichsam als zwei getrennte Kapitel zu behandeln, denn beide stehen in so inniger Wechselbeziehung zu einander, namentlich in unserer neueren Zeit, daß eine solche Scheidung mir unthunlich erschien.

In früheren Zeiten freilich war das anders. Die sozialen Verhältnisse waren durch strenge ständische Gliederung geordnet und dem einzelnen wurde sein Platz in dieser Gliederung hauptsächlich durch die Geburt zugewiesen. Den Stand zu wechseln, die streng gezogene Grenze zu überschreiten war nur ausnahmsweise möglich und die genossene Schulbildung war für diesen Ausnahmefall viel weniger maßgebend als andere Verhältnisse. Die Möglichkeit, auf Grund der allgemeinen Bildung zu höheren sozialen Stellungen vorzuschreiten, wurde erst gegeben mit der Entwicklung des monarchischen Staatswesens. Die Bedeutung, welche der Beamte allmählich in diesem Staatswesen erlangte, machte es erst möglich, daß die Schulbildung, die allgemeine Bildung erfolgreich mit den Vorrechten der Geburt in die Schranken treten konnte. Das ändert sich wieder mit der großartigen Entwicklung unserer modernen wirthschaftlichen Verhältnisse. Die Aenderung vollzieht sich in der Richtung, daß neben der Geburt und neben der allgemeinen Bildung für die soziale Stellung auch dasjenige maßgebend wird, was der einzelne in wirthschaftlicher Beziehung der Gesellschaft leistet. Dabei gewinnt aber für die soziale Stellung mehr und mehr auch der Besitz eine gewisse Entscheidung. Demgemäß nehmen Männer, die im gewerblichen Leben aufgewachsen und thätig gewesen sind, auch wenn sie von Hause aus nur eine unvollkommene allgemeine Bildung genossen haben, wenn sie aber im wirthschaftlichen Leben etwas leisten und dabei die erforderlichen Charaktereigenschaften besitzen, eine gleiche soziale Stellung ein wie der studirte Mann außerhalb der ihm durch sein Studium zugewiesenen Berufssphäre. Unsere städtischen Verwaltungen geben dafür, glaube ich, ein Beispiel. In denselben ist nicht nur der Mann maßgebend, der viel gelernt hat, sondern in der Hauptsache wird der Einfluß in denselben ausgeübt von Männern, die sich durch ihren individuellen Verstand, durch ihre Charaktereigenschaften und durch ihren Besitz auszeichnen. Der reiche Mann, der grammatisch falsch spricht, wird vielleicht hinter dem Rücken belächelt, aber er bleibt doch immer der einflußreichste Mann. Der größere Einfluß, den der Beamte in seiner Geschäftssphäre ausübt, ist weniger die Folge seiner individuellen Eigenschaften und der genossenen wissenschaftlichen Ausbildung, als der Ausfluß der Staatsautorität, welche er, nach Verhältniß des auf ihn fallenden Bruchtheiles, repräsentirt. So ist es gekommen, daß in unserer Zeit — namentlich wenn wir den großen Einfluß ins

Auge fassen, den der Besitz an sich schon in dieser Richtung ausübt — die sozialen Verhältnisse beeinflußt werden durch die Erwerbsthätigkeit und durch deren Erfolge.

Aber, meine Herren, so zahlreich auch die Ausnahmen sein mögen, — in der Hauptsache wird dieser Erfolg doch immer abhängig von der genossenen Ausbildung sein, für welche die Grundlage in der Schule gesucht werden muß. Die Bedeutung der Schule ist daher nach wie vor groß und maßgebend, nur liegt vielleicht jetzt diese Bedeutung nicht allein in dem Einfluß auf den höheren oder geringeren Grad der allgemeinen Bildung, sondern auch darin, in welchem Maße die Schule den einzelnen für das Erwerbsleben vorbereitet.

Dieser Ausspruch könnte mißverstanden werden, wenn ich nicht sofort hinzufügte, daß der ganze Kulturzustand einer Nation und die Stellung, die sie auf Grund desselben einnimmt, lediglich abhängt von dem größeren oder geringeren Maße der allgemeinen Bildung, welche sich jeder einzelne im Verhältniß zu seiner Lebensstellung erringen kann, daß also eine einzig auf das gewerbliche Leben gerichtete Fachbildung unmöglich ausreichen kann, um eine Nation auf der höchsten Stufe ihrer Zeit zu erhalten. Ich möchte mir gestatten ein Beispiel anzuführen, gebe es aber von vornherein preis, da ich nicht in der Lage bin den Beweis für die Richtigkeit desselben zu führen. Ich glaube nach meiner jetzt schon langjährigen Beobachtung des wirthschaftlichen Lebens annehmen zu dürfen, daß die englische Nation nicht in der Lage ist, ihre hohe wirthschaftliche Stellung aufrecht zu erhalten, und zwar weil abgesehen von den einzelnen, die auch in dieser Nation stets auf der höchsten Stufe allgemeiner Bildung stehen, die große Masse selbst der besser situirten Kreise, unter Hintansetzung der allgemeinen Bildung, lediglich in der Fachbildung ihre Befriedigung gesucht hat. Da aber der Erfolg der gewerblichen Thätigkeit doch immer einen großen Einfluß auf die sozialen Verhältnisse ausübt, so wird meines Erachtens diejenige Schule die beste sein, welche beide Zwecke verfolgt: einmal, jedem die nach seinen Verhältnissen mögliche höchste allgemeine Bildung zu gewähren, dann aber auch, jeden in höchster Weise zu befähigen, erfolgreich im Erwerbsleben zu wirken.

Meine Herren, es wird nun meine Aufgabe sein zu untersuchen, wie weit die Entwickelung und Organisation unseres Schulwesens dieser Aufgabe genügt. Ich werde dabei nur — zu etwas weiterem bin ich nicht im stande — die preußischen Verhältnisse ins Auge fassen, glaube aber, daß die Entwickelung des Schulwesens in anderen deutschen Staaten nicht wesentlich eine andere gewesen ist, wenn auch dort andere Gestaltungen vorhanden sein mögen. Ich werde nun nicht umhin können, einen Rückblick auf die Entwickelung unseres Schulwesens zu werfen.

Meine Herren, die alten Klosterschulen und Parochialschulen, welche vollständig unter dem Einfluß der Geistlichkeit standen, können uns hier nicht weiter interessiren; es können höchstens hier in Betracht kommen die freien Schulen, welche mit der Entwickelung der Städte und des Bürgerthums in die Erscheinung treten. Aber auch diese Schulen gelangten allmählich — freilich nach harten Kämpfen — unter die Aufsicht und Leitung des Klerus. Uebrigens wurde der Unterricht in diesen Schulen lediglich in lateinischer Sprache ertheilt; die Bildung deutscher Schulen war erst eine Folge der Reformation, und nach dem 30jährigen

Kriege wurden auch diese wieder zurückgedrängt; das selbstbewußte machtvolle Bürgerthum hatte der absoluten Herrschaft der Fürsten, die ihre Herrschaft auf das lateinisch geschriebene römische Recht stützten, den Platz geräumt. Die Wiederbegünstigung der lateinischen Schulen beruhte theils in persönlichen Anschauungen, theils in den leitenden Verwaltungsgrundsätzen. Das kleine Bürgerthum war zu schwach, um diese Wandlung zu verhindern, der höhere Bürgerstand aber, welcher sich in gewissem Sinne zum Träger der höheren Bildung emporgeschwungen hatte, hatte kein Interesse sich der größeren Begünstigung der lateinischen Schule zu widersetzen; denn der Staat hatte allmählich immer geordnetere Formen angenommen und der höhere Bürgerstand widmete seine Söhne vorzugsweise dem Staatsdienste; für den Staatsdienst der damaligen Zeit aber war die Kenntniß der lateinischen Sprache ein Haupterforderniß.

Inzwischen war die Scholastik verdrängt und der Humanismus hatte sich der Schule bemächtigt; dieser vernachlässigte jedoch fast gänzlich das Beobachtungsvermögen, die Kenntniß der Natur und des Stoffes, die hauptsächlichsten Grundlagen des menschlichen Daseins und der menschlichen Thätigkeit. Erst die allmähliche Erforschung und Erkenntniß der Naturgesetze führte zu einer mehr realistischen Richtung in den Schulen, und bereits im 16. und 17. Jahrhundert vertraten hervorragende Männer die Ansicht, daß der Bürger, dessen Aufgabe doch die materielle Produktion sei, für diese Aufgabe besser vorgebildet sein müsse.

Der Kampf zwischen der humanistischen und der realistischen Richtung hat erst in diesem Jahrhundert zu der Errichtung der Realschulen geführt. Beendet ist dieser Kampf heute noch nicht. Wenn Sie nun erwägen, daß noch im 18. Jahrhundert alle irgendwie beachtenswerthen Schulen ausschließlich sogenannte Gelehrtenschulen waren, daß die Volksschulen aber, trotz des persönlichen Interesses hervorragender Herrscher, damals doch unendlich wenig leisteten, so werden Sie der Behauptung zustimmen, daß während dieser ganzen Zeit für die Ausbildung der breiten Masse des Volkes und des Bürgerthums nur äußerst wenig geschah. Die Folgen sind unschwer zu erkennen. Wir wissen ja alle, daß nach dem 30jährigen Kriege die verschiedensten Ursachen zusammengewirkt haben, um unser von feindlichen Heeren häufig überfluthetes zerrissenes machtloses Vaterland in dieser Zeit auf einer niedrigen Wirthschaftsstufe zu erhalten, und, meine Herren, das krampfhafte Festhalten an dem bis auf die Wurzelfasern verrotteten und abgestorbenen Zunftwesen, die einsichtslose Vertheidigung werthloser Privilegien seitens eines, von dem erbunterthänigen Bauernstande und dem privilegirten Adel kastenmäßig abgeschlossenen Bürgerthums enthält wohl den Beweis für einen überaus niedrigen Stand allgemeiner geistiger Bildung.

Meine Herren, ich erlaubte mir schon zu erwähnen, daß erst in neuerer Zeit die Realbildung einige Berücksichtigung gefunden hat; noch in dem Entwurf zu dem Schulgesetz von 1817 war die Erklärung enthalten, daß es besonderer Realschulen nicht bedürfe. Aber ein in der ganzen Entwicklung der Zeit liegendes und mächtig wirkendes Bedürfniß läßt sich nicht zurückdrängen: die Realschulen kamen. Durch fortgesetzte Steigerung der Anforderungen wurden sie jedoch sehr bald ihrem eigentlichen Zweck, dem Bürgerstande Vorbereitungsanstalten für den bürgerlichen Beruf zu sein, entfremdet, und die Lehrerkollegien selbst, welche dieselbe Ausbildung wie die Gymnasiallehrer erhalten hatten, drängten immer mehr danach, die Realschulen auf die Höhe der Gymnasien zu heben. Das Verhältniß zwischen den beiden wurde endlich durch die Prüfungsordnung von 1859 geregelt. Danach sollten diese beiden Arten von Schulen einander nicht gegenüberstehen, sondern sich gegenseitig ergänzen.

Das Gymnasium war hauptsächlich Vorbereitungsanstalt für die höheren wissenschaftlichen Studien, die Realschule für den höheren wirthschaftlichen Beruf. Für den Mittelstand, für das Bürgerthum, war nach wie vor nicht gesorgt; denn die große Kluft zwischen der Volksschule und den höheren Unterrichtsanstalten war nur in höchst mangelhafter Weise ausgefüllt und die Volksschule selbst hat bis in die neuste Zeit hinein ihre Aufgabe nicht vollkommen zu erfüllen vermocht. Noch die Statistik von 1875 weist nach, daß unter 54 469 Lehrerstellen 4508 so gut wie unbesetzt waren, davon waren 1890 mit ungeprüften Lehrern besetzt, 2463 wurden mitverwaltet — wodurch natürlich die Gruppe derjenigen Klassen, an denen die wirklichen Lehrer angestellt waren, auch nothleidend wurde, — und 155 Stellen waren ganz ohne Besetzung. Diese Verhältnisse haben sich nach der Statistik von 1882 völlig geändert; ein Lehrermangel ist heut nicht mehr vorhanden; es werden 39 % der Schulen von einem Lehrer, 19 % von 2 Lehrern und 42 % von 3 oder mehr Lehrern verwaltet. Die Verhältnisse sind auch insofern besser geworden, als die Ueberfüllung der einzelnen Klassen etwas nachgelassen hat. Im ganzen aber kann man annehmen, daß das geringe Pensum, welches die Volksschule sich gesetzt hat und welches neben dem Religionsunterricht in Lesen und Niederschreiben des Gelesenen ohne grobe orthographische Fehler und in den 4 Spezies mit angewandten Zahlen und Brüchen besteht, in einem 8 jährigen Kursus durchschnittlich nicht erreicht wird. Die langjährigen Bestrebungen, durch den Fortbildungsunterricht die Lücken zu ergänzen, welche die Volksschule gelassen hat, beweisen, daß mein Ausspruch nicht ganz unberechtigt ist. Dabei lassen Sie mich aber darauf hinweisen, daß im Jahre 1882 von den Gemeinden in Preußen für den Volksschulunterricht 94—95 Millionen Mark aufgebracht worden sind.

Ich erwähnte schon, daß die Lücke zwischen der Volksschule und den höheren Unterrichtsanstalten so gut wie ganz unausgefüllt geblieben ist. Im zweiten Dezennium dieses Jahrhunderts fühlte man das entschiedene Bedürfniß, dem Kleingewerbe eine bessere Vorbereitung zu geben. Es entstand im Jahre 1817 die Beuth'sche Gewerbeschule, welche mit einem Kursus, der sich an die Volksschule anschloß, als eine wirkliche Vorbereitungsanstalt für das Kleingewerbe zu betrachten war. Diese Schule gab ihre besseren mit Stipendien ausgestatteten Schüler an das technische Institut in Berlin ab. Die Reorganisation von 1850 hat diesen Schulen den Charakter von Vorbereitungsanstalten für das Handwerk nicht genommen, wohl aber die Reorganisation von 1870. Es trat die Umwandlung des technischen Instituts in Berlin in eine Gewerbeakademie ein. Die Beuth'sche Schule konnte nicht beides sein, nicht zu gleicher Zeit eine Vorbereitungsanstalt für das Handwerk und eine Vorbereitungsanstalt für die Akademie. Der letzte Gesichtspunkt aber siegte, und mit der 3 klassigen Gewerbeschule, für welche die Reife für die Sekunda eines Gymnasiums oder einer höheren Realschule erforderlich war, war die Vorbereitungsanstalt für das Handwerk zu Grabe getragen. Nun, meine Herren, diese Reorganisation von 1870 hat sich als gänzlich verfehlt erwiesen. Schon im Jahre 1878 mußten diese verfehlten Anstalten umgeändert werden. Es wurden aus denselben theils 6klassige Bürgerschulen gemacht, theils wurden sie in höhere Lehranstalten mit 9jährigem Kursus umgewandelt, in denen aber die allgemeine Bildung auf einem anderssprachlichen Material aufgebaut wurde, nämlich auf den modernen Sprachen; es sind das die jetzigen sogenannten Oberrealschulen ohne Latein. Dadurch wurde unseren bereits zweitheiligen höheren Lehranstalten eine dritte Spezies hinzugefügt.

Die Gewerbeschulen, von denen ich eben gesprochen habe, waren nur in sehr geringer Zahl vorhanden, und in neuerer Zeit ist die mangelhafte Ausbildung unseres bürgerlichen Gewerbestandes in erschreckender Weise, namentlich durch das Defizit der gewerblichen Leistungen auf den ersten großen Ausstellungen in London und Paris, hervorgetreten. Aber, meine Herren, daß die Söhne aus den Arbeiter- und Kleinbürgerständen aus der Volksschule nur ganz ungenügend vorbereitet ins Leben eintreten, ist nur eine üble Seite der Organisation des Schulwesens, und der Uebelstand wird dadurch gemildert, daß dieser Bildungsgang jene Leute wenigstens nicht von ihrem natürlichen Berufe, von der wirklichen praktischen Arbeit und Thätigkeit im gewerblichen Leben ablenkt. Schlimmer ist es fast, daß ein großer Prozentsatz unserer männlichen Jugend, der auf einem anderen Wege gleichfalls ungenügend vorbereitet ins Leben eintritt, durch diesen Weg von dem natürlichen Berufe abgelenkt wird.

Meine Herren, neben den preußischen Gewerbeschulen waren in einzelnen Provinzen noch Mittelschulen vorhanden, die wirklich die Aufgabe erfüllten, die Söhne des Mittelstandes für das Leben vorzubereiten. Diese Schulen scheiterten aber alle an einem Punkt. Ich hatte schon darauf hingewiesen, daß die Realschule immer höher gehoben wurde, womit sich natürlich auch der Kreis ihrer Berechtigungen erweiterte. Diese Berechtigungen der höheren Lehranstalten sind aber im allgemeinen für die große Masse des Bürgerstandes von nur untergeordneter Bedeutung, weil sie in der Hauptsache den Söhnen anderer Stände zu gute kommen. Nur eine Berechtigung hat heute eine allgemeine Bedeutung: es ist das die Berechtigung zum einjährigen Freiwilligendienst, und da jene Mittelschulen diese Berechtigung nicht gewährten, so verloren sie für den Bürgerstand ihre Bedeutung.

Damit tritt nun ein Verhältniß hervor, welches auf die neuere Entwicklung unseres Schulwesens, auf den Bildungsgang eines großen Theils unserer jungen Leute und damit auf das Erwerbsleben und die sozialen Verhältnisse einen mächtigen Einfluß geübt hat. Der Vortheil des einjährigen Dienstes ist ungeheuer groß, und da durch den wachsenden Wohlstand immer breitere Schichten des Volkes in den Stand gesetzt sind, von diesem Privilegium Gebrauch machen zu können, ist auch das Streben, diese Berechtigung zu erlangen, ein sehr großes. Außer auf einigen Fachschulen aber, die ganz sporadisch im Lande vertheilt sind, war diese Berechtigung nur auf den höheren Lehranstalten zu erreichen, und so strömte denselben denn eine Unmasse von Schülern zu, die nach dem Bildungsgrade und der sozialen Stellung ihrer Eltern für diese Schulen absolut nicht geeignet waren, dieselben aber in bedenklichster Weise übervölkerten.

Meine Herren, dieses Moment, und nicht, wie man manchmal anzunehmen geneigt war, ein etwa mächtig in der Nation zum Durchbruch gelangender Drang nach höherer Bildung war es, welches in den letzten 15 Jahren zu einer übermäßigen, unnatürlichen Vermehrung der höheren Bildungsanstalten geführt hat. In Preußen waren im Jahre 1868 nur 197 Gymnasien, 1880 bereits 249. Die höheren Lehranstalten überhaupt vermehrten sich von 1868 bis 1880 von 360 auf 489. Im Jahre 1868 kam ein Gymnasiast auf 427 Schüler, im Jahre 1880 einer auf 362 Schüler. Im Jahre 1863 waren unter 144 Gymnasien nur 29 oder etwa 20 % mit einer Frequenz von über 400 Schülern, im Jahre 1880 waren von 249 Gymnasien 63 oder etwa 27 % mit einer Frequenz von 400—700 Schülern.

Meine Herren, die meisten der hier ins Auge zu fassenden Schüler sollten nach den gegebenen Verhältnissen eigentlich in der praktischen Arbeit, im gewerblichen Leben bleiben; durch ihr Streben, die Berechtigung zum einjährigen Freiwilligendienst zu erlangen, werden sie von ihrer natürlichen Laufbahn abgelenkt. Wegen der geschilderten ungünstigen Verhältnisse können Sie nur langsam vorwärts kommen; es gelingt ihnen, wenn überhaupt, gewöhnlich erst im 17. bis 18. Lebensjahre, die Berechtigung zu erreichen; denn die höheren Lehranstalten gewährten noch den Vortheil, daß die Berechtigung nicht wie bei der 6klassigen Bürgerschule an die Absolvirung einer Abgangsprüfung geknüpft war, sondern daß die Berechtigung e r s e s s e n werden konnte. War sie aber endlich ersessen, dann waren die jungen Leute für die Arbeit verloren, denn in solchem Alter mit der Berechtigung in der Tasche in die Werkstätte des Vaters oder eines anderen einzutreten und dort als Geselle das Schurzfell umzulegen, das war ihnen unfaßbar. Schloß sich aber andererseits die einjährige Dienstzeit unmittelbar an die Schulzeit an, so nahm der junge Mann im Freiwilligenstande Anschauungen und Lebensgewohnheiten an, die ihn für die praktische Arbeit ebenfalls unbrauchbar machten. Derselbe Erfolg trat weiter ein bei der viel größeren Zahl derer, welche die Berechtigung nicht erreichten, sondern nach jahrelangen mühevollen Anstrengungen, bei denen auch gewöhnlich das 16. oder 17. Jahr herankam, schließlich doch von der Quarta oder Tertia abgehen mußten; denn allein der Besuch der höheren Lehranstalt hatte schon den Gedanken genährt, den sogenannten höheren Karrieren zuzustreben. Diese jüngeren Leute waren gleichfalls für die Arbeit verloren. In Folge dieses ganzen Verhältnisses trat eine große Zahl von Schülern mit vollständig ungenügender Vorbereitung, mit einem in jeder Beziehung halben Wissen ins Leben; ihre Bildung war zu vergleichen einem Gebäude, welches zwar die Ringmauern hat, aber ein Dach niemals erhält. Die höhere Lehranstalt baut mit Rücksicht auf die Abgangsprüfung ihren Lehrplan auf 9jährigem Kursus auf. Die Bildung aller derjenigen Leute, die aus den unteren und den mittleren Klassen dieser Anstalten abgehen, ist demnach ebenso wenig werth, wie ein Gebäude eben bezeichneter Art, welchem das Dach fehlt. Dieser Institution verdanken wir hauptsächlich die große Masse von Halbwissen, von Halbgebildeten, die sich für die Arbeit zu gut halten, die also dem niederen Kaufmannsstande, dem Subalternbeamtenstande zuströmen, häufig auch untergehen, in den seltensten Fällen aber eine befriedigende Existenz erreichen, sondern diejenigen Kreise vermehren, die heute den Staat und die Gesellschaft durch ihre Unzufriedenheit bedrohen. (Sehr richtig!)

Meine Herren, es würde mich zu weit führen, wenn ich die Einwirkungen auf die technischen Unterrichtsanstalten, die das Institut der Freiwilligen ausgeübt hat, eingehender besprechen wollte. Ich will daher nur andeuten, daß wenn die niedere Fachschule, der ja eine praktische Arbeit vorangehen muß, so eingerichtet wird, daß sie die Berechtigung ertheilt, — daß sie dann denen, für die sie bestimmt ist, zu große Opfer an Zeit und Geld auferlegt. Soll aber der Fachschule die 3jährige Dienstzeit folgen, so ist der Effekt derselbe. Daher haben die Fachschulen von jeher und auch heute noch mit einem zu geringen Besuch, mit Schülermangel zu kämpfen.

Es fragt sich nun, ob in diesen Verhältnissen nicht eine Aenderung herbeigeführt werden kann. Würde es gelingen, die höheren Schulen zu entlasten, so würden wir für das Material, das darin bleibt, eine viel größere Verwerthung der Schule erlangen. Es würde dann eine große Zahl von Menschen nicht in falche Bahnen gelenkt werden, die Kommunen würden Mittel übrig behalten, um Mittelschulen zu gründen: kurz, es würde ein vollständiger Umschwung auf diesem Gebiete herbeigeführt werden. Die Erkenntniß, daß Mittelschulen fehlen, ist schon lange durchgedrungen, und die 6klassige Bürgerschule ist schon vereinzelt vorhanden; aber unendlich lange wird es dauern, bis die nothwendige Abhilfe nach dieser Richtung geschaffen, bis die genügende Zahl solcher Schulen vorhanden sein wird.

Man könnte nun sagen, wir wollen die höheren Schulen dadurch entlasten, daß wir die Berechtigung höher hinauflegen, sie entweder an den erfolgreichen Besuch der Prima oder an die Absolvirung der Abgangsprüfung knüpfen, wie ja auch bei der höheren Bürgerschule die Berechtigung nur durch die Abgangsprüfung erlangt werden kann. Das würde aber eine große Ungerechtigkeit sein, da eben Mittelschulen für die Bürgerschaft nur in ganz unzureichender Zahl vorhanden sind — die 20 Schulen im Reich und die 8 oder 9 in Preußen reichen nicht aus das Bedürfniß zu befriedigen. Es fragt sich dann aber, ob nicht vielleicht in der Einrichtung des Freiwilligeninstituts Aenderungen herbeizuführen wären. Ich weiß wohl, daß ich hiermit ein sehr heikles Thema berühre, namentlich bei der Abneigung der maßgebenden Kreise, hierin etwas zu ändern oder gar Erleichterungen eintreten zu lassen. Aber gestatten Sie mir, doch mit einigen Worten auf diese Verhältnisse näher einzugehen, da sie wirklich unser Schulwesen in ganz außerordentlicher Weise beeinflussen.

Meine Herren, die meisten Sekundaner, die sich jetzt ihre Berechtigung ersitzen, stehen nach der sozialen Stellung und dem Bildungsgrade ihrer Eltern, also nach ihren häuslichen Verhältnissen, gar nicht sehr hoch über dem besseren Arbeiter. Sie kommen mit ungenügenden Kenntnissen, mit nach keiner Richtung hin durchgebildetem Verstande auf den Exerzierplatz als Einjährigfreiwillige. Sollte nicht der Arbeiter, der mit Erfolg eine Fachschule absolvirt hat, ganz ebenso wie jene geeignet sein die einjährige Dienstzeit zu absolviren?

Der Grundgedanke der Bestimmung, wonach der eine ein Jahr, der andere drei Jahre zu dienen hat, liegt doch in der Voraussetzung, daß der Verstand desjenigen, der sich ein gewisses Maß von Kenntnissen angeeignet hat, ein größeres Anschauungsvermögen, eine größere Beobachtungsgabe, größere Energie entwickelt und daß der betreffende daher in der Lage ist, sich die Fertigkeiten und Fähigkeiten eines tüchtigen Soldaten, zu deren Aneignung ein weniger gebildeter Mensch drei Jahre gebraucht, in einem Jahre zu erwerben. Betrachten wir aber einmal den Bildungsgang eines Mannes, der die Fachschule absolvirt. Mit 14 Jahren tritt er aus der Volksschule in die Werkstatt oder in die Fabrik. Er wird während dieser Zeit, wenn er die Absicht hat eine Fachschule zu besuchen, jedenfalls die Gelegenheit wahrnehmen, seine Kenntnisse in Abend- oder Sonntagsschulen zu erweitern und jedenfalls wird auch die praktische Arbeit gewisse Verstandesrichtungen stärken. Die Arbeit in der Fabrik, in der Werkstatt giebt oft genug Gelegenheit, Muth und Entschlossenheit zu üben; der Mann ist an Gehorsam, Pflichterfüllung und Pünktlichkeit gewöhnt, und der erlernte Gebrauch der Werkzeuge muß doch die Erlernung des Gebrauchs der Waffen wesentlich erleichtern. Nehmen wir nun an, daß nach einer solchen 3—4jährigen Arbeit im praktischen Leben nur der bessere Arbeiter, nur der Sohn des kleinen Gewerbtreibenden und Fabrikanten die Fachschule besucht, um, etwa auf Grund einer Prüfung, die Qualifikation als Werkmeister zu erlangen, daß ferner in der Fachschule auch gewisse auf dem Gebiete der allgemeinen Bildung liegende, wie zur höheren Befähigung für das Gewerbe dienende theoretische Kenntnisse erlangt werden, so glaube ich behaupten zu können, daß ein derartig vorgebildeter Mann mit derselben Berechtigung Einjährigfreiwilliger sein kann wie jene halb gebildeten Sekundaner, welche aus den unteren Ständen hervorgehen.

Ich übersehe nicht, daß unser Freiwilligeninstitut auch die Aufgabe hat, Reserveoffiziere zu erziehen; das Bedürfniß an solchen würde meines Erachtens in überreichem Maße durch die Abiturienten der höheren Bürgerschulen und höheren Lehranstalten gedeckt. Sie werden mir einwenden, daß auf dem von mir angedeuteten Wege zwei Kategorien von Einjährigfreiwilligen gebildet würden, — das ist richtig, aber damit würde nur ein Zustand in eine feste Form gebracht werden, der heute in der That unleugbar existirt; auch heute werden Reserveoffiziere nur diejenigen jungen Leute, die sich eine höhere Bildung angeeignet haben, die aus höheren gesellschaftlichen Schichten hervorgegangen sind. Die Freiwilligen, die ich zu der Vergleichung heranzog, werden auch unter den jetzigen Umständen niemals Reserveoffiziere: dieses Material besitzt nicht die Eigenschaften, welche unsere Militärverwaltung von den Angehörigen des Offizierstandes verlangt.

Aber, meine Herren, ich bescheide mich; mag auf diesem oder auf einem anderen Wege eine Aenderung herbeigeführt werden, — jedenfalls würde diese Aenderung in hohem Maße die Entwicklung unseres Schulwesens nach einer besseren Richtung hin erleichtern. Namentlich aber würde die Folge sein, daß sich die höheren Schulen entvölkerten, daß eine große Anzahl der höheren Lehranstalten einginge, und dadurch würden unsere Kommunen in den Stand gesetzt Mittelschulen zu gründen. Aber, meine Herren, für diese 6 klassigen Mittelschulen, die jetzt nach der neuen Bezeichnung Realschulen heißen, fehlt augenblicklich jede Grundlage, und zwar stehen der Entwicklung dieser Schulen zwei Dinge entgegen. Einmal geht man von der irrthümlichen Ansicht aus, daß ein Lehrer, der an einer Mittelschule wirkt, auch wenn er denselben Bildungsgang durchgemacht hat, niedriger besoldet werden kann als ein Lehrer, der an einer höheren Schule wirkt. Das ist ganz falsch — (sehr wahr!) — denn dadurch erreicht man nur, daß die ja in allen Ständen, also auch im Lehrerstande vorhandenen weniger leistungsfähigen Kräfte an die Mittelschule kommen. Es ist nicht zu verlangen, daß ein Direktor seinen Lebensberuf darin finde, eine solche Schule hoch zu heben nur aus philanthropischen Gründen; er wird sich immer da melden, wo er besser besoldet wird. Betrachten wir nun die Sache von einer anderen Seite, so müßten eigentlich die Lehrer an den Mittelschulen besser besoldet werden, als die an der höheren Schule; es müßte den ersteren gewissermaßen ein Schmerzensgeld gegeben werden, denn viele Lehrer an den Gymnasien halten sich für etwas besseres, als die an Realschulen, und die Lehrer an Realschulen wieder für etwas besseres als die an den Mittelschulen: obgleich die Lehrer, welche die Aufgabe haben die höheren Stände zu erziehen, sich doch sagen müssen, daß diese Stände nur dann eine gesicherte Grundlage haben können, wenn auch die allgemeine Masse des Volks und des Bürgerthums besser vorgebildet ist. Die Lehrer an den Mittelschulen haben also ganz denselben wirthschaftlichen und sozialen Beruf zu erfüllen, wie die an den höheren Schulen.

Zweitens steht den Mittelschulen der fehlende Anschluß an die höheren Schulen entgegen. Meine Herren, jeder Vater, der es irgend kann, darf seinen Jungen nicht in die Mittelschule geben, denn es ist nicht abzusehen, ob sich nicht dessen Talent in anderer Weise entwickelt, so daß es später nothwendig wird ihn einer höheren Anstalt zuzuführen. Ein solcher Uebergang ist jetzt nur zu ermöglichen mit außergewöhnlicher Aufwendung von Zeit und Geld, und diejenigen, die solche Aufwendungen machen können, gehören zu den Ausnahmen, wir haben aber hier die Regel in Betracht zu ziehen, nicht die Ausnahmen. Für die Regel aber fehlt der Anschluß an die höhere Unterrichtsanstalt, und zwar deshalb, weil die Bürgerschule die modernen Sprachen zur Grundlage hat, und die höheren Lehranstalten die alten Sprachen bevorzugen. Diesen Anschluß allgemein zu erreichen wird daher nur möglich sein, wenn der neusprachliche Unterricht auch bei den höheren Lehranstalten zur Grundlage genommen wird. Meine Herren, es ist Ihnen bekannt, daß der Kampf um diese Frage augenblicklich in sehr hohen Wogen geht; beide Ansichten werden von hervorragenden Männern vertreten. Ich natürlich bin ganz außer Stande, nach dieser Richtung irgend ein Urtheil abzugeben.

Bezüglich unserer höheren Lehranstalten tobt gleichfalls der Kampf um die Frage, in wie weit der realistischen Richtung ein größerer Spielraum auf allen Gebieten einzuräumen sei, in wie weit in Folge dessen eine Einschränkung der klassischen Bildung, wenn ich mich so ausdrücken darf, stattfinden soll. Unter Einschränkung verstehe ich natürlich nicht etwa eine Verdrängung der ganzen klassischen Bildung im allgemeinen, sondern nur eine Einschränkung für denjenigen Theil der Schüler, welcher sich nicht dem philologisch-historischen Studium zuwendet, sondern gerade nur eine höhere Ausbildung für den praktischen Erwerb gewinnen will. Diese Frage aber, meine Herren, und die weitere, in wie weit der in realistischer Richtung geführte Unterricht zum weiteren Studium berechtigt, entzieht sich gleichfalls meiner Beurtheilung.

Aber eine Seite in unserem höheren Schulwesen gestatten Sie mir vielleicht doch zu berühren, weil sie innig zusammenhängt mit der Entwicklung unserer wirthschaftlichen und sozialen Verhältnisse. Ich habe mir erlaubt darauf hinzuweisen, daß den zwei verschiedenen Arten höherer Bildungsanstalten eine dritte Spezies in der Oberrealschule ohne Latein hinzugetreten ist. Wir haben also schon seit Errichtung der Realschulen zwei und in neuerer Zeit drei höhere Lehranstalten mit vollständig verschiedenem Lehrgang und vollständig verschiedener Berechtigung: das Gymnasium berechtigt bekanntlich zu jeder höheren Laufbahn; die Realschule, das Realgymnasium dagegen nur zum Studium der Mathematik, der Naturwissenschaften und der neueren Sprachen, sowie zum Eintritt in gewisse, große Kontingente aufnehmende Beamtenkategorien; die Oberrealschule ohne Latein endlich berechtigt nur zum Studium der Staats-Bau- und Maschinenfächer und berechtigt nicht einmal zum Eintritt in das Post-, Forst-, Steuer- und Bergfach. Meine Herren, wirthschaftlich hat diese Dreitheiligkeit in unserem Schulwesen die Folge, daß bis vor kurzem der Vater schon im 9. Jahre des Knaben Bestimmung treffen mußte über die Laufbahn desselben, also in einem Alter, in dem sich die Fähigkeiten und Neigungen noch durchaus nicht erkennen lassen. Die Folge davon ist, daß eine große Masse von jungen Leuten in Laufbahnen gedrängt wird, für die sie nach ihrer ganzen Anlage nicht passen, in denen sie in Folge dessen auch weniger leisten und weniger Selbstbefriedigung finden. In wirthschaftlicher Beziehung tritt für unsere Kommunen die Nothwendigkeit ein, in unwirthschaftlicher Weise Mittel für die Errichtung höherer Lehranstalten zu verwenden, denn jede irgend größere Stadt mußte neben dem Gymnasium noch eine Realschule haben, womöglich auch noch eine Realschule ohne Latein.

Für die Schulen selbst aber war diese Einrichtung sehr verhängnißvoll. Die jetzige Oberrealschule ohne Latein halte ich für eine Fehlgeburt, nicht des Lehrplans wegen — darüber maße ich mir kein Urtheil an —, aber wegen der mangelnden oder vielmehr durchaus einseitigen Berechtigung. Von der Oberrealschule in Breslau sind in den 5 Jahren ihres Bestehens 45 Abiturienten abgegangen, davon waren 80 %, nämlich 35 zum Staats-Bau- und Maschinenfach übergegangen, 3 zum Schiffsbau, 3 sind Kaufleute geworden, 1 wollte sich dem Studium der Chemie und 1 dem Bergfach zuwenden — diese hatten also noch Nachprüfungen im Latein zu bestehen; ob sie sie bestanden haben, ist unbekannt. Meine Herren, dagegen haben die 5 Gymnasien in Breslau in den 16 letzten Jahren von 1868 bis 1883 1381 Abiturienten entlassen; davon sind nur 21 oder $1\frac{1}{2}$ % zum Baufach übergegangen, und aus dem Realgymnasium in demselben Zeitraum von 16 Jahren 13 %. Meine Herren, ich will nun durchaus nicht die Frage annähernd zu entscheiden wagen, ob der Bildungsgang an der Oberrealschule vollkommen zum erfolgreichen Studium des Baufachs berechtigt oder nicht; aber eins läßt sich wohl annehmen, daß, wenn einer so großen Zahl von jungen Leuten kein anderer Lebensweg offen bleibt als das Staatsbaufach, doch eine verhältnißmäßig geringere oder größere Zahl derselben nicht ganz die Anlage dazu hat, erfolgreich in diesem Berufe zu wirken, und daß durch diesen Umstand allein die Durchschnittsleistungsfähigkeit des ganzen Standes heruntergedrückt werden kann. (Sehr richtig!) Meine Herren, dazu kommt noch, daß diese Schulen vielfach im Bürgerstande für wirkliche Gewerbeschulen gehalten werden — ja, der offizielle Titel dieser Schulen verleitet dazu. Die Schule in Breslau heißt offiziell: Königliche Gewerbeschule (Oberrealschule,

Fachschule für Maschinenbau, Chemie und Baugewerbeschule) zu Breslau. Nun erklärte in der betreffenden Sitzung des Abgeordnetenhauses aber der Regierungskommissar, daß diese Schulen den Gymnasien und Realgymnasien nicht untergeordnet, sondern nebengeordnet sind, daß sie gleich diesen eine allgemeine Bildung, wenn auch mit einem verschiedensprachlichen Material, erreichen. Wenn Sie diese Zustände betrachten, meine Herren, so werden Sie die Bezeichnung dieser Schulen als „Mausefallen für die Söhne übel unterrichteter Väter" vielleicht nicht ganz unberechtigt finden. (Heiterkeit und Beifall.)

Ich möchte noch eins hinzufügen. Es wird stets verheißen, daß die Berechtigungsfrage der lateinlosen Realschule geordnet werden soll, und noch in einer der letzten Sitzungen des Abgeordnetenhauses hat der betreffende Kommissarius erklärt: die Sache wird geordnet werden — es finden kommissarische Berathungen unter den Ressorts statt, dieselben haben aber noch zu keinem Resultat geführt. Die Frage wird ganz entschieden dilatorisch behandelt, denn es ist ein öffentliches Geheimniß, daß die anderen Ressortchefs noch keine Neigung haben, diese Schüler als Beamte in ihre Ressorts aufzunehmen. Meine Herren, das Realgymnasium leidet, wenn auch in vermindertem Maße, an demselben Uebelstande; denn wenn auch der Kreis der Berechtigungen ein größerer ist, so ist er doch nicht ausreichend, um einen gewissenhaften Vater zu veranlassen, seinen Sohn dieser Anstalt zuzuführen, wenn er nicht Gefahr laufen will, daß sich in dem jungen Mann nachher andere Neigungen entwickeln, die es bedauern lassen, diesen Bildungsgang für ihn gewählt zu haben. Außerdem aber leiden die Realgymnasien noch unter dem vollständig unberechtigten Vorurtheil, daß der Bildungsgang auf ihnen ein leichterer sei. Das ist durchaus nicht der Fall. Ich verdanke einem hochverdienten Schulmann und Freunde, der große höhere Lehranstalten geleitet hat und noch mit großem Erfolge leitet, eine Arbeit, die er mir im Manuskript zur Verfügung zu stellen die Güte gehabt hat. Darin führt er den Nachweis, daß dieses Vorurtheil, wie auch schon aus der Prüfungsordnung für das Abiturientenexamen sich zeigt, unberechtigt ist. Nehmen Sie nur die Aeußerlichkeit, daß der Gymnasialabiturient schriftlich in 5 Fächern, der Realabiturient in 7 Fächern geprüft wird — jenen 5 tritt für die Realgymnasiasten noch eine schriftliche physikalische Arbeit und ein schriftliches englisches Exerzitium hinzu —, daß ferner der Gymnasiast mündlich in 7, der Realschüler in 9 Fächern der Prüfung unterworfen wird, so werden Sie, wenn Sie die Prüfungsordnung durchlesen, mir darin zustimmen, daß die Chancen des Durchfallens für den Realschüler viel größer sind. Als durchgefallen muß nämlich derjenige betrachtet werden, welcher e i n e Zensur ungenügend hat; eine Kompensation kann nur eintreten, wenn dem „ungenügend" ein „gut" gegenübersteht. Nun ist der Gymnasiast durchgekommen, wenn er in den 5 schriftlichen Arbeiten genügend hat, der Realgymnasiast aber kann in 6 Fächern genügend haben und trotzdem noch immer durchfallen, wenn ihm nämlich im siebenten Fach ein „ungenügend" gegeben wird. Freilich wird angeführt, daß der französische Aufsatz, den der Realschüler zu leisten hat, doch lange nicht die Schwierigkeiten biete wie das, was man den lateinischen Aufsatz nennt — ein Elaborat, welches diese Bezeichnung nach meinem Gewährsmann eigentlich nicht verdienen soll. Da tritt nun der Umstand hinzu, daß der Gymnasiast für den lateinischen Aufsatz in viel umfassenderer Weise vorbereitet ist, als der Realgymnasiast für den französischen; denn im regelrechten Verlauf hat der Gymnasiast als Vorbereitung für den lateinischen Aufsatz 3800 Stunden gehabt, während der Realgymnasiast für seinen französischen Aufsatz nur 1360 Stunden — nicht einmal die Hälfte — gehabt hat. Es wird auch behauptet, daß die Prüfung in einer todten Sprache, die wie die lateinische in ihren Formen vollständig erforscht ist und fest steht, viel leichter ist als die Prüfung in einer noch in der Fortentwicklung befindlichen, lebenden Sprache. Im übrigen ist der sprachliche Unterricht am Gymnasium um 110 Stunden größer als an der Realschule, obschon er hier um eine Sprache vermehrt ist. — Jedenfalls steht fest, daß das von mir erwähnte Vorurtheil dem Realgymnasium ein Material zuführt, mit welchem die Lehrer schwerer Erfolge erzielen können; denn in Folge dieses Vorurtheils werden die Realgymnasien mit den weniger begabten Schülern bevölkert. Meine Ueberzeugung aber ist es, daß in dem jetzigen Zustande die Realgymnasien auch das Schicksal haben müssen, in Gymnasien umgewandelt zu werden, denn in der Regel sind die oberen Klassen der Realgymnasien nicht zahlreich besucht, sondern ziemlich dünn bevölkert.

Wenn wir nun die Gymnasien betrachten, so ist auf diese das Füllhorn der Berechtigungen in vollstem Maße ausgeschüttet; sie haben die Befähigung, für alle Berufszweige vorzubilden. — Ein gewissenhafter Vater muß daher seinen Sohn auf das Gymnasium schicken, um ihm jede Chance offen zu halten, und ich glaube, daß das ein Hauptgrund der Uebervölkerung der Gymnasien ist. Darin erblicke ich aber einen Uebelstand für die Entwicklung unseres gewerblichen Lebens, und es wird mir nicht widersprochen werden, wenn ich sage, daß der Bildungsgang des Gymnasiums für die Erwerbsthätigkeit der Nation nicht so vorbereitet, wie es eine mehr realistische Bildung thut. Auch sozial glaube ich einen kleinen Uebelstand darin erblicken zu dürfen; denn schon der Umstand, daß der Schüler weiß, in seiner Anstalt wird er für alle Berufsfächer genügend ausgebildet, während das in den anderen Schulen nicht der Fall ist, kann ihn sehr leicht zu einer gewissen Ueberhebung verleiten, die ja bei dem Schüler vielleicht noch anders bezeichnet werden darf. Mir ist beispielsweise ein Junge bekannt, der freilich in einer großen Stadt das Gymnasium besucht, welches sich für die Eliteanstalt dieser Art hält. Dieser Junge sieht jetzt schon unter seinem Schülermützchen selbst auf den gereiften Mann, der etwas im Leben geleistet hat, mit Geringschätzung, hier muß ich wohl sagen empor, wenn er nicht Gymnasialbildung genossen hat. (Sehr wahr!) Meine Herren, so etwas überträgt sich dann auch in das spätere Leben und ruft doch immer eine gewisse Kluft hervor, die im Interesse unserer sozialen Verhältnisse vielleicht nicht wünschenswerth ist.

Meine Herren, unsere Zeit scheint nun eine Aenderung in dieser Dreifaltigkeit unserer höheren Unterrichtsanstalten mit Nothwendigkeit zu fordern, und die Unterrichtsverwaltung ist dieser Forderung auch schon in gewissem Grade durch die Unterrichtspläne vom 31. Mai 1882 nachgekommen. Durch diese sehr vortrefflichen Maßregeln sind wenigstens in den unteren drei Klassen die Lehrpläne annähernd gleichgestellt und es ist ein Wechsel von einer Schule zur anderen, wenigstens innerhalb der unteren drei Klassen, jetzt möglich geworden.

Meine Herren, auf diesem Gebiet gehen die Wogen des Streites sehr hoch. Manche verlangen, daß in dieser Richtung entschieden weiter vorgegangen werde, und zwar im Sinne der absoluten Einheitsschule; andere gehen nicht so weit, sie verlangen, daß zwar die Einheitsschule weiter geführt werde, daß aber vielleicht von der Sekunda ab eine Gabelung eintrete, nach der einen Richtung zur besseren Vorbildung für das philologisch-historische Studium, nach der andern Richtung für das naturwissenschaftlich-mathematische Studium. Aber auch die, welche diese Richtung vertreten, sind in ihren Anschauungen nicht einig. Die einen behaupten, daß bei dieser Weiterführung der Einheitsschule wie bei der eventuellen Gabelung mit einer Aenderung der Unterrichtsmethode in den alten Sprachen ganz dasselbe geleistet werden könnte wie bisher. Die anderen bezweifeln, daß das möglich sei, behaupten aber, daß es auch nicht nöthig ist; sie sagen, ebensogut wie man jetzt den Mediziner auf die Universität schickt und es ihm dabei überläßt, sich erst dort in grundlegenden Wissenschaften für sein Studium die erforderlichen Kenntnisse anzueignen, so sei es auch möglich, jene, die sich den sprachwissenschaftlichen Studien zuwenden, mit derjenigen Sprachkenntniß von der Schule zu entlassen, die ihnen zu geben nur bei Weiterführung der Einheitsschule, eventuell bei der erwähnten Gabelung in den oberen Klassen, möglich ist, auch ihnen zu überlassen, die weiteren Kenntnisse in den alten Sprachen, beispielsweise im Griechischen, durch selbständiges Studium auf der Universität zu erlangen. Also in dieser Richtung gehen die Anschauungen weit aus einander. Ich habe mehrfach schon die Reserve erheben müssen, daß ich hier ein Endurtheil abzugeben nicht befähigt bin; nach meiner Beobachtung glaube ich aber wenigstens annehmen zu müssen, daß, wenn man die Dinge so gehen läßt, die Einheitsschule von selbst kommen wird, und zwar in der Richtung, daß die Oberrealschule und das Realgymnasium mit der Zeit eingehen oder sich in Gymnasien verwandeln, so daß als Einheitsschule das Gymnasium übrig bleibt. Das aber würde ich als Nachtheil für unsere wirthschaftliche Entwicklung betrachten.

Ich wende mich zum Schluß und resümire. Ich glaube, daß die Entwicklung und Organisation unseres Schulwesens unsere sozialen Verhältnisse und die Erwerbsthätigkeit der Nation dadurch ungünstig beeinflußt haben, daß durch Jahrhunderte und bis heute für die Vorbildung und Ausbildung der unteren Volksklassen sowohl, wie namentlich des sogenannten Mittelstandes nicht das Genügende geschehen ist. Die Folgen des Umstandes, daß eine Mittelschule gefehlt hat, sind verschärft durch die bis vor kurzem noch ganz mangelhaften Leistungen der Volksschule. Hierzu tritt das Institut der Freiwilligen, welches bezüglich der Wahl des Berufs eine große Zahl junger Leute der Arbeit entzogen und in falsche Laufbahnen und Lebensstellungen gebracht hat. Diese Verhältnisse namentlich, verbunden mit der Dreitheilung unserer höheren Schulen, haben zu einer überaus unwirthschaftlichen Verwendung der Mittel des Staats und der Gemeinden, besonders aber der Kommunen, und zu einer außerordentlichen Ueberlastung derselben geführt. Durch diese Ueberlastung sind die Kommunen verhindert worden, wenigstens den Versuch zu machen, mehr und bessere Vorbildungsanstalten für den Mittelstand zu schaffen.

Wenn ich gesagt habe: ungünstig beeinflußt, so ist das wohl nicht der richtige Ausdruck; denn das, was wir in unserer Nation in den verschiedensten

Richtungen erreicht haben, ist doch im wesentlichsten auf die Leistungen der Schule zurückzuführen, und ich drücke mich daher richtiger aus, wenn ich sage, daß die Organisation und Entwicklung unserer Schule für das soziale Leben und für die Entwicklung unserer Erwerbsthätigkeit nicht das geleistet hat, was nach Maßgabe der großen Sorgfalt und der ungeheuren Mittel, die darauf verwendet worden sind, hätte geleistet werden können. Würde es sich verbinden lassen mit dem Interesse des allgemeinen Bildungsgrades der Nation, einmal die Einheitsschule weiter zu führen, dadurch die Ausgaben für verschieden gestaltete höhere Bildungsanstalten zu beschränken und so das Geld zur Errichtung von Mittelschulen zu erlangen, ferner durch einen anderssprachlichen Unterricht die Verbindung der Mittelschulen mit den höheren Lehranstalten herbeizuführen und damit, wie durch gleiche Besoldung der Lehrer, eine bessere Basis für die Mittelschulen zu erlangen, so glaube ich, würde der deutschen Nation, die heute schon in ihrem durchschnittlichen Bildungsgrade weit über den anderen Nationen steht und auch in wirthschaftlicher Beziehung dieselben sämmtlich zu überflügeln den Anschein hat, jedenfalls eine bessere, sicherere Grundlage gewährt. (Lebhaftes Bravo.)

(Es folgt eine 3/4stündige Pause.)

Korreferat

von Professor Dr. Stürenburg (Leipzig)

über

die Einwirkung der Organisation unserer höheren und mittleren Schulen auf das soziale Leben und die Erwerbsthätigkeit der Nation.

Hochansehnliche Versammlung! Es gehört ein Entschluß dazu, in einer Zeit, in der unser höheres Schulwesen den Gegenstand so vielfacher, sich so widersprechender und zum Theil so leidenschaftlicher Erörterungen bildet, zu einer dasselbe so tief treffenden Frage, wie die uns heute gestellte, öffentlich Stellung zu nehmen; um so mehr, wenn man selbst dem Lehrstand der höheren Schulen angehört und gar klassischer Philologe ist. Denn nach dem Eindruck zu schließen, den die Unzahl von Broschüren und anderen Vorschlägen zur Reform unseres höheren Unterrichtswesens hinterlassen muß, traut sich eigentlich nur der außerhalb der Schule stehende die nöthige Unbefangenheit zu, um klar zu erkennen, was den Schulen noth thut, und den Philologen vollends hat der Staub des grauen Alterthums den Blick für die Bedürfnisse unserer Zeit verschleiert! Der Vorstand dieses Vereins hat, indem er von vornherein auch einen Vertreter des Lehrfachs um eine Meinungsäußerung anging, gezeigt, daß es ihm wenigstens fern liegt, über unser Schulwesen zu berathen, wie die Aerzte am Bette eines seiner Sinne schon nicht mehr recht mächtigen Kranken. Auch kann das Ansehen, dessen sich die frei von allen Parteibestrebungen nur der Sache geltenden Verhandlungen dieses Vereins erfreuen, nur dazu ermuthigen, auch hier um Unterstützung zu werben für die Offenlegung und Beseitigung von Schäden, die von den Schulen selbst nicht minder empfunden werden als im Erwerbsleben unseres Volkes.

Die Schule hat ja ihrerseits alle Ursache, Männern, die mit offenem Blick für die Anforderungen des Lebens die Ergebnisse der Schulbildung zu prüfen Gelegenheit haben, dankbar Gehör zu schenken; sie hat aber auch die Pflicht, an die Grenzen zu erinnern, die jeder Jugendbildung gesteckt sind, und sie darf verlangen, daß sie nicht für Erscheinungen allein verantwortlich gemacht werde, die nur theilweise oder gar nicht in den Kreis ihrer Verantwortung fallen, daß sie insbesondere nicht als Erziehungsanstalt beurtheilt werde, während sie doch an der Erziehung nur zu einem bescheidenen Theile mitzuarbeiten versuchen kann. Auch die Wahl des Berufs ist so von den Einflüssen der Schule nur innerhalb gewisser Grenzen abhängig, die uns später zu beschäftigen haben.

Der am allgemeinsten und lautesten erhobenen Klage über unser höheres Schulwesen, der wegen Ueberbürdung der Schüler, kann auch hier nicht vollständig aus dem Wege gegangen werden. Denn wenn es wahr ist, daß unsere höheren Schulen ihre Schüler körperlich verkommen und geistig stumpf werden lassen, so ist dies eine Gefahr für die soziale Stellung unserer gebildeten Bevölkerung und für die Erwerbstüchtigkeit derselben in allen Berufsarten. Es ist sicher, daß diesen Klagen vielfach Schwächlichkeit der Anschauungen, Verwechslung der unserer Jugend nicht zu ersparenden Anspannung mit Ueberbürdung, noch häufiger Erfahrungen an zu schwach begabten oder durch das Leben außer der Schule zersplitterten und zerstreuten Knaben zu Grunde liegen. Gar nicht selten kommt uns Lehrern der Fall vor, daß derselben Klasse gegenüber der Vater des einen Schülers über Ueberbürdung klagt, während der eines anderen fragt, ob denn wirklich die Jungen so wenig „aufbekämen". Daß auch die ärztlichen in dieser Frage laut gewordenen Stimmen von übertriebener Aengstlichkeit zum Theil nicht frei sind, zeigt schon der Widerspruch derselben unter einander, wie sich denn insbesondere das von der Kgl. Preußischen Deputation für das Medizinalwesen im Dezember v. J. in dieser Sache erstattete Gutachten [1]) durch eine maßvolle Beurtheilung und theilweise durch Ablehnung dieser Klagen auszeichnet [2]). Allerdings muß aber auch aus der Erfahrung des Lehrers heraus bestätigt werden, daß zumal das Maß der häuslichen Aufgaben leicht über Gebühr gehäuft wird oder sonst über die Leistungskraft des Schülers hinausgeht — ich erinnere nur an so manche Aufsatzthemata, welche die ganze Familie zu Hause in Mitleidenschaft zu ziehen pflegen. Soweit der Lehrplan der Schulen selbst zu weit gehende Anforderungen stellte, ist durch die neue preußische Lehrverfassung (ich muß natürlich, obgleich selbst nicht Preuße, die preußischen Verhältnisse in erster Linie ins Auge fassen) in anerkennenswerther Weise hier Wandel geschaffen worden, wie denn einer offenbaren Schwäche im Lehrplan der norddeutschen Gymnasien, daß 9—11jährige Knaben drei Jahre nach einander je eine neue fremde Sprache zu beginnen hatten, durch die Verschiebung des Griechischen nach Tertia abgeholfen worden ist. Ueberhaupt aber kann das Lehrziel der Gymnasien nach diesen Lehrplänen, welche als das Ergebniß langjähriger vielseitiger Erfahrungen und auch die Klagen der Neuzeit aufmerksam erwägender Ueberlegungen bezeichnet werden können, auch mit mäßig begabten Schülern, wie sie den Hauptstamm unserer Klassen abgeben sollen, ohne deren Ueberbürdung erreicht werden.

---

[1]) Zentralblatt f. die gesammte Unterrichtsverwaltung in Preußen 1884 S. 202 ff.

[2]) Ein besonders beachtenswerthes ärztliches Gutachten enthält die Schrift: Die Bedeutung der Muskelübung für die Gesundheit besonders der deutschen Jugend. Ein Beitrag zur sog. Ueberbürdungsfrage von Dr. Birch-Hirschfeld, K. S. Med.-Rath und Lehrer der Anatomie u. Physiologie an der K. S. Turnlehrerbildungsanstalt zu Dresden.

Dabei ist aber, was das leibliche Wohl der Jugend anlangt, zweierlei vorauszusetzen. Einmal, daß der betrübenden und auf diesem Gebiete allein mit einiger Sicherheit festgestellten Thatsache der so stark verbreiteten und in den oberen Klassen zunehmenden Kurzsichtigkeit der Schüler mit größerer Besorgtheit als bisher Rechnung getragen werde sowohl von der Schule als, und noch weit mehr, von Seiten des Hauses. Denn ich stehe mit der Ueberzeugung nicht allein, daß die Art, wie zu Hause von den Schülern bei ungenügender Beleuchtung oder Sitzart gearbeitet oder in die Dämmerung hinein Unterhaltungslektüre verschlungen wird, an der Kurzsichtigkeit weit mehr Schuld hat, als der Unterricht, während dessen die Schüler nur selten die Augen dauernd auf das Buch gerichtet haben. — Ferner aber ist es außer Zweifel, daß unsere Jugend gegenüber der ihr zuzumuthenden geistigen Anspannung ein weit größeres Gegengewicht geregelter leiblicher Bewegung bedarf, als ihr zwei — noch nicht einmal überall für Sommer und Winter durchgeführte — Turnstunden bieten können. Von einer bloßen Anregung, wie sie in immerhin dankenswerther Weise der Minister von Goßler den preußischen Schulen zur Pflege der Turnspiele gegeben hat, ist hier nur an wenigen Stellen wirklich genügende Wirkung zu erwarten; auch hier gilt es die Aufwendung nicht unbedeutender Mittel zur Schaffung von planmäßigen, jeden einzelnen verpflichtenden Einrichtungen, denn der Appell an die Freiwilligkeit wirkt gerade bei den Schulen und bei den Schülern am wenigsten, die es am meisten noth haben. Es ist nicht zu fürchten, daß unsere höheren Schulen dadurch zu Kricket- und Ruderanstalten würden, wie es kürzlich von englischer Seite von dem englischen Eton behauptet worden ist. Wohl aber kann auf Grund von guten Erfahrungen die Hoffnung ausgesprochen werden, daß größere Freude an rüstiger Leiblichkeit und an harmlosem Bewegungsspiel gerade bei unseren größeren Schülern den Geist vornehmer Blasirtheit oder die Sucht, das studentische Leben gerade in seinen abstoßenden Seiten nachzuäffen, nicht so aufkommen lassen werde, wie das vielerorts zu Tage getreten ist.

Doch die Bewegung über unser höheres Unterrichtswesen hat weitere Ziele, als Abhilfe für die Ueberbürdung. Sie läuft auf die Frage hinaus, ob die Schule Rechnung getragen oder noch zu tragen habe den großen Umwälzungen des geistigen, wirthschaftlichen und staatlichen Lebens in unserer Zeit, Umwälzungen, die nicht wenige für bedeutend genug halten, um ein neues Zeitalter mit ihnen angebrochen zu sehen. Sicher haben, sagt man, diese Umgestaltungen neue Aufgaben mit sich gebracht, für die es auch die heranwachsenden Geschlechter vorzubereiten gelte. Der politische Schwerpunkt Europas ist verschoben worden durch das Erstehen und Erstarken neuer Staatswesen auf dem Boden der Nationalität: daher ergeht an die Schule die Forderung nationaler Erziehung. Ferner haben wir auf dem Gebiete unserer Erkenntniß durch wissenschaftliche Untersuchungen Aufklärungen empfangen, die unsere ganzen geistigen Anschauungen mächtig beeinflussen müssen, um so mehr, als die vorragendsten dieser Untersuchungen gerade den Vorgängen unseres geistigen Lebens selbst und dem Mittel der Gedankenbildung, der Sprache, gegolten oder uns Probleme gestellt haben, wie die der Entwicklungslehre, die an Bedeutung alles hinter sich lassen, was je der menschliche Geist sich zur Aufgabe der Forschung gemacht hat. Da es nun die Naturwissenschaften sind oder doch naturwissenschaftliche

Methode, denen solche Errungenschaften in erster Linie verdankt werden, und denen noch mehr die Zukunft zu gehören scheint, so wird die Forderung an die Schule gerichtet, daß sie von jetzt ab naturwissenschaftliche Kenntniß und Schulung zum Schwerpunkte der geistigen Ausbildung der Jugend mache. Zudem habe die antike Kultur, die bis jetzt im Mittelpunkt der Bildung unserer gelehrten Schulen sich behauptet hat, was ihr an Bildungsgehalt inne wohne, so vollständig in die neue Kultur ergossen, daß sie ihres Dienstes entlassen werden könne.

Aber nicht nur die Erkenntniß ist durch die Fortschritte der Naturwissenschaften in überraschender Weise gefördert, ihre Entdeckungen haben auch allüberall ins Leben eingegriffen, haben neue, ungeheure Kräfte in den Dienst des Menschen gestellt und so unser ganzes Erwerbsleben und Verkehrswesen in neue Bahnen gelenkt. Daher einmal für unser soziales Leben das Erstehen des neuen Erwerbsstandes der Fabrikarbeiter mit seinen sozialen Forderungen und Drohungen; daher für unser Schulwesen die Frage, ob es den geänderten Erwerbsverhältnissen sich hinreichend angepaßt habe.

Die erste dieser drei Forderungen, die auf nationale Erziehung gerichtete, berührt sich nur wenig mit der uns heute gestellten Frage und erweist sich überhaupt bei näherer Prüfung mehr als ein schön klingendes Schlagwort, denn als eine Forderung von selbständigem Gehalt. Da aber nationale Erziehung doch auch die Einheitlichkeit der Ziele der Bildung innerhalb der Nation voraussetzt, so muß auch unserer Frage gegenüber ausgesprochen werden, daß diese Einheitlichkeit der Schuleinrichtungen innerhalb der Staaten des Reichs allerdings in hohem Grade vorhanden, und daß trotz den merklichen zwischen einigen süddeutschen Staaten, zumal Württemberg, und dem Norden noch bestehenden Verschiedenheiten die Uebereinstimmung doch eine überwiegende ist. Das war zum wesentlichen Theil schon so vor der strafferen politischen Einigung durch das Reich, und diese Gemeinsamkeit erstreckt sich ja auch auf die Landestheile deutscher Nation außerhalb des Reichs zufolge der gemeinsamen Entwicklung des Bildungswesens und der Aehnlichkeit der nationalen Neigungen. Die Gründung des neuen Reiches hat dann ja auch auf dem Gebiete des Schulwesens eine noch größere Einheitlichkeit gerade derjenigen Verhältnisse unseres mittleren und höheren Schulwesens nach sich gezogen, die uns heute besonders zu beschäftigen haben, d. h. das Knüpfen von wichtigen Berechtigungen an gewisse Schulgattungen, die dadurch für die letztere gebotene Einheitlichkeit der Ziele und die durch erstere gegebene Anlockung zu ihrem Besuch[3]).

Wenn wir nun die Eigenart dieses unseres Unterrichtswesens dem des Auslandes gegenüber kurz kennzeichnen wollen, so ist es die große Werthschätzung allgemeiner Bildung, und innerhalb deren die Würdigung auch der außerhalb unseres Volksthums entsprungenen Bildungsquellen, die seine Besonderheit ausmacht. Daß dabei die Frage nach der unmittelbaren Verwendbarkeit des sowohl geistig als leiblich geübten zurücktritt, ist eben das Zeichen allge-

---

[3]) Beiläufig mag hier bemerkt werden, daß das Wort Mittelschule in Nord- und in Süddeutschland in verschiedenem Sinne gebraucht wird: dort für die zwischen der Volksschule und den höheren Schulen, hier für die zwischen der ersteren und den Hochschulen inmitten liegenden Schulen; wir brauchen es im ersteren Sinne.

meiner Bildungsbestrebung. Man rühmt das, will man es loben, als ideal, man schilt es, will man ihm nicht wohl, als unpraktisch; die Stärke und die Schwäche unseres Bildungswesens liegen hier eben dicht bei einander: hüten wir uns heute, wenn wir die Auswüchse tilgen wollen, dabei zu tief ins gesunde Fleisch zu schneiden.

Diese Vorsicht werden wir sofort nöthig haben, wenn wir uns jener anderen Frage zuwenden, deren Beantwortung unser heutiger Verhandlungsgegenstand dringend erheischt: ob naturwissenschaftliche Kenntniß und Forschungsweise von jetzt ab die führende Stelle in der Ausbildung unserer Jugend einzunehmen habe. Es ist dies eine Forderung, vor welcher die Lehrpläne [4]) unserer Realschulen nicht viel besser bestehen, als die der Gymnasien. Denn selbst die Oberrealschulen, die unter den preußischen Schulen der Mathematik und den Naturwissenschaften den meisten Raum gönnen, haben in ihrem neunklassigen Lehrplan Rechnen und Mathematik unter zusammen 276 wöchentlich ertheilten Stunden nur mit 49, die Naturwissenschaften mit 36 Stunden, von den Geisteswissenschaften dagegen allein die Sprachen schon mit 112 Stunden bedacht. Bei den Realgymnasien stehen den 74 mathematischen und naturwissenschaftlichen Stunden 135 sprachliche, bei den Gymnasien 52 Stunden der ersteren Fächer 159 der letzteren gegenüber. Daneben verstärken bei allen drei Gattungen noch 19 Stunden Religionslehre und etwa 18 Stunden Geschichte das Gewicht der Geisteswissenschaften, wogegen man die 10 bis 12 geographischen Stunden nicht voll den Naturwissenschaften zuzählen kann, da dieses thatsächlich zwischen den beiden hier gegenübergestellten Gebieten die Brücke schlagende Fach bald mehr vom Standpunkt des einen, bald dem des anderen ertheilt zu werden pflegt.

Doch man wird mir sofort einwenden, daß jene Forderung nicht im Sinne einer völligen Umkehrung des den beiden Gebieten zugemessenen Raums gemeint sei, daß es sich aber darum handle, den Ergebnissen der Naturwissenschaften und ihrem Beweisverfahren diejenige Geltung, die sie thatsächlich im Leben und in der Wissenschaft der Neuzeit besitzen, auch in der Jugendbildung zu verschaffen. Ich halte dem gegenüber mit dem bereitwilligen Geständniß nicht zurück, welches oft ja allerdings von humanistischer Seite nicht oder nur widerwillig gemacht zu werden pflegt, daß es mir allerdings als ein unerläßliches Erforderniß der allgemeinen Bildung, wie sie doch auch die Gymnasien zu gewähren haben, erscheint, den Erscheinungen der Natur in und außer uns und Ergebnissen der Naturwissenschaften, welche entweder im praktischen Leben eine Rolle spielen, wie Dampfkraft und Elektrizität, oder unsere allgemeinen Anschauungen so beeinflussen müssen, wie die Spektralanalyse oder die Lehre von der Erhaltung der Kraft, nicht völlig unwissend gegenüber zu stehen. So gut wie jetzt jedes Elementargeschichtsbuch der Entdeckung der Stammverwandtschaft der indogermanischen Völker Ausdruck giebt, wie von Stanleys Kongofahrt die Landkarte der geringsten Dorfschule Kenntniß nehmen muß, so bietet auch der jetzige Stand unseres Wissens von der Natur nicht weniges, was unseren Knaben und Jünglingen vorenthalten zu wollen gerade diejenigen unter ihnen in ihrer

---

[4]) Vgl. die übersichtliche Zusammenstellung: Die Stundenpläne für Gymnasien, Realgymnasien und lateinlose Realschulen in den bedeutendsten Staaten Deutschlands. Zusammengestellt von G. Uhlig. 2. Aufl. Heidelberg 1884.

allgemeinen Bildung am meisten schädigen würde, welche durch ihren späteren Beruf nicht zur Ergänzung dieser Lücken nothwendig gezwungen sind. Wenn daher die bairischen Gymnasien den naturgeschichtlichen Unterricht noch jetzt vollständig ausschließen und nur in den beiden obersten Klassen 1 oder 2 Stunden Physik treiben, und wenn auch andere süd- und norddeutsche Gymnasien diesen Unterricht wenigstens noch in einzelnen Klassen völlig unterbrechen, so dürften schon die eigenen Schüler ihnen gerade diese Erleichterung ihrer Unterrichtslast nicht danken. Doch so sehr ich diesen Mangel anerkenne, so sehr muß betont werden, daß es hier, soweit es sich nicht um die Vorbereitung auf einzelne bestimmte Berufsarten, also um Fachschulen handelt, nicht auf eine Anhäufung von naturbeschreibendem Lehrstoff, nicht auf eine eingehende Spezialisirung des naturbeschreibenden Unterrichts und der dem letzteren auch auf den Gymnasien (wenigstens nach den preußischen und sächsischen Lehrplänen) anzuschließenden „einfachsten Lehren der Chemie" ankommt, sondern auf die Hervorhebung des für die allgemeine Anschauung wesentlichen und auf ein den Sinn für die eigne Beobachtung weckendes und schärfendes Verfahren. Gerade diese letztere Fähigkeit ist es ja, die besonders von medizinischer Seite an den vorwiegend humanistisch gebildeten Studenten vermißt worden ist. Die neuen preußischen Lehrpläne und die zu ihrer Ausführung gegebenen Weisungen dürften auch für die Gymnasien diesen Erfahrungen so weit gerecht geworden sein, daß weder das Gymnasium mit peinlicher Unkenntniß von der Natur verlassen werden kann, noch denen, welche für dieses Gebiet besondere Neigung und Begabung haben, die nöthige Anregung fehlen wird.

Im allgemeinen aber den Sinn für die Beobachtung und die auf solche sich aufbauende exakte Beweisführung zu wecken ist zudem gar nicht mehr den Naturwissenschaften allein vorbehalten. Wie die Geisteswissenschaften überhaupt in unserem Jahrhundert durch Exaktheit der Methode gleichsam auf neue Grundlage gestellt sind, so beruht insbesondere der Fortschritt unseres sprachlichen Unterrichtsverfahrens auf dem Grundsatz, die sprachlichen Formen und Verbindungen nicht mehr wie sonst völlig unbewußt dem Gedächtniß aufzudrängen, sondern gleich bei der ersten Mittheilung die Aufmerksamkeit auf die Formen und ihre Veränderungen zu richten und diese Beobachtung so zu einer Stütze des Gedächtnisses zu machen.

Aber dies ist natürlich nur eine beiläufige Frucht sprachlichen, insbesondere fremdsprachlichen Unterrichts. Warum hat dieser bisher den Grundstock jeder über die Volksschule hinausgehenden höheren Bildung ausgemacht, und warum muß er das auch in Zukunft bleiben? Weil sich auch mit den Fortschritten der Neuzeit die Thatsache nicht hat ändern können, daß der Mensch, was ihn zum Menschen macht, seiner Sprache verdankt; weil Denken und Sprechen so sehr aus derselben Wurzel erwachsen und so innig mit einander verknüpft sind, daß keine Gedankenzucht möglich ist ohne sprachliche Zucht. Diese letztere aber dem Geiste angedeihen zu lassen ohne das Gegenüberhalten einer fremden Sprache muß bis jetzt als eins der größten pädagogischen Kunststücke gelten. Aber ein Vielerlei von fremden Sprachen ist hierzu nicht nöthig; eine gründlich treiben ist auch um dieses formalen Nutzens des Sprachunterrichts wegen heilsamer als mehrere anfangen. Aber das Erlernen jeder fremden Sprache eröffnet uns auch, ganz abgesehen vom Nutzen des praktischen Gebrauchs im

Verkehr, die Möglichkeit, die Jugend mit dem Besten, was ein fremdes Volk für die Jugend verständliches in seiner Literatur geschaffen hat, bekannt zu machen, und der Vortheil, den das Erlernen der Sprache an sich schon bot, wiederholt sich so noch einmal in weiterem Umfang durch den Einblick in fremde Geistesart und die Schätzung fremder Kunstformen. Und wenn es sich hier schon um die Entwicklung der Genußfähigkeit handelt, so gilt das noch weit mehr vom Unterrichte in der Muttersprache; ja je mehr gerade der fremdsprachliche Unterricht die Last der grammatischen Zucht auf sich nimmt, um so mehr gewinnen wir Raum, in dem empfänglichen Jugendalter den Sinn zu wecken und zu bilden für die Schätze, die in unserer Sprache und in unserer Literatur für jedermann zu heben sind. Hier und im Geschichtsunterricht gilt es recht eigentlich ein Stück nationaler und idealer Erziehung, wenn auch diese Ziele nicht nur einzelnen der Unterrichtszweige zufallen können, überhaupt nicht Gegenstand der Unterweisung sind.

Es schien mir förderlich, durch den Hinweis gerade hierauf anzudeuten, wie die Ideale der Jugendbildung sich nicht mit der Vorbereitung auf das Erwerbsleben decken. Und gerade dieses müssen wir uns bei unserer heutigen Verhandlung gegenwärtig halten, wie die Jugendbildung nicht nur keinen besonderen Beruf, sondern überhaupt nicht den Beruf allein ins Auge fassen darf. Ihre Aufgabe ist, das Lebensglück ihrer Zöglinge, soweit es an ihr liegt, anzubahnen, indem sie sie durch allseitige Ausbildung ihrer geistigen und leiblichen Kräfte in den Stand zu setzen sucht, dereinst selbständig ihren Weg durchs Leben zu finden. Deshalb gilt es vor allem die Keime wahrer Religiosität und Sittlichkeit in die Herzen der Jugend zu pflanzen, daß sie daran einen Halt finde in bösen und guten Tagen; deshalb gilt es aber auch, die Fähigkeit zu edlem Lebensgenuß zu wecken, denn für nicht wenige beruht gerade hierauf die Freude am Leben.

Ich denke aber, auch wenn wir unserer Jugend die strengen Anforderungen des künftigen Berufslebens nicht immer gleichsam wie eine Drohung vor Augen halten, auch wenn wir ihr dem gegenüber die Harmlosigkeit gönnen, die ihr so gut ansteht, so geht sie doch deshalb, wenn nur jenes Hauptziel der Erziehung und Ausbildung vor Augen bleibt, auch dem Berufsleben nicht minder gut mit dem auch für dieses wichtigsten ausgerüstet entgegen. Ich habe einmal an anderer Stelle[5]), veranlaßt durch das immer wieder auftauchende Phantom einer militärischen Jugenderziehung, untersucht, wie denn die Erziehung für die Wehrpflicht, also auch einen Theil des männlichen Berufslebens, am besten vorbereite, und bin da zu dem beruhigenden Ergebniß gekommen, daß der Kriegsdienst nichts anderes und besseres von der Erziehung verlangen könne, als was diese um ihres eigenen Ideals willen sich zur Aufgabe machen muß. So schien es mir auch heute angezeigt, zunächst in dieser noch mehr allgemeinen Erörterung es auszusprechen, wie die festen Grundlagen jeder Jugendbildung auch durch die Richtung des geistigen Lebens unserer Zeit und durch die Umwälzung im Erwerbsleben nicht haben erschüttert werden können.

Ich kann mir aber nicht versagen, gerade in dieser Stadt Frankfurt darauf hinzuweisen, wie diese Frage: wie man zum praktischen Berufsleben erziehe,

---

[5]) Wehrpflicht und Erziehung, von Dr. Heinrich Stürenburg. Deutsche Zeit- und Streitfragen. Heft 116. Berlin 1879.

einmal gerade hier von einem unserer einsichtigsten Pädagogen, Karl Kühner, der hier vor zwei Jahrzehnten an der Spitze einer gerade der Vorbereitung zum praktischen Erwerbsleben dienenden Lehranstalt stand, in eben dem Sinne beantwortet worden ist [6]), daß gerade in unserer Zeit, in welcher das Erwerbsleben durch die zunehmende Theilung der Arbeit auf so viele einen vereinseitigenden Einfluß ausübt, die Jugendbildung um so fester das Ziel allgemeiner Bildung und Anregung im Auge zu behalten habe [7]).

Doch unser mittleres und höheres Schulwesen geht ja über die Grenzen nur allgemeiner Bildung hinaus; wir haben, ganz abgesehen von den Fachschulen, welche, wie die landwirthschaftlichen, auch ihrerseits die allgemeine Bildung neben der Fachbildung weiter zu fördern streben, eine Mannigfaltigkeit von Schulgattungen, die, wenn auch nicht auf einen einzelnen Beruf, so doch auf bestimmte Berufsarten vorbereiten. Entspricht nun die Zahl, in der diese verschiedenen Schulgattungen vertreten und besucht sind, und entspricht das Maß von allgemeiner Bildung, das sie bieten oder vielmehr verlangen, den Bedürfnissen der auf sie zur Vorbereitung angewiesenen Berufsarten? So würde die Frage von Seiten des Erwerbslebens gestellt werden müssen; man kann sie aber auch vom Standpunkt der Jugend aus stellen: Ist unser Schulwesen so gestaltet, daß jeder zu derjenigen Ausbildung gelangt, die ihn in den Stand setzt, die seinen Neigungen und seiner Befähigung entsprechende Stellung im Berufsleben zu gewinnen?

Da ist es denn klar, daß man von diesem verschiedenen Standpunkt nicht nothwendig zu demselben Ziele gelangt. Der kaum völlig lösbare Widerspruch zwischen den Bedürfnissen des Erwerbslebens und der Berufsneigung der einzelnen bietet uns ja eben ein Stück unserer sozialen Frage. Der den begabteren Elementen auch der unbemittelten Volksklassen inne wohnende Trieb sich herauszuarbeiten wird, wenn er von Erfolg gekrönt ist, naturgemäß dazu führen, daß die niederen, mehr die rohe Arbeitskraft beanspruchenden Erwerbszweige an Mangel, die eine höhere Ausbildung voraussetzenden, deshalb auch für vornehmer gehaltenen und meist einträglicheren dagegen an zu reichlichem Angebot leiden werden. Auch das darf nicht überraschen, daß in Zeiten steigenden Wohlstandes dieses Emporprängen größeren Umfang annimmt. Daß es aber bei uns in dem verflossenen Jahrzehnt einen so außerordentlichen, besorgnißerregenden Grad erreicht hat, kann nicht allein der allerdings ruckweisen Veränderung unserer wirthschaftlichen Verhältnisse zu Anfang der siebziger Jahre zugeschrieben werden, dies war nur dadurch möglich, daß die Verhältnisse unseres Schulwesens diese Bewegung in unnatürlicher Weise begünstigten.

---

[6]) Wie man Geschäftsmänner erzieht. Progr. d. Mustersch. v. 1862.

[7]) Im allgemeinen ist ja wohl auch unser Erwerbsleben bei dieser in unserem Bildungswesen vorherrschenden Richtung nicht schlecht gefahren. So weit ich mir wenigstens auf Grund von längeren Reisen im Ausland ein Urtheil zutrauen darf, beruht die Konkurrenzfähigkeit oder geschäftliche Ueberlegenheit des Deutschen — abgesehen von Fleiß und Zuverlässigkeit — wesentlich auf seiner gediegeneren allgemeinen Bildung, die ihn in den Stand setzt, sich vielseitiger zu bethätigen. Von unserer gründlichen sprachlichen Vorschulung zieht, wenn auch im Unterricht die praktische Verwendbarkeit des sprachlich erlernten nicht das Hauptziel abgiebt, offenbar der Handel seinen Nutzen, und die „gelehrte" Richtung unseres Schulwesens kommt sichtlich dem Buchhandel zu gut, der z. B. in Italien, Griechenland, Rußland und dem Orient allein oder am besten durch Deutsche vertreten ist.

Das auffälligste Symptom dieses krankhaften Zustandes ist die **Ueberfüllung der Universitäten**. Das in diesem Jahre erschienene Werk eines der gestrigen Herrn Referenten, des Professor Conrad, über das Universitätsstudium in Deutschland während der letzten 50 Jahre[8]) giebt die erwünschte sichere Grundlage für die Feststellung dieser Erscheinung und beschäftigt sich mit ihrer Erklärung so eingehend, daß sein Schlußkapitel, „die Entwicklung des preußischen Schulwesens vom volkswirthschaftlichen Standpunkt“, hier als besonderes Referat verlesen zu werden verdiente. Die Zahl der Studirenden an deutschen Universitäten hat sich in den letzten 20 Jahren verdoppelt, während die Bevölkerung etwa nur um 1/5 gewachsen ist. Die Folge davon ist, daß mit Ausnahme der katholischen Theologie sämmtliche akademische Bildung verlangende Berufsstellungen von Bewerbern entweder schon in ganz bedenklichem Grade überfüllt sind oder es doch, wie selbst bei den evangelischen Theologen, schon in kurzer Zeit werden müssen. Dabei ist die Zahl der Studirenden immer noch im Steigen. Der Besuch der technischen Hochschulen hatte in Folge des großen wirthschaftlichen Aufschwungs der ersten Hälfte der 70er Jahre sich schon innerhalb des dem Jahre 1877 vorausgehenden *einen* Jahrzehntes verdoppelt. Aber wenn auch hier seitdem ein stetiger Rückgang eingetreten ist, so wirken doch die Folgen jener Ueberfüllung noch fort, und auch hier ist sicher viel Kapital für eine höhere Ausbildung aufgewendet worden, dem nun der entsprechende Ertrag fehlt. Aber auch diejenigen Stellungen, die zwar nicht ein akademisches Studium, aber doch den vollständigen oder doch fast vollendeten Lehrgang des Gymnasiums oder Realgymnasiums beanspruchen, wie bei der höheren Postverwaltung, der Steuer, der Intendantur, haben Ueberfluß an Bewerbern, wie sich denn überhaupt mit diesem Ueberfluß an höherer Schulbildung in unserem Volke sicher häufiger als z. B. bei den Engländern die Neigung verbindet, einen sicheren, wenn auch kaum auskömmlichen Posten den weit günstigeren, aber mit Unsicherheit verbundenen Aussichten der freien Erwerbsarten vorzuziehen.

Fragen wir nach den Ursachen dieser Erscheinung, so liegen sie für die Ueberfüllung der Universitäten einmal, aber zum geringeren Theile, in der Eröffnung eines neuen Zugangs zu denselben durch die 1870 eingetretene Berechtigung der Realschulabiturienten zum Studium einiger Fächer innerhalb der philosophischen Fakultät — womit ich noch nicht gesagt haben will, daß mir diese Zulassung an sich als eine unberechtigte erschiene —; schon im Jahre 1879 bildeten die allein aus Preußen so in einem Jahr neu zutretenden in einer Zahl von 333 über 15 % der Gymnasialabiturienten[9]). Zum weit größeren Theil erklärt sich der ganz außerordentliche Zudrang zum Studium aus der gleich außerordentlichen Vermehrung der Gymnasien und ihrer Gesammtschülerzahl in und auch außer Preußen. Während nach der Erweiterung des preußischen Staats[10]) im Jahre 1867 193 Gymnasien mit 54 671 Schülern (ohne die Vorschulen) bestanden, so war ihre Zahl bis zum Jahre 1882 auf 251 gestiegen mit 74 805 Schülern. Im übrigen Deutschland stieg die Zahl der Gymnasien von 1870 bis 1883 von 115 auf 139, im ganzen Reiche allein in dem letzteren Zeitraume von 13 Jahren von 323 auf 393.

---

[8]) Jena 1884.

[9]) Conrad a. a. O. S. 188.

[10]) Jahrb. f. d. amtl. Statistik d. preuß. Staats Bd. V (1883) S. 590.

Aber so ungemein viel derer geworden sind, welche die durch diese starke Vermehrung der Gymnasien gebotene Gelegenheit der Vorbildung zum Studium durch Vollendung des Gymnasialkursus ergreifen, ihre Zahl ist doch noch auffallend gering gegenüber der Zahl derer, die in die unteren Klassen eintreten, die Schulen aber schon mehr oder weniger vor ihrem Ende, sei es der Noth gehorchend, sei es dem eignen Triebe, verlassen. Die Zahl der Gymnasialabiturienten betrug zwischen 1870 und 1880 in Preußen noch nicht 4 % der Gesammtschülerzahl[11]). Während im Sommer 1882 in den nur einen Jahrgang enthaltenden Quarten der preußischen Gymnasien[12]) von zusammen 89 049 Gymnasiasten 12 299 saßen, enthielten die zwei Jahrgänge der Prima zusammen nur 8779 Schüler; also wenig mehr als ein Drittel ist bis zur obersten Stufe geblieben. Und dies Verhältniß gestaltet sich noch ungünstiger, wenn man auch die Zahl der Schüler der Progymnasien noch jener Gesammtschülerzahl zurechnet. In den außerpreußischen Schulen steht es damit nicht viel besser. In den Quarten von 15 sächsischen Gymnasien saßen 1880 733, in den Oberprimen von 14 Gymnasien 312 Schüler. Nun wird sich zwar das nie ändern lassen, daß die unteren Klassen der höheren Schulen nicht nur Vorbereitungs-, sondern auch Versuchsklassen für die oberen sind, aber für den hier vorliegenden ganz unnatürlichen Zustand bietet dies durchaus nicht die ausreichende Erklärung; es wird den unteren Klassen der Gymnasien eine unverhältnißmäßige Zahl von Schülern zugeführt, die entweder nach ihrer Befähigung oder der Richtung, die sie vom Hause aus bekommen, nicht den Beruf zu wissenschaftlicher Arbeit in sich tragen, oder die von vorn herein nach dem Wunsche der Eltern die Schule nur bis zu einer gewissen Stufe besuchen oder sich wenigstens die größtmögliche Freiheit der Berufswahl sichern sollen.

Was haben alle diese von ihrem Bruchstück der Gymnasialbildung? Soll man sich darüber freuen, daß so doch wenigstens eine große Menge auch der nicht Studirenden mit den zur Hochschule vordringenden zusammen eine Strecke Wegs zurücklegt und noch dazu auf einem Wege, der zwar steil und mühsam aufsteigt, aber von Alters her bei den Pilgern im Rufe der Heiligkeit steht und die, welche hinaufkommen, zu einer gar freien und herzerfreuenden Aussicht führt? Oder soll man die beklagen, die halbwegs umkehren müssen, noch ehe die Höhe mit ihrer freien Umschau gewonnen ist, und die so viele Mühe umsonst und sich schließlich zur Unlust an ein zu hohes Ziel gewendet haben, während es auch für sie erreichbare Ziele gab, die ihnen durch eine kleine, aber doch auch freie Umschau hätten lohnen können? Hier gilt es, sich über die Aufgabe und den Werth der Gymnasialbildung in unserer Zeit klar zu werden.

Die Gymnasien können nicht mehr den Anspruch erheben, allein eine höhere allgemeine Bildung zu gewähren; im Gegentheil bietet vielleicht gerade das von ihnen gegebene Wissen und Können größere Lücken und ist mehr auf selbstthätige Fortsetzung berechnet als die Bildung andrer höherer Schulen; wie denn z. B. jetzt wohl kaum ein höher gebildeter sich dem Erlernen der englischen Sprache, sei es auch nur zum Zweck der Lektüre wissenschaftlicher Werke, wird entziehen können. Ueberhaupt will der Lehrgang der Gymnasien mehr

---

[11]) Conrad a. a. O. S. 197.

[12]) Jahrb. f. d. amtl. Stat. d. preuß. Staats V 642. Vgl. Conrad, 195.

als das solide Fundament einer Bildung, denn als eine für irgend einen Beruf an sich ausreichende Vorbildung beurtheilt werden. Und als solche Grundlage mag sich die Gymnasialbildung ja für die verschiedensten Berufsarten eignen, vorausgesetzt daß der einzelne sich den Luxus gönnen kann, erst mit dem neunzehnten Jahre z. B. den Lehrstoff einer Handelsschule nachzuholen. Als unentbehrlich kann aber gerade diese solide Fundamentirung der Bildung nur für solche bezeichnet werden, welche sich dem Studium derjenigen Wissenschaften widmen wollen, deren Verständniß die selbständige Kenntniß der Entwicklung des geistigen Lebens zur Voraussetzung hat, also für das Studium der sogenannten Geisteswissenschaften: der Philosophie und Theologie, der Rechts- und Staatswissenschaft, der philologisch-historischen Disziplinen in ihrem ganzen Umfang, die neuere Philologie nicht ausgenommen.

Das gilt nicht in erster Linie deshalb, weil diese Wissenschaften so vielfach auf die praktische Kenntniß der beiden alten Sprachen angewiesen sind, wie die Juristen auf das Latein und die Theologen auf das Griechisch. Wir lehren ja auch nicht das Latein des corpus iuris und das Griechisch des neuen Testamentes. Die Theologen brauchen ja auch das Hebräische, das nicht wenige erst auf der Universität nachholen und das wir — schon um der Bebürdung der Gymnasiasten mit einer vierten Sprache vorzubeugen — am liebsten der Universität ganz überließen. Mancher andere lernt ja auch Italienisch oder Englisch nach, wenn es ihm wissenschaftlich nöthig ist. Auch das ist nicht der entscheidende Grund, daß es sich bei diesen Wissenschaften fortdauernd um sprachliche Erklärung und kritische Sichtung von Schriftquellen handelt und daneben auch wieder fast bei allen auf diese Studien gegründeten Berufsarten eigene sprachliche Darstellungskunst erfordert wird: für diese sprachliche Schulung haben sich allerdings bis jetzt die klassischen Sprachen am besten bewährt, bieten dazu auch sicher ein um so viel bequemeres Material, als ihre Formen- und Gedankenwelt von der der modernen Sprachen mehr abweicht. Aber als ein völlig unersetzliches Mittel können sie zu dieser, wie schon vorhin ausgeführt, für jeden Gebildeten nöthigen sprachlichen Zucht nicht bezeichnet werden. Auch das Französische z. B. erweist sich hierzu als in vieler Hinsicht geeignet. Den Ausschlag giebt hier die Nothwendigkeit, daß alle diejenigen, die berufen sein sollen, die geistige Arbeit auf den bezeichneten Gebieten dereinst mit wissenschaftlicher Selbständigkeit aufzunehmen, dem klassischen Alterthum, insbesondere der griechischen Kulturwelt, in welche die Wurzeln unserer heutigen geistigen Kultur verlaufen, selbständig gegenüber stehen. Dies ist eine für die Freiheit des wissenschaftlichen Blickes auf diesen Gebieten so unerläßliche Voraussetzung der allgemeinen Vorbildung, daß ihre nachträgliche Erfüllung nicht füglich in das Belieben des einzelnen gesetzt werden kann, es sei denn, man wollte beim Staatsexamen einen Theil des Abiturientenexamens nachholen. Hierzu kommt nun noch, daß diese antike und auch hier ganz vorwiegend wieder die griechische Kulturwelt in den Schätzen ihrer Literatur eine kaum zu erschöpfende Fülle gerade der geeignetsten Jugendbildungsmittel bietet, denen die neueren fremdsprachlichen Literaturen wenig gleichwerthiges und dabei doch für die Jugend gleich verständliches an die Seite zu setzen haben. Die geistigen Erzeugnisse gerade des Jugendalters der menschlichen Bildung werden eben für alle Zeiten gerade für die Jugend ihren besonderen Bildungswerth und ihren besonderen Reiz behalten. Dieser letztere Grund ist es denn wohl auch, der auf diese Bildung auch die Vertreter solcher Studiengebiete und andrer Berufsarten so großen Werth legen läßt, für welche die unbedingte Nothwendigkeit der klassischen Vorbildung nicht nachgewiesen werden kann; ich meine z. B. von den akademischen Studiengebieten die Naturwissenschaften und die Medizin.

Allerdings muß ja völlige Unkenntniß des Griechischen auch bei dem Studium der letzteren Wissenschaften peinlich sein wegen der völligen Durchsetzung ihrer Terminologie mit griechischen Worten; aber hier handelt es sich doch nur um etwas Griechisch, etwa wie für den Musiker es wünschenswerth ist zu wissen, was denn allegro, ma non troppo und pizzicato heißt. Man braucht doch wohl auch nicht ein Gymnasium durchzumachen, um einen Barometer von einem Thermometer zu unterscheiden. Daß aber das Gymnasium ein Monopol haben sollte für die Weckung idealen Sinnes und als Schule logischen Denkens, das will mir so lange nicht in den Sinn, so lange ich mich nicht davon überzeugt habe, daß nur wir Gymnasiallehrer uns im Besitze dieser schätzenswerthen Eigenschaften befinden. Wohl aber beanspruche ich dieses Vorrecht für die Einführung in die griechische und so überhaupt in die antike Kulturwelt, deren unmittelbare Kenntniß ich als unerläßliche Vorbildung für das Studium der Geisteswissenschaften bezeichnen mußte. Denn wissenschaftliches Studium ist es, was der Hochschule in diesen Disziplinen zur Aufgabe wird, nicht die praktische Vorbildung zum Seelsorger, zum Richter oder Advokaten, zum Lehrer. Hierauf kann vielleicht nebenbei das Augenmerk gerichtet werden: die Universität hat ihre Aufgabe vollauf erfüllt, wenn sie ihre Schüler mit dem wissenschaftlichen Rüstzeug ihres Berufs ins Leben entläßt.

Will aber das Gymnasium der Aufgabe, für solche wissenschaftliche Thätigkeit die Vorbildung zu geben, genügen, dann muß es die Fächer, die den Grundstock seines Lehrplans ausmachen, mit wissenschaftlicher Gründlichkeit treiben, frei von jeder dilettantischen Oberflächlichkeit, die ernten will ohne im Schweiße des Angesichts gepflügt und gesät zu haben. Nicht als ob wir die Schriftsteller lesen müßten, um an ihnen Grammatik zu treiben; wo sie so gelesen werden — und es soll das bisweilen der Fall gewesen sein, ja noch so sein —, da versündigt man sich an ihrem Geiste und an dem der Jugend; aber um ihrem Inhalt wirklich gerecht zu werden, dazu ist eben die gründlichste grammatische Schulung Voraussetzung. Ferner aber dürfen diese Lehrfächer nicht gerade da aufgegeben werden, wo sie Früchte zu tragen beginnen; sie müssen gerade in den Lebensjahren fortgeführt werden, in denen der jugendliche Geist sich für ihren Bildungsgehalt besonders empfänglich erweist. Denn der griechische Unterricht der drei oberen Klassen, besonders der Prima — und auf diesem ruht, so weit es sich nicht um die mehr formale sprachliche Schulung handelt, der Hauptwerth der Gymnasialbildung — setzt einmal schon eine gewisse Sicherheit in der Kenntniß der Sprache, andrerseits aber auch eine bestimmte Reife des Alters voraus. Als diese Jahre der reifenden geistigen Selbstthätigkeit kann man, wie sich am bestimmtesten aus den freien deutschen Arbeiten erkennen läßt, die Zeit vom 15., häufiger 16., bis zum 19. Lebensjahre bezeichnen. Das 19. Lebensjahr kann dann wiederum als dasjenige gelten, in dem durchschnittlich der Jüngling den Grad persönlicher Festigkeit und noch mehr den Grad von Freiheitsbedürfniß erlangt zu haben pflegt, um füglich der akademischen Freiheit überlassen werden zu können, falls man ihn nämlich schon bis dahin zu einiger Freiheit des Lebens und Arbeitens erzogen, ihn nicht nur durch ängstliche Vorschriften und peinliche Verbote zu leiten versucht hat. Da nun andererseits verschiedentlich von ärztlicher Seite, so auch in dem schon genannten preußischen Medizinalgutachten [13]) das 10. erfüllte Lebensjahr als geeigneter für den Anfang des Gymnasialunterrichts bezeichnet wird, als das bis jetzt gesetzlich zulässige, aber schon jetzt vielerorts noch nicht gewählte 9., so ergiebt sich, daß die Altersgrenzen, zwischen denen sich der Lehrgang des Gymnasiums und dem entsprechend auch des Realgymnasiums durchschnittlich bewegt, sich aus inneren Gründen rechtfertigen lassen und daher auch volkswirthschaftlich als keine zu große Belastung hingestellt werden dürfen. Es ließe sich diese Betrachtung auch noch zu ihrer Bestätigung fortsetzen, wenn wir das Alter ermitteln wollten, vor dem die jungen Männer nicht füglich zu Amt und Würden, sei es auch nur zu den Würden eines Referendars, Probandus oder Pfarrvikars zugelassen werden können. Allerdings ist nun das Durchschnittsalter der Gymnasialabiturienten in der letzten Zeit vielfach ein höheres gewesen [14]); denn die Zahl derer, die 20, 21 Jahre und darüber alt wurden, war etwa gleich denjenigen, die mit oder vor dem 19. abgingen, worauf u. a. in diesem Frühjahr Virchow die Aufmerksamkeit im preußischen Abgeordnetenhause gelenkt hat [15]). Aber der Unterrichtsweise und den Lehrzielen kann hieran, soweit der einzelne sehen kann, die Schuld wohl nur in seltenen Fällen zugemessen werden; schon von Seiten des Regierungskommissars ist damals darauf hingewiesen worden, daß eine große Zahl besonders der nicht ortsangehörigen Schüler der Gymnasien den letzteren älter, als normal ist, zugeführt wird. Sicher trägt aber einen nicht geringen Theil der Schuld hieran die Ueberfüllung vieler gerade der preußischen Gymnasien und ihrer Klassen. Jenes preußische Medizinalgutachten [16]) enthält die amtliche Nachweisung, daß von den damaligen 251 Gymnasien 140, also (55,73 %) über die Hälfte zwei oder noch mehr überfüllte Klassen hatten und daß es bei den Realschulen und Realgymnasien nicht viel besser stand. Ja viele Gymnasien hatten 3 und 4, einzelne bis 12 überfüllte Klassen. Und dabei gestattet die für Preußen geltende Bestimmung für Sexta und Quinta die hohe Zahl von 50 Schülern! In dieser Hinsicht muß auf die Verhältnisse im Königreich Sachsen als durchaus nachahmenswerthe hingewiesen werden. Obschon für die beiden untersten Klassen die Zahl von nur 40 Schülern gesetzlich [17]) als Maximum festgestellt ist, so wird doch dank der Fürsorge der Regierung und der Kommunen auch diese Zahl nur selten überschritten, so daß im Jahre 1880 [18]) z. B. die Durchschnittszahl der Schüler einer Klasse 27,85 %, die einer Oberprima 18,35 % betrug.

---

13) Zentralblatt für die gesammte Unterrichtsverwaltung in Pr. 1884. S. 246.
14) Jahrb. f. d. amtl. Stat. des preuß. Staats V 654.
15) Stenogr. Berichte über die Verhandlungen des preuß. Landtags v. 1883—84. Haus d. Abg. II. S. 1184. Sitzung v. 5. Febr. 1884.
16) Zentralblatt für die gesammte Unterrichtsverwaltung 1884. S. 245.
17) Gesetz vom 22. Aug. 1876. § 11.
18) Bericht über den Stand der Unterrichts- u. Erziehungsanstalten im Königreich Sachsen 1881. S. 12.

Diese Ueberfüllung besonders der unteren und mittleren Klassen so vieler Gymnasien führt uns auf die Frage zurück, was denn das Bruchstück von sog. gelehrter Gymnasialbildung, welches die so überwiegende Zahl dieser Gymnasiasten mit ins Leben nimmt, ihnen eben fürs Leben werth sei. Ich glaube es nicht noch besonders ausführen zu müssen, daß mir gerade das an dieser Bildung, was klassisch ist, trotz der außerordentlich langen darauf verwendeten Zeit und Mühe von äußerst fragwürdigem Werthe zu sein scheint, weil es die Schale enthält ohne den Kern. Denn von dem formalen Bildungswerth der klassischen Sprachen, zumal des Lateinischen, haben sie allerdings die Segnungen verspürt, aber was sie selbst bis zum Ende der Untersekunda von klassischen Schriftdenkmälern kennen gelernt haben, das bot ihnen entweder (wie gerade die Anfangsgründe des Homer) noch so überwiegende sprachliche Hindernisse zu bewältigen, daß von freiem Verständniß oder gar Genuß noch nicht die Rede sein konnte, oder sie traten an die Lektüre, wie z. B. des Julius Cäsar und Ovid, in noch so unentwickeltem Alter heran, daß wenigstens eine nachhaltige Wirkung selten davon zurückbleibt. Was für Bruchstücke sie aber erst in den anderen Lehrfächern davon tragen, und was sie für ihre Zukunft in und außer dem Berufe wichtigeres an Stelle dessen hätten lernen können, darüber später noch ein Wort. Sicher ist das nicht der Weg, um zu der Einheitlichkeit der Bildung zu gelangen, die manchen noch jetzt als so wünschenswerth erscheint, daß sie von der fortdauernden oder, was vermuthlich der Fall sein wird, fortschreitenden Spaltung gerade unseres höheren Unterrichtswesens in eine mehr klassisch humanistische und eine mehr modern reale Richtung eine Gefahr für unser soziales Leben, ein Auseinanderfallen in zwei sich gegenseitig nicht verstehende und nicht würdigende Gruppen befürchten. Sicher bestände diese Gefahr dann, wenn auf der einen Seite die Gymnasien ihre Schüler ins Leben entlassen wollten, ohne sie in den Stand zu setzen, die große Bedeutung, welche die Naturwissenschaften für die Erweiterung unseres geistigen Horizonts wie für unsere Lebensverhältnisse gewonnen haben, zu überblicken und zu würdigen; oder wenn auf der anderen Seite die Realschulen ihre Aufgabe nur in der Eindrillung der für gewisse Berufsthätigkeiten nöthigen Kenntnisse und Fertigkeiten sähen. Aber abgesehen davon daß auch die Realschulen, wie oben schon dargelegt, in erster Linie Sprachschulen sind, so stimmen überhaupt die Lehrpläne der Gymnasien und Realgymnasien so weit überein, daß von den 268 wöchentlichen Stunden der Gymnasien 205, also etwa $^3/_4$, auch an den Realgymnasien ertheilt werden. Nur aber um des Phantoms einer Einheitsschule willen alle diejenigen, die jetzt auf den Realschulen ihre Bildung suchen, zur Vollendung des Gymnasialkursus zwingen zu wollen, denn das wäre immerhin der näher liegende Weg zur Einheitsschule, daß hieße deren Bildungsgang derart verschleppen und erschweren, daß es pädagogisch und volkswirthschaftlich gleich wenig zu verantworten wäre. Es genügt für die Einheitlichkeit der Bildung, daß die auf verschiedenen Wegen gebildeten nicht zu gegenseitiger Entfremdung erzogen werden. Dies geschieht von Seiten der Gymnasien dann nicht, wenn sie ihren Lehrzielen allseitig ehrlich nachzustreben suchen, es geschieht dann nicht von Seiten der Realschulen, wenn sie den Bildungswerth des klassischen Alterthums vor allem in der Vermittlung zu bieten suchen, welche unsere deutsche aus der klassischen wiedergeborene Literatur möglich macht. Denn während die

Vorbereitung zu wissenschaftlicher Thätigkeit, die ich für das Gymnasium in Anspruch nahm, keinerlei Vermittlung verträgt, braucht für die Zwecke allgemeiner Bildung nicht aus der Quelle geschöpft zu werden. Wie viele von uns glauben Shakespeare als Gebildete würdigen und genießen zu können und wie wenige lesen ihn im Original.

Vielleicht hat aber das Realgymnasium dem Prinzip der Einheitsbildung seinerseits ein zu großes Opfer gebracht, indem es das Lateinische in immerhin erheblichem Umfang mit wöchentlich 44, seit der Neugestaltung vor zwei Jahren gar mit 54 Stunden in den Lehrplan aufgenommen hat — oder vielleicht sage ich richtiger: — hat aufnehmen müssen, denn es will mir scheinen, als ob diese Abweichung vom Ideal der nur auf moderne Bildungselemente sich stützenden Schule nicht überall so aufrichtig begrüßt würde, als sie kürzlich von Süddeutschland aus als das wahre Wesen eben des Realgymnasiums[19]) ausmachend verfochten worden ist. Ob andere der Realschule ihrem Wesen nach zufallende Lehrfächer dadurch in der Entfaltung gehemmt werden, will ich hier nicht entscheiden[20]), so viel ist aber sicher, daß eine wirkliche Vereinigung des Ziels der Gymnasien mit dem der Realschulen dadurch nicht erreicht wird, denn das ist eben ohne das andere und in mancher Hinsicht wichtigste antike Lehrfach des Gymnasiums, das Griechische, nicht möglich. Die Aufnahme des Lateinischen muß als ein Kompromiß erscheinen, als eine vorläufige Konzession an den bei uns noch so angesehenen Klassizismus. Und als solche empfiehlt sie sich aus manchen Gründen, die hier nicht verschwiegen werden sollen. Der Werth gerade des lateinischen Elementarunterrichts als einer allgemeinen grammatischen Vorschule kann am wenigsten von einem Gymnasiallehrer gering angeschlagen werden; damit verbindet sich der unleugbare Nutzen, den die Erlernung des Lateins für die Aneignung des Wortschatzes der romanischen Sprachen und der romanischen Elemente des Englischen bietet. Hierzu kommt, daß allerdings die lateinische Terminologie der Botanik für Apotheker, Gärtner, Forst- und Landwirthe einige Kenntniß des Lateinischen wünschenswerth macht. Aehnliche Rücksichten müssen für andere Berufsarten geltend gemacht werden können. Als wenigstens im Jahre 1874 vom preußischen Kultusministerium bei den anderen Ministerien angefragt wurde, wie weit man lateinische Vorbildung für die von ihnen abhängigen Beamten für nöthig hielte, wurde diese, wie Conrad a. a. O. S. 19 berichtet, beansprucht für die Zulassung zu den Staatsprüfungen im Baufach, höheren Forstwesen, im Bergfach, zum höheren Postdienst, für die Offiziere des Heers und der Marine und die Militärintendantur und natürlich auch für Pharmazeuten und der Thierarzneikunde beflissene. Ob die im vorigen Jahre erfolgte Aufhebung der Realgymnasien in Elsaß-Lothringen und ihre Ersetzung durch die lateinlosen Oberrealschulen auf eine Aenderung der Anschauung auch in maßgebenden preußischen Kreisen schließen läßt, muß ich dahin gestellt sein lassen.

Allerdings ist nun durch die starke Vermehrung der Stundenzahl des Lateinischen besonders in den drei Unterklassen des Realgymnasiums und durch die gleichzeitige Verschiebung des Griechischen nach der Tertia und die Ver-

---

[19]) Das Realgymnasium, von C. Dillmann. Stuttgart 1884.

[20]) Conrad 190, über das Alter der Realschulabiturienten.

stärkung des Französischen in der Quinta und Quarta der Gymnasien für die drei Unterklassen der beiden Gattungen der höheren Schulen ein bis auf geringe Verschiedenheiten übereinstimmender Stundenplan gewonnen, auch der Uebergang von der einen Schule in die entsprechende Klasse der anderen noch durch genauere Bestimmungen erleichtert worden. Man wird abzuwarten haben, wie viel von dieser Freiheit, welche die Berufswahl innerhalb der von diesen beiden Schulen aus erreichbaren Ziele sicher in etwas erleichtert, Gebrauch gemacht werden wird, ehe man ihren Werth für die Vereinfachung unseres Schulwesens beurtheilt. Es ist durch sie auch nahe gelegt, in Orten, welche die Errichtung einer vollen höheren Schule nicht ermöglichen können, wenigstens diese drei Unterklassen enthaltende Lateinschulen zu bilden. Doch je mehr sich so die beiden höheren Schulen einander auf der Grundlage des Latein nähern, um so mehr trennen sie sich von den lateinlosen Mittelschulen, und wir werden noch zu untersuchen haben, ob nicht dadurch der einheitliche Aufbau unseres Schulwesens mehr geschädigt als gefördert wird.

Hierzu gilt es zunächst aber noch festzustellen, daß auch die Realgymnasien in fast gleicher Weise wie die Gymnasien an der auffälligen Abnahme der Schülerzahl nach den Oberklassen zu leiden. Während im Sommer 1882 an zusammen 90 Realgymnasien in jeder der drei Unterklassen annähernd 4500 Schüler saßen [21]), fiel die Zahl in jedem Jahrgang der Tertien auf etwa 3500, in jedem der Sekunden auf etwa 2200, in jedem der Primen auf etwa 900 [22]).

Also auch hier genießt über die Hälfte der Schüler das Bruchstück eines Lehrplans, der auf die Erfüllung in seiner Gesammtheit berechnet war, und sie genießt nicht einen Unterricht, der, für die Dauer ihres Schulbesuchs planmäßig gestaltet, ihnen eine für sie heilsamere praktische und allgemeine Bildung geboten hätte. Es sind das also Schäden in unserem Bildungswesen, die weniger in der Organisation unserer Schulen selbst ihren Grund haben, als in der zu großen Bevorzugung gerade der höheren Schulen von Seiten der Eltern. Der Grund dieser Bevorzugung aber und insbesondere der Bevorzugung der Gymnasien liegt zum geringeren Theile gerade in der Werthschätzung des von diesen Schulen gewährten besonderen Bildungsweges, zum hauptsächlicheren Theile liegt er in den diesen Schulen ertheilten B e r e ch t i g u n g e n und in der dadurch für die Eltern oder Schüler gebotenen größeren Freiheit der Berufswahl. Das Gymnasium hat unbeschränkten Umfang der Berechtigungen, daher zu ihm der größte Zudrang, daher das Bestreben so vieler Kommunen gerade Gymnasien zu errichten oder die Regierung zur Errichtung solcher zu bewegen.

Dieses Berechtigungswesen hat sich erst im Laufe dieses Jahrhunderts im Zusammenhang mit der zunehmenden Mannigfaltigkeit unseres Schulwesens entwickelt, wie das kürzlich erst wieder L. Wiese, der lange Zeit im preußischen Schulwesen so einflußreiche Mann, in seinen „pädagogischen Idealen und Protesten" entwickelt und in seinen Folgen beleuchtet hat. Es ist zugleich als eine Folge des engen Verhältnisses, in das die Schule zum Staat getreten ist, anzusehen, daß von Seiten der verschiedensten Behörden an den Besuch bestimmter

---

21) Jahrb. f. d. Stat. d. preuß. Staats V 642.

22) Die doppelten Jahrgänge von Prima bis Tertia sind leider in der amtlichen preuß. Statistik nicht getrennt angegeben. An den 12 sächsischen Realschulen I. O. fiel die Zahl 1880 von 593 Quintanern auf 196 Primaner.

staatlich geleiteter oder doch beaufsichtigter Schulen solche Berechtigungen geknüpft oder vielmehr ihr Besuch für die Erreichung gewisser Vortheile zur Bedingung gemacht wird. Es ist daher aber nicht die Unterrichtsverwaltung selbst, welche für die Entwicklung dieses ganzen Systems von Berechtigungen verantwortlich gemacht werden kann. So weit solche Berechtigungen an den erfolgreichen Abschluß eines vollständigen Schulkursus sich anschließen, stehen ihnen geringere Bedenken gegenüber. Aber es soll hier gerade von einem Vertreter des Gymnasialfachs nicht in Abrede gestellt werden, daß dem Gymnasium auch Berechtigungen zustehen, die mit seiner eigentlichen Aufgabe, zum wissenschaftlichen Studium besonders der Geisteswissenschaften vorzubereiten, wenig zu thun haben. Ich will auch nicht verschweigen, daß von beachtenswerther Seite [23]) darauf hingewiesen worden ist, daß die Vorbildung der Gymnasien für den erfolgreichen Besuch der technischen Hochschulen nicht mehr als ausreichend betrachtet werden könne. Hat doch selbst ein so eifriger Anhänger humanistischer Bildung wie Du Bois Reymond [24]) die Ueberzeugung ausgesprochen, daß die gegenwärtige Gymnasialerziehung keine genügende Vorbildung mehr für das Studium der Medizin biete, weil er u. a. die vom Gymnasium ausgeschlossenen Elemente der analytischen Geometrie für den Mediziner als unentbehrlich ansehe. Nun gehen aber die Ansichten unserer Gymnasialmathematiker darüber aus einander, ob es möglich sei, diese Lehre noch innerhalb der jetzt der Mathematik auf dem Gymnasium eingeräumten und keine Vermehrung zulassenden Stundenzahl den Schülern zu eigen zu machen. Die Freiheit der Berufswahl ist ein so schätzbares Gut, daß die Gymnasien sich derselben für ihre Abiturienten ja wohl freuen können. Aber es kann nicht verkannt werden, daß gerade diese völlig und allein unbeschränkte Berechtigungsfreiheit des Gymnasiums die Hauptursache ist von dem übermäßigen Zudrang zu ihm, unter welchem das Gymnasium selbst doch schließlich wieder nicht minder zu leiden hat, als unser Erwerbsleben, weil ihm die reine Erfüllung seiner Aufgabe dadurch zweifellos stark erschwert wird. Dagegen sind die Berechtigungen dem Realgymnasium in so seltsamer Weise beschränkt, daß seine Abiturienten zwar Naturwissenschaften studiren dürfen und darauf hin zu staatlicher Anstellung berechtigt sind, daß ihnen aber das Studium der Medizin, die doch mit den Naturwissenschaften weit engere Fühlung hat als mit den Geisteswissenschaften, dauernd versagt bleibt. Daß auf der anderen Seite auch für das Studium der neueren Philologie, zu welchem das Realgymnasium jetzt berechtigt, griechische Vorbildung als kaum erläßlich gelten kann, ist oben ausgesprochen und auch von sachkundiger Seite eingehend erwiesen worden [25]). Der neuere Philologe würde die sogenannte Ergänzungsprüfung in den Gymnasialfächern nicht nur um des Griechischen, sondern auch um des Lateinischen willen früher oder später als für sein Studium heilsam anerkennen, während sie der jetzt zu ihr verpflichtete Medizin studirende Realschulabiturient, so weit sie über die Forderung einiger Kenntniß des Griechischen hinausgeht, als eine reine Schikane empfindet, um so mehr, als einige Kenntniß des Griechischen

[23]) Von verschiedenen Bezirksvereinen der Ingenieure Deutschlands. Beilage zum polytechnischen Journal von 1884.

[24]) Kulturgeschichte und Naturwissenschaft. Deutsche Rundschau IV (1877) 241.

[25]) Insbesondere von Körting: Gedanken und Bemerkungen über das Studium der neueren Sprachen auf den deutschen Hochschulen. Heilbronn 1882.

doch für den Naturwissenschaftler nicht minder erwünscht ist, von diesem aber eine solche Ergänzungsprüfung nicht verlangt wird. So viel muß zugestanden werden, daß der jetzige Stand des Berechtigungswesens für die höheren Schulen ein unhaltbarer ist.

Je mehr aber diese Berechtigungen unter das Gesammtziel der Schule herabsteigen und an den einjährigen Besuch der Prima einer der beiden höheren Schulen oder an die Versetzung nach Prima oder Obersekunda oder gar nach Untertertia anknüpfen, um so bedenklicher werden sie und zeigen zum Theil eine wahrscheinlich der Häufigkeit des Angebots entsprechende willkürliche Festsetzung der Grenzen des Schulbesuchs. Warum sollen die höheren Telegraphenbeamten ein Jahr, aber auch nur ein Jahr in Prima gesessen haben, die höheren Postbeamten zwei Jahre? Warum die Zivilsupernumerare bei der Provinzialverwaltung und im Staatseisenbahndienst gerade noch nach Prima versetzt sein? Warum ebenso die Militärintendanturaspiranten, während auch gediente Feldwebel in dieselben Stellungen aufrücken? Warum dürfen wir unsere Zähne den Händen von Menschen anvertrauen, die zwar im Herodot, aber nicht im Sophokles und Platon geblättert haben? Warum genügt zum Zeichenlehrer die Reife schon für Untersekunda, also noch ein Jahr weniger als zur Freiwilligenberechtigung? Ich wünschte mir gerade einen Zeichenlehrer, welcher der höchsten griechischen Bildung nicht ermangelt.

Bei manchen solchen Berechtigungen ist der Grund, weshalb gerade ein bestimmter Grad der Schulbildung vorausgesetzt wird, offen ersichtlich aus der bis dahin erreichten Stufe des mathematischen Unterrichts oder der fremdsprachlichen Kenntnisse, wie denn auch manche Geschäftszweige, wie der Buchhandel, auf ein Maß gerade von Gymnasialbildung Werth legen und dazu Ursache haben. Ueberhaupt aber locken wohl alle diese Berechtigungen, die übrigens dem Gymnasium und Realgymnasium sämmtlich gemeinsam sind, weniger zum Besuch der höheren Schulen, als daß sie denen, die sie nicht weiter besuchen können oder wollen, ein gelegenes Unterkunftsmittel darbieten; und sie rufen so auch keine merklichen Unterschiede in der Schülerzahl der einzelnen Klassen hervor. Wohl aber geschieht das letztere in der auffälligsten Weise durch die Berechtigung zum einjährig-freiwilligen Dienst[26]. In den beiden Sekunden sämmtlicher preußischer Gymnasien saßen im Sommer 1882 13 938 Schüler, in den beiden Primen 8779; in den beiden Sekunden der Realgymnasien 4488, in den Primen 1848. Da nun der Abgang zwischen Obersekunda und Prima stets ein geringer ist, so fällt jener große Abstand in seinem ganz überwiegenden Theile dem Abgang aus Untersekunda zur Last, d. h. dem Abgang nach erlangter Berechtigung zum einjährigen Dienst. An den sämmtlichen sächsischen Gymnasien[27]) betrug im Jahre 1880 der Unterschied zwischen Ober- und Unterprima nur 5 Schüler, zwischen Unterprima und Obersekunda 29, zwischen Unter- und Obersekunda dagegen 125, dagegen zwischen Untersekunda und Obertertia wieder nur 73. An den sächsischen damaligen Realschulen I. O. betrug der Unterschied zwischen dem ersten und zweiten Jahrgang 16, zwischen dem

---

[26]) Jahrb. f. d. Stat. d. preuß. Staats V 642.

[27]) Bericht über den Stand der Unterrichtsanstalten im Königreich Sachsen 1881. S. 12 u. 14.

zweiten und dritten 48, dagegen zwischen dem dritten und vierten, also an der entscheidenden Stelle 171, dann wieder nur 52. Die preußischen Progymnasien und Realprogymnasien sind auch hier noch gar nicht in Rechnung gezogen. Alle diese jungen Leute haben nun bis dahin auf dem Gymnasium drei fremde Sprachen getrieben, darunter zwei todte, auf dem Realgymnasium desgleichen drei fremde Sprachen, darunter allerdings zwei lebende, aber immerhin haben sie es auch in diesen noch zu keiner irgend sicheren Beherrschung der Sprache auch nur für den schriftlichen Gebrauch gebracht. Was sie dafür aber in den anderen Fächern bis dahin mitgemacht haben, ist ganz auf die Fortsetzung in den oberen Klassen berechnet gewesen. Z. B. der Geschichtsunterricht an den sächsischen Gymnasien bietet erst in den drei Unterklassen eine Auswahl von Geschichtsbildern für die drei Hauptperioden: dann folgt von Untertertia ab ein eingehender, auf die Fortsetzung bis Prima berechneter Lehrgang, der in Untersekunda bis zum Mittelalter gelangt ist. Würde man nicht solchen, die mit diesem Jahre die Schulzeit abschließen, gerade in diesen letzten für sie reifsten Schuljahren recht eindringlich deutsche Geschichte bis zur Neuzeit lehren müssen? Mathematische Geographie ist im sächsischen Lehrplan bis zur Oberprima verschoben, um sie den Schülern erst im möglichst reifen und mathematisch vorgeschulten Alter zu bieten; dafür ist gerade in den der Freiwilligenberechtigung vorausgehenden Schuljahren der geographische Unterricht zweimal auf nur eine Stunde wöchentlich zusammengeschrumpft. Der Zeichenunterricht, der abgesehen von seinem allgemein bildenden Werth für nicht wenige Berufsarten, zu denen solche Schüler übergehen, von Wichtigkeit ist, wird allen Schülern auf den preußischen Gymnasien nur in den unteren drei, in Sachsen gar nur in den unteren zwei Klassen ertheilt, wo er mir neben dem Schreibunterricht noch verfrüht erscheint, dann aber der Besuch dem Belieben der einzelnen überlassen. — Am empfindlichsten scheinen mir diese Schüler aber im Unterricht in der Muttersprache geschädigt zu sein. Für Schüler, die mit vollendetem 15. oder 16. Lebensjahr die Schule verlassen sollen, müssen zwei deutsche Unterrichtsstunden als durchaus unzureichend betrachtet werden. Denn je früher man sie ins Leben entläßt, um so reichlichere Uebung in der Darstellung müssen sie gerade in den letzten Jahren genießen, und um so nachhaltiger gilt es ihnen Verständniß und Sinn zu wecken für die Schätze unserer Literatur. Wenn wir z. B. auf den Gymnasien die Wahl haben, ob wir Hermann und Dorothea mit Primanern lesen sollen oder mit Untersekundanern, so ziehen wir natürlich die erste Stufe vor, auf der wir schon den Vergleich mit Homer heranziehen und überhaupt eine bewußte ästhetische Würdigung der Dichtung anzubahnen versuchen können; aber auch 15jährige und 16jährige sind für die Schönheiten des Gedichtes schon empfänglich. Man kann ja von keiner Bildung und so auch von keiner Schulbildung sagen, daß sie abgerundet, abgeschlossen sei; das Beste, was hier erzielt werden kann, ist ja immer die Erkenntniß, wie all unser Wissen nur Stückwerk ist, und der Stachel, der in der Brust bleibt und zum Vorwärtsschreiten antreibt. Aber sollte jene sokratische Erkenntniß gerade dadurch geweckt werden, daß man vom Stückwerk wieder nur unbrauchbares Stückwerk giebt, und sollte dieser Trieb dann entstehen können, wenn man die Hauptkraft der Jugend für Gebiete in Anspruch nimmt, auf denen weiter zu kommen bei der bis dahin erlangten unzulänglichen Grundlage schlechterdings unmöglich ist?

Aber die vom Standpunkte des Erwerbslebens wie der allgemeinen Bildung aus betrachtet gleich mangelhafte Schulbildung dieser Tausende von jungen Leuten, die alljährlich nach erlangter Freiwilligenberechtigung die höheren Schulen, besonders die Gymnasien verlassen, ist nicht die einzige gefährliche Folge dieser Berechtigung; schädlicher noch für unser Erwerbsleben ist, daß die Berufswahl dieser Jünglinge dadurch entschieden in ungünstiger Weise beeinflußt wird. Sie haben eine höhere Schule besucht, deren Bildung immerhin auch als Bruchstück noch als vornehm gilt und aus der auch die Höchstgebildeten hervorgehen: sie suchen daher auch einen Beruf, der als einigermaßen respektabel gelten kann, und als solche gelten ja in unserem nach meiner Erfahrung mehr als irgend ein Nachbarvolk auf Titel und Würden Werth legenden Volke in erster Linie die unproduktiven Lebensstellungen. Ihr Gedankenkreis ist ja auch durch ihre Schulbildung den Güter erzeugenden Erwerbsarten fast völlig entfremdet worden. Man will auch nicht, wie treffend ausgesprochen worden ist, einige Jahre über die allgemeine Schulpflicht hinaus auf der Schulbank gesessen und mehrere fremde Sprachen getrieben haben, um später im Schurzfell vor dem Schraubstock oder der Hobelbank zu stehen [28]). Nicht wenige dieser Schüler entschließen sich aber auch, obgleich dies bis dahin weder in ihrem noch in ihrer Eltern Wunsch lag, erst jetzt zum Studium, weil sie nun einmal so weit auf dem Gymnasium vorgerückt und über die Berufswahl thatsächlich in Verlegenheit sind. Für die Schüler kostet es ja auch sicher den geringsten Entschluß, mit den bisherigen Schulkameraden zusammen nun auch noch zu höheren Zielen aufzusteigen.

Nun ist es allerdings leichter, diese Schäden zu erkennen, wie sie denn auch in der letzten Zeit mit steigender Bestimmtheit erkannt worden sind, als Abhilfe vorzuschlagen. Eine Forderung scheint sich doch aber aus dem Entwickelten mit voller Bestimmtheit zu ergeben, daß das Knüpfen der Berechtigung zum einjährigen Dienst an die Zurücklegung von nur zwei Dritteln des Lehrgangs der höheren Schulen zu beseitigen und dafür die Vollendung des Lehrgangs sei es einer höheren, sei es einer mittleren Schule gefordert werden muß. Doch diese Maßregel könnte allein geringen oder vielleicht eher den entgegengesetzten Erfolg haben, daß noch mehr die höheren Schulen bis zum Ende besuchen und dann die Ueberzahl der Studirenden vermehren würden. Es würde daneben den höheren Schulen einmal die Pflicht erwachsen, so lange der überwiegende Andrang zu ihnen fortdauern sollte, in den unteren Klassen, die Gymnasien vor allem vor Beginn des Griechischen [29]), eine strengere Ausscheidung der zur Fortsetzung des Schulkursus wenig geeigneten Elemente vorzunehmen, um den Uebergang derselben zur Mittelschule zu einer Zeit zu veranlassen, wo er noch mit geringerem Zeitverluste sich bewerkstelligen läßt. Weit wichtiger aber ist die andere Forderung, daß Mittelschulen, die ungefähr mit dem 16. Lebensjahre

---

[28]) Bücher, Die Arbeiterfrage im Kaufmannsstande. 1883. S. 24 (bei Conrad a. a. O. S. 213).

[29]) Die Erfahrungen z. B. unserer sächsischen erst mit Tertia beginnenden Fürstenschulen zeigen, was ja überhaupt kaum eines Beleges bedarf, daß eine strenge Aufnahmeprüfung nach Tertia eine erheblich größere Sicherheit für die Befähigung des Schülers zur Vollendung des Gymnasialkursus giebt, als die Aufnahmeprüfung nach Sexta.

abschließend nicht mehr Lehrfächer anfangen, als bis zu dieser Altersstufe ersprießlich getrieben werden können, in größerer Anzahl über das Land verbreitet werden müßten. Professor Conrad (a. a. O. 221 f.) hat mit Recht darauf aufmerksam gemacht, daß die Hälfte sämmtlicher preußischer Gymnasien, insbesondere in den alten Provinzen, die alleinige über die Volksschule hinausgehende höhere, also zum einjährigen Dienst berechtigende Schule am Orte sind. Da zweifellos viele Eltern eine höhere oder mittlere Schule ganz unbekümmert um ihren Lehrplan nur deshalb für ihre Kinder wählen, weil sie die ihnen am nächsten liegende ist — eine Erscheinung, die sich innerhalb der großen Städte noch einmal in engerem Kreise wiederholt —, und da eben die Gymnasien allein unbeschränkte Berechtigungsfreiheit genießen, so liegt es auf der Hand, wie durch die bestehenden Verhältnisse zu der Aneignung jener gelehrten Halbbildung geradezu herausgefordert wird. So erklärt es sich ja auch, daß von den sämmtlichen Schülern höherer Lehranstalten in Preußen $^4/_5$ den beiden höheren, $^3/_5$ den Gymnasien, nur $^1/_5$ den mittleren Schulen, zu denen hier sogar noch Progymnasien und Realprogymnasien gerechnet sind, angehören. Als eigentliche Mittelschulen ohne Latein mit der Freiwilligenberechtigung gab es im preußischen Staate 1882 nur die 19 höheren Bürgerschulen mit 4514 Schülern (ohne die Vorschüler); schon die 16 Realschulen mit 4161 Schülern gehen über das Ziel der letzteren um ein Jahr hinaus. Das wirksamste Hinderniß für die Ausbreitung gerade der nach zusammen 9jährigem Schulbesuch mit dem 15. oder 16. Lebensjahre abschließenden höheren Bürgerschulen liegt in der schon hinreichend hervorgehobenen zu bequemen Konkurrenz der höheren Schulen, in erster Linie der Gymnasien. Aber auch der Lehrplan dieser Schulen leidet bis jetzt unter dem Drucke der Berechtigungsanforderungen gerade für den einjährigen Dienst. Denn diese Berechtigung, mag sie nun bei den besonderen Prüfungskommissionen oder mag sie durch Schulbesuch erworben werden, wird bis jetzt von der Reichsschulkommission ausnahmslos nur für den Betrieb von zwei fremden Sprachen ertheilt, mögen es nun todte oder lebende sein. Nun ist nicht unwahrscheinlich, daß eine Anzahl dieser Schulen eine zweite Sprache, also meist neben dem Französischen noch das Englische, auch unabhängig von jenem Drucke aufnehmen würde, besonders wo diese Schulen in erster Linie einer Handel treibenden Bevölkerung dienen sollen. Bei anderen Schulen dieser Art steht es aber fest, daß die Aufnahme einer zweiten Sprache nur erfolgt ist, um eben jener Bestimmung zu genügen, und Plänen zur Errichtung solcher Mittelschulen mit 6jährigem Betrieb allein des Französischen, wie sie bekanntlich in Berlin durch den Stadtschulrath Dr. Hofmann vorgeschlagen waren, ist, so viel bekannt geworden, allein aus diesem Grunde die Berechtigung zum einjährigen Dienst nicht in Aussicht gestellt worden. Die Aufnahme einer zweiten fremden Sprache in den Lehrplan dieser Schulen, wenn auch nur für die drei oberen Klassen, führt aber sofort zu einer Einschränkung nicht nur der ersten Sprache, sondern auch anderer praktisch und allgemein wichtigerer Lehrfächer, zumal des Deutschen.

Was hat nun das Wesen der Berechtigung zum einjährig-freiwilligen Dienst zu thun mit dieser auf der Entwicklung unseres Mittelschulwesens drückend lastenden Bestimmung? Die Gewährung des Vorrechts nur einjährigen Dienstes ist wie die allgemeine Wehrpflicht selbst eine Frucht der Befreiungskriege, denn dasselbe Gesetz vom 3. Sept. 1814, welches die allgemeine Wehrpflicht zu einem Eckpfeiler des preußischen Staates schuf, gewährte auch den nach den früheren Wehrverfassungen ganz befreiten wohlhabenderen und gebildeteren Klassen die Vergünstigung des nur einjährigen Dienstes. Und wie wir die allgemeine Wehrpflicht als die unauslöschbare Nachwirkung der wirklich allgemeinen kriegerischen Anspannung der Befreiungskriege anzusehen haben, so verdankt auch der Dienststand der Einjährig-Freiwilligen sein Vorbild den edlen Jünglingen der gebildeten Stände, die voll Feuer und Opfermuth am Befreiungskriege einen so außerordentlichen Antheil hatten. Die Vergünstigung des nur einjährigen Dienstes wurde einmal dadurch gerechtfertigt, daß diejenigen, für die das Herausreißen aus ihrem Bildungsgang oder ihrer Berufsthätigkeit sicher empfindlicher und mit größeren Opfern verbunden war, deren Zeit mit einem Worte als kostbarer gelten mußte, für die frühzeitigere Zurückgabe an diese Berufsthätigkeit auch als Entschädigung eine entsprechende Steuer zu entrichten hätten, indem sie für ihre Ausrüstung und Erhaltung während der Dienstzeit nicht dem Staatssäckel zur Last fielen. Ferner aber sollte, wer auf diese Vergünstigung Anspruch mache, den Nachweis führen können, daß er seine günstigeren Lebensverhältnisse auch dazu benutzt habe, sich eine Bildung zu erwerben, die zu dem Vertrauen berechtige, daß er durch sie gleichsam in seiner geistigen Leistungsfähigkeit gehoben auch den Anforderungen des militärischen Dienstes leichter und besser gerecht werden könne. Von diesen beiden Voraussetzungen hat sich die erstere mit seltenen Ausnahmen erfüllt: wer die Mittel hatte, sich eine höhere Schulbildung anzueignen, ist auch mit verschwindenden Ausnahmen, für die ja auch das Gesetz eine Erleichterung zuläßt, im stande gewesen, sich während eines Dienstjahres aus eigenen Mitteln auszurüsten und zu verpflegen. Die zweite Voraussetzung, daß die gründlichere und weiter geführte Schulbildung auch eine Art von Gewähr dafür geben würde, daß der Einjährig-Freiwillige in um so kürzerer Zeit zu einem geschickten Soldaten zu erziehen sei, hat sich allerdings weniger ausnahmslos bewährt — zumal wenn man das Friedensdienstjahr allein zum Maßstab der Tüchtigkeit nimmt. Aber auch hier muß die in immer weiterem Umfang vollzogene Ergänzung der Offiziere des Kriegsstandes der Armee aus den Einjährig-Freiwilligen, also eine über die zunächst gleichsam ausbedungene Vergünstigung hinausgehende Anerkennung, als eine Bewährung des zu Grunde liegenden Prinzips gelten. Vor allem aber haben die großen Kriege der sechziger und siebziger Jahre auch diese Einrichtung unserer Heeresverfassung die Feuertaufe bestehen lassen. Denn wenn auch die sonst so treffliche Kriegsstatistik sich hierauf nicht erstreckt hat, so wird doch jeder, der mit im Felde stand, es mir bestätigen können, daß gerade von den Einjährig-Freiwilligen eine den Verlustsätzen der übrigen Mannschaften gegenüber besonders große Zahl ihre Pflicht mit Wunden und Tod besiegelt hat; und das ist kein Zufall, daß es gerade die besten waren, die der Tod aus unseren Reihen herausgefunden hat. Hier stehen wir aber bei dem entscheidenden Punkte in dieser Frage, daß mehr noch als alle Kenntniß und Fertigkeit im Dienst es die moralische Zuverlässigkeit ist, die den Werth des Soldaten ausmacht, und daß diese, die Hingebung und Opferwilligkeit vor allem, welche der Friedensdienst nicht prüfen und kaum schulen kann, man als die Frucht einer gediegeneren und gereifteren Bildung mit Recht glaubt erwarten zu können. Man würde ja, wenn wirklich die Friedensdienstzeit den Prüfstein der entscheidendsten kriegerischen Eigenschaft abgeben könnte, die Entscheidung über die Vergünstigung nur einjährigen Dienstes dem Heere selbst überlassen müssen; daß man es nicht gethan hat, ist sicher ein Anerkenntniß der wirksamen moralischen Kraft wahrer Bildung. Und welche Bildung, welcher Bildungsnachweis giebt hierfür die beste Gewähr? Sicher nicht eine in den sogenannten Pressen, meist Schnellpressen, rasch zusammengeraffte Menge von Kenntnissen, wie sie von den besonderen Prüfungskommissionen für die Einjährigenberechtigung — ich will nicht sagen weniger leicht erkannt und somit herausgefordert wird, aber doch besonders häufig konstatirt werden muß. Eine gründliche Schulbildung muß hierfür als der sicherste Weg bezeichnet werden; denn hier finden wir außer der stufenweise fortschreitenden Schulung der geistigen und, was nicht gering anzuschlagen ist, leiblichen Kräfte, auch die Gewöhnung an Zucht und Ordnung, und hier kann, wenn irgendwo außer dem Hause und der Kirche, auf Pflichtgefühl und ideale Gesinnung nachhaltig gewirkt werden. Und welche Bedingungen stellen wir hierfür der Schule? Einmal, daß sie die Ausbildung nicht vor vollendetem 15. Jahre, am besten erst gegen Vollendung des 16. Jahres schließe. Denn weder darf die Zwischenzeit zwischen der Schule und dem Heeresdienst eine zu große, noch der Unterschied gegenüber der allgemeinen Schulpflicht ein zu geringer sein, und gerade die der allgemeinen Schulpflicht folgenden Jahre erweisen sich als besonders bildsam. Daß der Unterricht in den Hauptfächern in den Händen akademisch gebildeter Männer sei, ist eine Forderung, die, wie die eben angegebene Altersgrenze, nicht über das hinausgeht, was auch jetzt schon von den sogenannten berechtigten Schulen verlangt wird. Schließlich darf die Schule nicht so sehr Fachschule sein, daß die allgemeinen Unterrichtsfächer, sei es in der Stundenzahl, sei es in der Werthschätzung, zu sehr beengt würden[30]). Daß hierzu auch Schulung durch eine fremde Sprache unerläßlich sei, ist von vornherein zugestanden worden, und so decken sich die Anforderungen, die wir jetzt einmal vom Standpunkt dieser Militärberechtigung aus an Mittelschulen gestellt haben, durchaus mit denen, welche vom Standpunkt des Erziehers und der Bedürfnisse des Erwerbslebens aus für sie gestellt worden sind. Es ist durchaus nicht ersichtlich, weshalb man gerade von dem Betrieb der Anfangsgründe einer zweiten Sprache diese Berechtigung abhängig machen zu müssen glaubt. Man vermuthet, daß die Rücksicht auf die Ergänzung der Offiziere des Beurlaubtenstandes hauptsächlich hierfür maßgebend gewesen sei. Aber schon jetzt wird ja doch für die Offiziere des stehenden Heeres sei es durch das den Realgymnasien entsprechende Lehrziel der Kadettenanstalt, sei es durch die Forderung der Entlassungsprüfung eines Gymnasiums oder Realgymnasiums oder die entsprechenden Anforderungen der Fähnrichsprüfung eine um drei Schuljahre über die Anforderungen der Freiwilligenberechtigung hinausgehende Bildung verlangt. Hieran wird durch die Ertheilung der Berechtigung auch an nur eine fremde Sprache treibende Mittelschulen nichts, sicher nichts zu Ungunsten des wirklichen Bildungsstandes der Einjährigen geändert. Aber überhaupt werden ja hier zwei ver-

[30]) Ich kann deshalb auch der von beachtenswerther Seite gewünschten häufigeren Anwendung des § 89, 6b der Deutschen Wehrordnung, wonach „kunstverständige oder mechanische Arbeiter, welche in der Art ihrer Thätigkeit Hervorragendes leisten", vom Nachweis der wissenschaftlichen Befähigung entbunden werden dürfen, nicht das Wort reden.

schiedene Berechtigungen durch einander geworfen, wenn von einer Bildung, die gesetzlich nur ausreichen soll, in einem Jahre einen dienstkundigen und zuverlässigen Soldaten auszubilden, zugleich auch verlangt wird, daß sie die Grundlage der Ausbildung zu einem würdigen Mitgliede des Offizierstandes abgebe. Wenn man bisher aus der Zahl der Einjährig-Freiwilligen diejenigen entweder während der Dienstzeit oder nach derselben herausgefunden hat, welche sowohl durch Eifer und Fortschritte im Dienst wie durch Erlangung einer sicheren, nicht zu untergeordneten bürgerlichen Lebensstellung eine Probe von dem Werth ihrer Persönlichkeit gegeben hatten, so wird daran dadurch nichts geändert, daß die Berechtigung, die bisher zumeist für die in mehrfacher Hinsicht unzulängliche gelehrte Halbbildung ertheilt wurde, auf eine gründliche Mittelschulbildung übertragen wird. Die Freiwilligenschnüre werden deshalb nicht mehr als bisher Anspruch darauf haben, sich in die Offiziersepauletten zu verwandeln.

Doch ich bin einer Hauptschwierigkeit für die Entwicklung dieser Mittelschule bisher noch aus dem Wege gegangen, daß sie nämlich nicht einmal in den unteren Klassen gemeinsamen Lehrplan mit den gleichaltrigen der höheren Schulen hat und so weder die sich in ihr besonders auszeichnenden leicht zur höheren Schule übertreten lassen, noch die in der letzteren sich nicht bewährenden leicht ihrerseits aufnehmen kann. Denn daß ein allseitig befriedigender Aufbau unseres höheren Schulwesens diesen Bedingungen genügen müsse, muß zugestanden werden. Latein wird man allerdings der Mittelschule, selbst wenn man ihr, wie jetzt den höheren Bürgerschulen, zwei Sprachen auferlegt, schwerlich zumuthen können. Doch ist ja von vorragenden Realschulmännern[31]) der Gedanke mehrfach vertreten worden, daß die höheren Schulen oder wenigstens das Realgymnasium das Lateinische nicht mit den unteren Klassen beginnen, sondern erst nach allgemeiner grammatischer Schulung durch das Französische eintreten lassen sollten. Wenn dem auch fest eingewurzelte Anschauungen entgegenstehen, so muß es doch für das Realgymnasium, bei dem ja das Latein doch nicht die führende Stelle einnimmt, als des Versuches durchaus werth empfohlen werden, und es würde sich so wenigstens für diese höhere Schule ein gemeinsamer Unterbau mit der Mittelschule gewinnen lassen, was meines Erachtens ein größerer Gewinn sein würde, als ihn vermuthlich die jetzige Gemeinschaft des Unterbaus von Realgymnasien und Gymnasien bringen wird. Dann brauchten ja nur noch die Gymnasien zu folgen, und wir hätten so jenen Gesammtaufbau unseres ganzen Schulwesens, der ja allerdings nicht der von der Volksschule zur Hochschule einheitlich stufenweise aufsteigenden Pyramide gleichen würde, aber doch mit seiner gymnasialen und realen Spitze den mächtigen Domen, die aus gemeinsamem Unterbau zwei stolze Thürme in die Lüfte ragen lassen.

Andere hingegen werden einen solchen Bau in das Gebiet der Luftschlösser verweisen, und ich selbst gestehe ehrlich, daß mir die Erfahrung und folglich die Zuversicht fehlt, um in dieses Gebiet den Flug zu wagen. Aber ich denke auch, daß die Beantwortung der uns für heute gestellten Frage, welche Einwirkung die Organisation unserer höheren und mittleren Schulen auf das soziale Leben

---

[31]) Vgl. Ostendorf: Mit welcher Sprache beginnt zweckmäßiger Weise der fremdsprachliche Unterricht? Düsseldorf 1873. Kottenhahn: Das Realgymnasium sollte das Latein erst in Obersekunda beginnen. Bernburg 1883.

und die Erwerbsthätigkeit der Nation ausübe, nicht zu gleicher Zeit die Verpflichtung auferlegt, ein Universalheilmittel für die bloßgelegten Schäden zu finden. Meine Absicht ging daher nur dahin, einige feste Punkte zu bezeichnen, an denen eine Reform einsetzen könnte, ohne alles Bestehende, fest Eingelebte über den Haufen zu werfen, und zugleich solche Punkte, bei deren Besprechung ich auf Grund eigner Erfahrung meine feste Ueberzeugung einzusetzen in der Lage war.

Es erübrigt, die Ergebnisse meiner Ausführungen, so weit sie als Antwort auf die uns gestellte Frage gelten können, zusammenzufassen.

1. Für unser soziales Leben ist aus der Spaltung unseres höheren Unterrichtswesens in die klassisch humanistische und die modern reale Bildung keine Gefahr entstanden noch zu fürchten, sondern eher, die Erziehung zu gegenseitigem Verständniß vorausgesetzt, eine fruchtbare Anregung zu erwarten.

2. Für unser Erwerbsleben ist die Organisation unseres höheren und mittleren Schulwesens an sich nur in so weit ein Hemmniß, als unter dem Druck der Anforderungen für die Berechtigung zum einjährigen Dienst die Entwicklung von Mittelschulen mit dem Betrieb nur einer fremden Sprache verhindert ist.

3. Ueberhaupt sind es die an den Schulbesuch angeknüpften Berechtigungen, welche unserem Erwerbsleben schädliche Folgen aus der Organisation unseres Schulwesens entstehen lassen.

4. Das in seinen Berechtigungen allein unbeschränkte Gymnasium ist eben dadurch zu der bei weitem verbreitetsten und überwiegend nur bis zu den mittleren Klassen besuchten höheren Schule geworden, während sein Bildungsgang nur vollendet wirklich fruchtbar werden und als unerläßliche Vorbedingung nur für das Studium der Geisteswissenschaften gelten kann.

5. Die gegenwärtige Abgrenzung der Berechtigungen zwischen Gymnasium und Realgymnasium muß als eine unhaltbare bezeichnet werden.

6. Das Knüpfen von Berechtigungen, insbesondere derjenigen zum einjährigen Dienst, an die Zurücklegung nur eines Theiles des Lehrgangs der höheren Schulen und überhaupt der überwiegende Besuch der höheren Schulen nur bis zu den mittleren Klassen bewirkt, daß viele mit einer für die Bedürfnisse unseres Erwerbslebens unzureichenden, aber immerhin Ansprüche auf eine höhere Berufsart erweckenden gelehrten Halbbildung in das Leben treten.

7. Die Berechtigung zum einjährigen Dienst ist deshalb nur an die Vollendung des Lehrgangs einer höheren oder Mittelschule zu knüpfen.

8. Es ist zu erstreben, daß die höheren Schulen, insbesondere die Gymnasien, nicht die einzigen über das Ziel der Volksschule hinausgehenden, zum einjährigen Dienst berechtigenden Schulen am Orte sind.

9. Mittelschulen mit dem Betrieb einer, höchstens zweier fremden Sprachen, mit durchschnittlichem Abschluß im 16. Lebensjahr und mit der Berechtigung zum einjährigen Dienst müssen als die für unser Erwerbsleben ersprießlichste Form der über das Ziel der Volksschule hinausgehenden Schule bezeichnet werden. —

Ich bin des Vorwurfs gewärtig, meine Herren, daß ich zu sehr als Schulmeister hier gesprochen, daß ich nicht einmal versucht habe, meinen Ausführungen ein volkswirthschaftliches oder sozialpolitisches Mäntelchen umzuhängen, es sei denn, daß ich einmal von Güter erzeugenden und Güter vermittelnden Erwerbsarten gesprochen habe. Doch meine Ueberzeugung, daß das Erwerbsleben um seines eigenen Besten willen nicht ernstlich Anforderungen an die Schule stellen kann, welche sich mit dem Wesen der Jugendbildung an sich nicht vertragen, ist eine so fest begründete, daß ich glaubte, auch von meinem einseitigen Standpunkte aus dieser Frage näher treten zu dürfen[32]).

---

[32]) Es würde sich der Mühe verlohnen, den Einfluß der Berechtigung zum einjährigen Dienst auf den Besuch der höheren Schulen Deutschlands in umfassenderer Weise darzulegen, als es in vorstehendem Referat auf Grund nur der preußischen und sächsischen Zahlen je eines Jahres geschehen konnte. Dabei wäre u. a. darauf ein Augenmerk zu richten, wie weit solche Anstalten und insbesondere solche Gymnasien, die nicht die einzige höhere „berechtigte" Schule am Orte sind, hierin günstigere Verhältnisse aufweisen. Auch die Privatschulen dürften dabei nicht ganz außer Acht gelassen werden, denn da die „berechtigten" Privatschulen wohl fast sämmtlich mit Erlangung der Berechtigung ihren Abschluß finden, so erfährt die Zahl der unter den öffentlichen Schulen Norddeutschlands so auffallend schwach vertretenen Mittelschulen durch sie eine beträchtliche Vermehrung. Auch Untersuchungen über die Ortsangehörigkeit der Schüler, wie sie nach den in der Debatte dieser Verhandlung vom Geh. Rath Thiel gemachten Mittheilungen für die preußischen landwirthschaftlichen Schulen zu einem so bemerkenswerthen Ergebniß geführt haben, würden in weiterem Umfange erwünscht sein. Auch Nachweisungen über die Berufsarten, denen sich die nach erlangter Berechtigung abgehenden Schüler zuwenden, fehlen bisher meines Wissens noch, desgleichen Zusammenstellungen über den Stand der Eltern, welche ihre Söhne den höheren Schulen zuführen. Es würden bei letzterer Arbeit wieder diejenigen, deren Söhne die Schulen bis zu ihrem Abschluß besuchen, von denjenigen zu trennen sein, welche sie nur den unteren Klassen zuführen. Für die Kenntniß des Standes der Eltern der Studirenden findet sich bei Conrad a. a. O. einiges Material verwerthet. Vgl. auch daselbst S. 223.

(Die Diskussion wird eröffnet.)

Landtagsabgeordneter Seyffardt (Krefeld): Meine Herren! Ich bin in der für einen Redner sehr angenehmen Lage, mein Einverständniß mit der Grundtendenz der beiden Herren Referenten, wie mit den meisten ihrer Ausführungen aussprechen zu können. Ich habe mich zum Wort gemeldet, als der erste Herr Referent mir bedenklich scheinende Aeußerungen that, denen ich zu erwidern beabsichtigte, und ich war sehr erfreut, daß gerade diese Dinge von dem zweiten Herrn Referenten widerlegt und in das richtige Licht gestellt wurden. Ich hätte daher wohl auf das Wort verzichten können, wenn ich nicht der Ansicht wäre, daß es doch wohl erwünscht sei, daß aus dem Kreise der Hörer solcher interessanten und wahrhaft erschöpfenden Referate eine Meinungsäußerung erginge über die Art und Weise, wie die Herren ihr Thema behandelt haben, und vor allem über diejenigen Ausführungen, von denen wir im praktischen Leben irgend eine Hoffnung haben können, daß sie in nicht zu ferner Zukunft zur Verwirklichung gelangen können. Denn, meine Herren, die Aussichten des ersten Herrn Referenten, daß wir auf unsere Einjährigfreiwilligenordnung einwirken möchten und daß erst da reformirt werden müßte, ehe unser Schulwesen in die richtige Bahn gebracht werden könnte, — diese Hoffnungen sind doch gar sehr Zukunftsmusik. Ich werde mir daher gestatten, wesentlich auf die Frage zurückzukommen, von der ich glaube, daß auch heute eine Reform recht wohl möglich ist: das ist die Frage wegen der Begründung der Mittelschulen. Der erste Herr Referent hat gesagt, daß die Einwirkung der Schule auf das soziale Leben und ihre Einflüsse auf das Erwerbsleben sich gegenseitig so bedingten, daß man sie nicht trennen könne. Ich glaube doch, daß man besser thut, sie zu trennen, und ich möchte die These aufstellen: daß die Einwirkung unserer Schulorganisation auf die soziale Entwicklung unserer Nation überwiegend günstig, daß trotz aller Schattenseiten die Lichtseite überwiegend gewesen ist und wir uns derselben freuen dürfen, und daß umgekehrt die Einwirkung dieser Organisation auf eine gedeihliche und fortschreitende Entwicklung der Erwerbsthätigkeit unserer Nation weit hinter den Wünschen und Anforderungen zurückgeblieben ist, die man zu stellen berechtigt ist.

Es ist so viel von dem Berechtigungswesen gesprochen worden, das so oft in Besprechung der Schulfragen angefeindet und dessen Beseitigung so mannigfach angerathen wird. Ich habe mich gefreut, daß die Herren Referenten dieser Anschauung nicht Raum geben. Ich glaube mit ihnen, daß der eigentlich springende Punkt darin liegt, daß die Berechtigungen in Zukunft ausnahmslos von einem abzulegenden Examen abhängig gemacht und nicht länger durch andere Berechtigungen, die in bestimmten Klassen einfach zu ersitzen sind, durchkreuzt werden. Daß trotz des bisherigen Berechtigungswesen unsere Schule so großes geleistet hat, das liegt daran, daß sie immer nach allgemeiner Bildung gestrebt hat und daß sämmtliche Schulordnungen dem gleichen Ziele in dieser Beziehung zugewandt waren; und ich darf hinzufügen, das Resultat ist auch ein solches, daß wir wirklich damit zufrieden sein können. Wer häufig im Ausland gewesen ist und da erfahren hat, wie viel geringer die Bildung in jeder Berufsart dort ist gegenüber der allgemeinen Bildung des betreffenden Berufsstandes in Deutschland, der, meine ich, darf mit Stolz auf solche Resultate hinblicken. Was wir auch thun mögen, in welcher Richtung wir auch reformiren mögen, — es darf niemals geschehen auf Kosten der glücklichen Errungenschaft, daß alle mittleren und höheren Schulen in erster Linie eine allgemeine Bildung anstreben.

Wo viel Licht ist, da ist auch viel Schatten, und diese Schattenseite liegt wesentlich darin, daß unser höheres Schulwesen dem Bedürfniß gegenüber seit 10 Jahren und länger in eine Sackgasse gerathen ist. Auf allen Gebieten menschlicher Thätigkeit, in der Wissenschaft, in der Kunst, in der Industrie hat sich das System der Theilung der Arbeit vollzogen; nur die Schule will nicht folgen. In ihr soll sich eines für alle schicken. Es soll nach der Meinung der heute maßgebendsten Leute in einer einzigen Schulart die Vorbildung der Nation dauernd ihren Mittelpunkt finden: in dem Gymnasium. Ich bin sehr erfreut gewesen, daß der zweite Herr Referent diesen Umstand hervorgehoben hat als den Krebsschaden unserer Entwicklung. Alle Dezennien, so weit meine Erinnerung reicht, wird ein ernster Anlauf gemacht, um das Monopol der Gymnasien zu brechen: in den dreißiger Jahren zu Gunsten der höheren Bürgerschulen, in den vierziger Jahren der Gewerbeschulen, in den fünfziger Jahren der neunklassigen Realschulen. Einen gewissen Erfolg haben alle diese Versuche gehabt, aber keinen durchschlagenden. Die höheren Bürgerschulen sind nahezu verschwunden, die Gewerbeschulen andern Zwecken dienstbar gemacht worden. Der neunklassigen Realschule will man neuerdings ans Leben. Es soll immer mehr dahin kommen, daß das Gymnasium nicht nur die Bildungsstätte wird für den Theologen und den Juristen, sondern auch für den Naturwissenschaftler und Mediziner, ja sogar für den Kaufmann und Industriellen. Ich glaube, daß das wirklich in hohem Grade zu beklagen ist. Es ist in keiner Weise Böswilligkeit, gehen wir aber der Sache auf den Grund, so liegt es daran, daß unser deutscher Beamtenstand, der einen wohlverdienten Einfluß auf die öffentlichen Dinge hat, die Anzweiflung der Berechtigung einer Einheitsschule kaum ernsthaft diskutiren will, und doch ist nach meiner Ansicht die Quintessenz der Schwierigkeiten, die sich der glücklichen Entwicklung entgegenstellen, der Umstand, daß durch das Monopol des Gymnasiums die sachliche Behandlung der Frage bezüglich des höheren Unterrichts förmlich unmöglich gemacht wird. Ich will Ihnen das an einigen Beispielen illustriren. Die staatlichen Baubeamten wollen als Vorbereitung für ihren Stand von den Oberrealschulen nichts wissen; wer die Schriften, die über diese Frage geschrieben sind, auch nur halbwegs gelesen hat, wird gefunden haben, daß nur die Befürchtung, die Kaste zu verlieren, zu Grunde gelegen hat. Und wer auch nur oberflächlich den Verhandlungen gefolgt ist, die in dem Deutschen Aerztevereinsbunde stattgefunden haben über die Frage, ob die Aerzte auch auf Realgymnasien gebildet werden können, der wird auch hier als entscheidendes Moment der Befürchtung, durch die Vorbildung auf einem Realgymnasium an Achtung als Stand zu verlieren, begegnet sein.

In schlimmster Weise zeigen sich die Schattenseiten, die unserer Organisation ankleben, in der Vorbildung zum wirthschaftlichen Leben. Es kommen noch am besten diejenigen weg, die, sei es durch die soziale Stellung ihrer Eltern oder durch eigene Strebsamkeit, sich zu einer höheren kaufmännischen oder industriellen Thätigkeit berufen glauben; diese haben zwischen 2, in dem Fall für sie ganz geeigneten Schulen zu wählen, wenn sie zum Abiturientenexamen durchdringen, dem Gymnasium und dem Realgymnasium. Indeß möchte ich doch jedem Vater abrathen, der seinen Sohn für die wirthschaftlichen Fächer bestimmt, ihn auf das Gymnasium zu schicken. Es ist von einem Herrn Redner schon darauf hingewiesen worden, wie sich der Schüler auf dieser Anstalt in einer Sphäre bewegt, in der die wirthschaftlichen Fächer eigentlich als mehr untergeordnete Kreise menschlicher Thätigkeit betrachtet werden. In Folge dessen wird sehr selten ein solcher junger Mann nachher dem wirthschaftlichen Leben treu bleiben, vielmehr recht häufig die Ueberproduktion an akademisch gebildeten verstärken helfen, es sei denn, daß er als Sohn eines vermögenden Kaufmanns oder Industriellen in ein gemachtes Bett hineinkommt, das ihm die denkbar bequemste Zukunft zu sichern scheint. Es bleibt also solchen Leuten, die das wirthschaftliche Leben in seinen höheren Gestaltungen sich zum Berufe erwählen, nur das Realgymnasium übrig, und gerade dieses ist neuerdings so vielen Angriffen von den verschiedensten Seiten ausgesetzt gewesen, daß es wohl der Mühe verlohnt, für dasselbe ein Wort einzulegen. Ich will nicht die ideelle Bedeutung des Realgymnasiums hervorkehren, denn zu meiner Freude hat der klassische Philologe, dem wir das zweite Referat verdanken, dieser Seite Gerechtigkeit widerfahren lassen. Ich will nur sagen, wenn man den wirklich tüchtigen Kräften im wirthschaftlichen Leben Hilfe gewähren will auch auf dem Gebiete der Schule und auf deren eigenes Urtheil irgend welchen Werth legt, dann müsse es der allerletzte Schritt sein, die Realgymnasien zu befehden. Meine Herren, am schlimmsten kommt aber bei der gegenwärtigen Organisation die Kategorie junger, sich der Erwerbsthätigkeit widmender junger Leute weg, von welcher die beiden Herren Referenten gesprochen haben, die Kategorie, die nicht länger als 6 Jahre, manchmal nur 2—3 Jahre eine höhere Schule besuchen kann und die nun neuerdings, seit es keine höheren Bürgerschulen mehr giebt, sich auf die unteren und mittleren Klassen der Gymnasien und Realgymnasien angewiesen sieht. Es ist wirklich ein wahrer Jammer, wenn man das Wissen eines solchen jungen Mannes kritisirt, der eine Untersekunda verläßt; er glaubt allerdings ein halber Gelehrter zu sein und hält deshalb im wirthschaftlichen Leben nur die besseren Stellen für seiner Würde entsprechend. aber das, was er nachher leistet, entspricht manchmal nicht den bescheidensten Anforderungen.

Noch ärger ist es bei denjenigen Schülern, die von der Quinta oder Quarta abgehen; auch die halten sich alle zu gut für das Handwerk und quälen sich nun ihr ganzes Leben lang in irgend einer kleinen Stellung des Subalterndienstes oder des Wirthschaftslebens.

Meine Herren, wie ist nun da Wandel zu schaffen? Die Schwierigkeiten haben die Herren Referenten schon angedeutet. Es wird nicht eher Wandel geschafft werden, als bis der weitverbreiteten Erkenntniß, daß der Idealismus, der zu allem Edeln anfeuert, ebenso wie der Realismus, der zum wirthschaftlichen Fortkommen befähigt, auf der Basis einer Bildung von bescheidenem Umfange, die aber in sich abgeschlossen ist, viel besser gedeihen, als auf einer halbfertigen Vorbereitung zu den höheren Stufen des Wissens, endlich auch die entsprechenden Maßregeln auf dem Schulgebiet folgen. Also der Hauptpunkt wird immer bleiben, den für die Erwerbsthätigkeit bestimmten Kräften, die doch nach hunderttausenden zählen, eine geeignete Bildung zu gewähren, die ihnen einen Abschluß gewährt und ihnen vor ihrem Abgange aus der Schule dasjenige näher bringt, was im Leben zunächst nothwendig ist. Für den jungen Mann dieser Lebensstellung ist es erforderlich, daß er die neuere Geschichte kennt, daß er eine tüchtige Kenntniß seiner Muttersprache besitzt, sich in der letzteren besser bewegen kann, als das heute meist bei den jungen Leuten der Fall ist, und daß seine Kenntnisse in den neueren Sprachen und den Naturwissenschaften so weit reichen, daß auf ihnen fortgebaut werden kann. Das ist auf dem Gymnasium und zum Theil auch auf dem Realgymnasium nicht möglich zu erzielen; daher bleibt die erste Erforderniß einer Besserung: weg mit den todten Sprachen! Die Vorbedingungen nun, die nöthig sind, um die neu zu schaffende Bürger- oder Mittelschule auch wirklich prosperiren zu lassen, sind von den Herren Vorrednern richtig bezeichnet worden. Es müssen an ihnen akademisch gebildete Lehrer angestellt werden, denen dieselben Kompetenzen wie den Lehrern an Vollanstalten zustehen, sonst würde der Lehrer wegen der Wettlauf nach Berechtigungen, den wir erlebt haben, und der auf dem Lande und in den kleinen Städten so viele Progymnasien und Gymnasien, wo Bürgerschulen besser am Platz waren, hat entstehen lassen, noch einmal losgehen. Wenn diese so oft erhobene, aber niemals beachtete Forderung, die in der Unterrichtskommission des preußischen Abgeordnetenhauses jedesmal laut wird, sobald von einer Schulreform die Rede ist, endlich durchgeführt würde, dann wäre wenigstens der heute berechtigte Vorwurf beseitigt, daß von Seiten der Regierung die Bedeutung der wirthschaftlichen Fächer noch nicht in dem Maße anerkannt sei, daß man es für der Mühe werth hielte für sie eine Vorbildung zu schaffen, die ihrer Eigenart einigermaßen entspricht, und sie von dem Schicksal emanzipirte auf Anstalten angewiesen zu sein, die für ganz andere Bedürfnisse geschaffen und ausgebildet sind. (Bravo!)

Dr. Meyer (Hannover): Meine Herren! Wir sind dem Vorstande zu großem Danke verpflichtet, daß dieses ungemein reichhaltige Thema auf die Tagesordnung gesetzt worden ist. Es wird dadurch eine Anregung gegeben und Erörterungen in der Presse werden die Folge sein, die hoffentlich nicht im Sande verlaufen werden. Ich greife wohl nicht fehl, wenn ich annehme, daß indirekt dem bedeutungsvollen Werke des Herrn Professor Conrad über das Universitätsstudium die Stellung dieses Themas zu verdanken ist. Ich besonders bin für die Wahl dieses Themas zu Dank verpflichtet, weil ich mitten in einer ähnlichen Arbeit stecke. Ich hätte nun gerne gesehen, daß ich meine Untersuchungen und Resultate Ihnen schon hätte vorlegen können, ich freue mich aber doch, daß ich auch nach dieser Richtung Berichtigungen erfahren habe. Um es kurz auszudrücken: ich arbeite an einem kleinen Werke über die Berechtigungsjagd. Das Material dazu ist ungemein schwer zu erlangen, denn es fehlt fast ganz die statistische Grundlage. Es werden leider auf den höheren Schulen nicht genaue Listen geführt in Bezug auf den Verbleib der abgehenden Schüler, und das ist unbedingt nothwendig. Wir kennen genau die Zahl der Abiturienten und die Frequenz der einzelnen Klassen, wir wissen aber nicht, wo die ohne Erlangung irgend einer Berechtigung abgehenden Schüler bleiben, und wie viel mit dem Berechtigungsschein abgehen. Ich habe mich an die Direktoren einer Provinz gewendet mit einem Schema zur Ausfüllung, aber das Resultat ist nur ein relativ brauchbares; indessen ergiebt es doch, daß fast die Hälfte der Schüler der höheren Schulen auf ihrem Wege scheitern, daß ohne Berechtigungen fast 50 % abgehen. Zum Theil gehen diese zwar ab auf andere Schulen, aber innerhalb einer Provinz regulirt sich solches doch einigermaßen wieder; zum Theil gehen sie schon von Quarta und Tertia ab, um einen Beruf zu ergreifen; zum Theil mühen sie sich wenigstens ab, den Berechtigungsschein zu erlangen oder gehen auf die unglückseligen Pressen — genug, es sind nur etwa 50 %, welche in die Obersekunda eintreten. Wo bleiben nun die anderen 50 %? An einer Schule habe ich es feststellen können. Von 400 Schülern sind im Laufe von 8 Jahren aus den mittleren Klassen — ich rechne die Schüler, die aus Untersekunda ohne Berechtigungsschein abgegangen sind, mit hinzu — zu einem Viertel auf andere Schulen gegangen, weil sie ihr Heil nochmals anderswo versuchen wollten, oder weil die Eltern versetzt wurden; ein Viertel hat irgend einen praktischen Beruf, ein Handwerk oder dergleichen erwählt, und eine volle Hälfte ist ins Geschäft gegangen, d. h. sie haben einen kaufmännischen Beruf erwählt. Es giebt das zu sehr großen Bedenken Anlaß. Weshalb gehen sie nicht ins Handwerk hinein? Sie halten sich für zu gut dazu, weil sie einen kleinen Theil der höheren Bildung genossen haben, sie wollen viel lieber ins Geschäft gehen, weil sie glauben, dort am wenigsten Arbeit zu finden, am frühesten selbständig zu werden und den feinen Herrn spielen zu können. Ich glaube aber, daß unsere Generation an schlechten Kaufleuten zu viel und an guten Handwerkern zu wenig besitzt.

Was sollen wir nun dagegen machen? Fernhalten von den Schulen können wir sie nicht, aber es muß die Möglichkeit gegeben werden, Mittel anzuwenden, damit diese jungen Leute in der Schule schon auf den rechten Weg kommen.

Wie viele nun von denen, welche mit dem Berechtigungsschein abgehen, haben solche körperliche und geistige Tüchtigkeit mitgebracht, um als Einjährig-freiwillige mit Erfolg dienen zu können? Ich habe zu diesem Zweck nach vielen Bemühungen von sämmtlichen Bataillonen eines Armeecorps eine Uebersicht über die Einjährigfreiwilligen der letzten Jahre erhalten: wie sich die Zahl der Einjährigfreiwilligen vermehrt hat; aus welchen Berufsklassen sie sind; welche Berufe sie erwählt haben; ferner, wie viele die Qualifikation zum Reserveoffizier, wie viele die Qualifikation zum Unteroffizier erlangt haben; wie viel von Pressen gekommen sind, wie viel von den höheren Schulen. Da ergiebt sich nun das eigenthümliche Resultat, daß der Krebsschaden unserer höheren Schulen, die moderne Berechtigungsjagd, zugleich droht, ein Schaden der Regimenter zu werden. Ein ungeeignetes Material von Einjährigfreiwilligen droht sich auch dort anzusammeln, mit welchem die Regimentscommandeurs wenig anzufangen wissen. Die Untersuchung ist noch nicht abgeschlossen, ich hoffe sie in diesem Winter veröffentlichen zu können. So viel habe ich klar ersehen, es fehlt uns durchaus an tüchtigen Mittelschulen mit abgerundeter Bildung, welche die Berechtigung zum einjährigen Militärdienst geben, und welche zum Theil an Stelle der Gymnasien, Realgymnasien, Oberrealschulen, Progymnasien u. s. w. (es giebt nicht weniger als 7 Arten von höheren Schulen) treten könnten. In dieser Beziehung halte ich die Untersuchung des Herrn Professor Conrad für sehr dankenswerth, insofern er nachgewiesen hat, daß die isolirten Gymnasien in kleinen Städten an sich nicht berechtigt sind. Die Gelegenheit macht Bildung; weil die Schule da am Platze ist, wird sie von allen möglichen Elementen benutzt; es könnte ebensogut eine ganz andere Art von Schule da sein, aber die Beamten in den kleinen Städten drängen zum Gymnasium und der Staat subventionirt die Gymnasien mit Vorliebe. Es ist doch ein ganz eigenthümliches Ergebniß, daß in dem Etat für 1883/84 der preußische Staat 3 853 000 Mark Staatssubventionen auf Gymnasien verwendet und nur 499 000 Mark auf Realgymnasien und Realprogymnasien. Viermal so groß hätte der staatliche Beitrag für die Realschulen sein müssen, wenn derselbe Prozentsatz wie bei den Gymnasien hätte erreicht werden sollen. Was bedeutet das? Daß diese Realgymnasien, Realprogymnasien, höheren Bürgerschulen von der Gunst der Bevölkerung getragen sind und daß hier ein Bedürfniß befriedigt wird, welches in der Zukunft noch weit mehr durch staatliche Subvention befriedigt werden muß. Die Gymnasien wachsen freilich stetig an Schülerzahl und Lehrern; die Zahl der Realgymnasien und Progymnasien aber ist rapide gewachsen, von 30 im Jahre 1860 auf 86 im Jahre 1884.

Während der Schwerpunkt der ganzen Diskussion auf der einen Seite darin liegt: es als wünschenswerth zu bezeichnen, daß Mittelschulen geschaffen werden, um den Zudrang zu den höheren Schulen — ich möchte solches fast, wenn ich nicht als Kulturfeind bezeichnet zu werden fürchtete, eine Bildungsmanie nennen — in das rechte Fahrwasser zu leiten, ist auf der anderen Seite auch der Zudrang zu den rein wissenschaftlichen Fächern, also zur Universität, in stetem Zunehmen begriffen. Herr Professor Conrad hat schon das Schreckgespenst eines geistigen Proletariats, des Nihilismus, gesehen. Ich glaube, daß die deutsche Wissenschaftlichkeit immer Wege finden wird, um sich dem Vaterlande und dem Auslande nützlich zu machen. Es ist freilich in den letzten Jahren eine ungeheuere Steigerung in dieser Beziehung eingetreten infolge der sozialen Kalamitäten; wird das in der Zukunft so bleiben? Ich glaube nicht. Wir haben eine ähnliche Steigerung gehabt in den dreißiger Jahren und nachher einen Rückgang.

Herr Professor Conrad hat nun ein Mittel vorgeschlagen, um den Zudrang zur Universität zu beseitigen, nämlich das Mittel der Einschränkung der Universitätsberechtigung für alle anderen Schulen außer den Gymnasien. Ich halte dieses Mittel für durchaus verfehlt. Von der Oberrealschule will ich einstweilen absehen, weil ich diese für ein künstliches Produkt vom grünen Tisch halte. Wenn aber nur die Gymnasien vorbereiten sollen für die Universität, dann ist die nothwendige Folge, daß ein großer Theil der übrigen Schulen in Gymnasien umgewandelt werden muß, und es wäre sehr zu bedauern, wenn eine solche Einheitsschule durchgeführt würde. Ich adoptire lieber das Gleichniß des zweiten Herrn Referenten, daß wir einen Bildungsdom bauen mit zwei gleich hohen Thürmen. Ja, wenn die Thürme gleich schön und hoch sind und eine gleiche Aussicht gewähren, so ist das zugleich ein schöner Anblick. Wenn wir aber allen anderen höheren Schulen die Berechtigung zum Universitätsstudium nehmen, so würde ein großer Theil derselben in Gymnasien umgewandelt werden und der Zudrang zu der Universität würde noch größer werden; denn die Gymnasialkarriere leitet direkt auf die Universität hin, und über 80 % der Gymnasialmaturi gehen zur Universität über, während nur ungefähr 40 % der Abiturienten von den Realschulen die Universität beziehen. Ginge aber die Berechtigung der Realgymnasien weiter, so würde ein großer Theil der Gymnasien ihre Schüler an Realgymnasien abgeben. Mir scheint es deshalb besonders bedenklich, das Monopol der Gymnasien zu verstärken. Es würde das den eigenthümlichen Riß, der im deutschen Volke bestanden hat zwischen den rein wissenschaftlich gebildeten und den anderen Ständen, den tüchtigen Industriellen und Geschäftsleuten, wieder erweitern. Wir bauen ja gerade darauf hin, die Bildung zu einer solchen zu machen, daß sie auf einer möglichst breiten Grundlage aufwächst. Würden aber die Gymnasien allein die Vorbereitungsanstalt für die Universität sein, so würde jene Kluft nur noch erweitert werden.

Ich bin der Ueberzeugung, daß eine Lösung dieser ganzen Frage, besonders des einjährig-freiwilligen Dienstes in nicht allzuweiter Ferne liegt, und ich habe durch eine Reihe von Verhandlungen die Ueberzeugung gewonnen, daß die jetzige Art der Berechtigungsjagd im Widerspruch mit den ursprünglichen Bestimmungen steht und haltlos ist. Wie eine Aenderung stattfinden kann, läßt sich jetzt nicht sagen. Wir vom Standpunkt der Schule aus haben den großen Wunsch, daß wir dieses ungeeignete Material von Schülern, die gegen Anlage, gegen Beruf, Stand und Vermögen der Eltern die Gymnasien besuchen und wie Shylock schreien: ich will den Schein — daß wir diese los werden.

Landrath Freiherr v. Broich (Hanau): Meine Herren, die Wichtigkeit und Schwierigkeit der Frage, welche uns hier beschäftigt, ist bereits von den Herren Vorrednern hervorgehoben worden. Je wichtiger aber und je schwieriger diese Frage ist, um so mehr ist jeder von uns verpflichtet, sein Scherflein zu ihrer Lösung beizutragen, da es sich doch um das liebste handelt, was wir besitzen: um unsere Kinder, und damit um die Zukunft unseres Vaterlandes.

Ich wollte mir nur gestatten, meine Herren, einen Gegenstand näher zur Sprache zu bringen, der bereits von dem Herrn Referenten berührt worden: das ist der Geist der Ueberhebung und Anmaßung, der sich, wie ja wohl allen bekannt ist, unter unseren Gymnasiasten, namentlich in den kleinern Städten, bekundet. Diesen Geist der Anmaßung und Ueberhebung, der sogar Leute in autoritativen Stellungen nicht verschont, halte ich für sehr gefährlich, denn es ist derselbe Geist, der sich auch im Sozialismus bekundet, dem es darum zu thun ist, die Autorität zu untergraben. Daß dieser Geist an den Gymnasien gelehrt wird, will ich gewiß nicht sagen, aber daß eine fehlerhafte Auffassung der Stellung eines Gymnasiasten dazu beitragen muß, das unterliegt für mich keinem Zweifel. Selbstverständlich trägt auch dazu bei, daß dem Bedürfniß der Gymnasiasten, das Wirthshaus zu besuchen und dem Tabakrauchen zu huldigen in einer Weise Konzessionen gemacht werden, die ich mit der Stellung eines Gymnasiasten nicht vereinbar erachte. Ich habe in dieser Hinsicht sogar die Wahrnehmung gemacht, daß, als ein Schüler der Untersekunda vom Direktor im Lauf des Semesters in die Sekunda eines andern Gymnasiums eingeführt wurde und dieser ihm dabei bemerkte, er habe schon zweimal wegen Betheiligung an Trinkgelagen das Konsilium bekommen, er möge sich zusammennehmen, daß er es nicht zum dritten Mal erhalten, dies die beste Empfehlung für ihn seinen Mitschülern gegenüber war, ihn an die Spitze ihrer Trinkgelage zu stellen. (Heiterkeit.)

Wie weit diese Uebelstände bereits gediehen sind, können Sie aus folgendem entnehmen. Ein Verwaltungsbeamter erließ eine Polizeimaßregel, die den Gymnasiasten nicht konvenirte. Was war die Folge? Er bekam Pamphlete zugeschickt und sein Sohn wurde in einer Weise beleidigt, die natürlich darauf berechnet war, daß es dem Vater, dem diese Beleidigungen galten, zu Ohren kommen sollte. Dem Vater wurde dabei gedroht, er solle sich da und da nicht zeigen, so würde er durchgeprügelt werden. Sehen Sie, meine Herren, das ist der Geist des Attentats, das ist derselbe Geist, wie er sich bei den Sozialisten und Anarchisten bekundet. Daß aber die Auffassung der Herren Lehrer dazu beitragen muß, diesen zu nähren, das glaube ich daraus entnehmen zu müssen, daß vor einigen Jahren ein Gymnasialdirektor einen Hauptmann der Infanterie in einer Besprechung über das Verhalten der Gymnasiasten der betreffenden Stadt sagte: ja, ein Unterprimaner steht doch einem Leutnant gleich. (Heiterkeit.)

Mag man darüber denken, wie man will. Nach meinem Dafürhalten sind das aber jedenfalls Ansichten, die nicht vereinbar sind mit der Stellung, die der Gymnasiast einnehmen soll, und wenn der Direktor der Anstalt eine solche Ansicht hat, so liegt es sehr nahe, daß sich das auch auf die Schüler überträgt.

Das ist es, was ich mir gestatten wollte Ihnen ganz besonders ans Herz zu legen: dahin zu wirken, daß diesem Geist ein Ziel gesetzt werde. Es ist ja hier die Stelle sich offen darüber auszusprechen, und es geschieht das meinerseits auch in durchaus objektiver Weise. Ich habe dabei selbstredend die beste Absicht, nur das Wohl der Schule und des Vaterlandes dadurch zu heben.

Sombart (Berlin): Meine Herren! Wenn ich das Detail, was der letzte Herr Redner vorgeführt hat, aus meiner eigenen Erfahrung nicht bestätigen kann und mich deshalb mit ihm nicht einverstanden erkläre, so muß ich andererseits sagen, daß ich sonst mit allen Rednern mich im großen und ganzen in Uebereinstimmung befinde, indem nämlich alle betont haben, daß zeitgemäße Reformen in unserem höheren und mittleren Unterrichtswesen einzuführen sind. Das Wie wollen wir anderen Instanzen überlassen. Was mich insbesondere veranlaßt hat, seit einiger Zeit in die Unterrichtsfrage einzutreten, die mir früher allerdings etwas fern lag, das war das gewerbliche Unterrichtswesen. Im vorigen Jahre sagte im Abgeordnetenhause ein bewährter Gewerbeschullehrer, Herr Dr. Schulz aus Bochum, daß im Jahre 1870 das preußische Gewerbeschulwesen desorganisirt und im Jahre 1879 ruinirt wäre, daß wir also jetzt für den mittleren Gewerbestand keine Unterrichtsanstalten mehr haben, wo dieser seine Kenntnisse für das praktische Leben zeitgemäß erweitern könnte. Meine Herren, ich erkenne mit großem Danke noch heute an, wie die Beuth'sche Schule, namentlich von 1821 an, segensreich für das preußische Vaterland und vielleicht über dessen Grenzen hinaus gewirkt hat, und daß es 1850 an der Zeit war, mit dem Fortschritt der Industrie und des wirthschaftlichen Lebens übereinstimmend diese Lehranstalten zu reformiren. Man hat aber im Jahre 1870 den Fehler gemacht, das, was für den Chemiker, den Maschinenbauer, für den Industriellen nothwendig ist, mit wissenschaftlichen Schulklassen zu verbinden, was ganz unpraktisch war.

Was nun der erste Herr Referent gesagt hat in Bezug auf die heutigen Gewerbeschulen mit 9jährigem Kursus wie z. B. die Oberrealschule in Breslau, die eigentlich nur Vorbereitungsanstalten sind für die technischen Hochschulen, das wissen Sie alle. Es ist aber nach dem Austritt aus der Schule, namentlich der Mittelschule, ein Bedürfniß, die Fortbildung der angehenden Kaufleute und Industriellen auch auf das gewerbliche Leben weiter auszudehnen, wie wir es z. B. in der Landwirthschaft schon seit einer Reihe von Jahren gethan haben, wo wir Hochschulen besitzen, auf denen die jungen Leute der bemittelteren Stände, wenn sie ihre Schule absolvirt und das Zeugniß der Reife für den einjährigen Dienst in der Tasche haben, und wenn sie sich demnächst einige Jahre in der Praxis umgesehen haben, sich dann noch eine höhere technisch-wissenschaftliche Ausbildung verschaffen. Meine Herren, diese Institutionen, die wir im Staatsdienst auf verschiedenen anderen Gebieten haben, z. B. im Bergfach, im Forstfach, im Vermessungswesen, wo die jungen Leute erst einige Zeit in der Praxis gearbeitet haben müssen, um dann in das wissenschaftliche Leben einzutreten, — diese entbehren wir eigentlich in Preußen für das gewerbliche Berufsleben gänzlich, also ein Institut, wo die Söhne bemittelter Eltern sich vorbereiten für ihre spätere Laufbahn. Ich wünsche, daß diejenigen Jünglinge, die in das gewerbliche Leben mit dem Abgangszeugniß einer Mittelschule eintreten, dann, wenn sie einige Jahre in der Lehre gewesen sind, noch einen höheren wissenschaftlich-technischen Unterricht, etwa mit zweijährigem Kursus, genießen. Es hat sich das Bedürfniß auch schon in einzelnen Städten herausgestellt. Z. B. hat man seit etwa 10 Jahren in Riga eine derartige Akademie, seit 6 Jahren in Wien; in Dresden und Stuttgart sind auch solche mit allerdings nur einjährigem Kursus, und seit Ostern d. J. ist in Köln eine Hochschule für Kaufleute errichtet. Meine Herren, ich will aber nicht Privatanstalten, sondern ich wünsche ein Staats- oder Gemeindeinstitut, denn das muß unter höherer Aufsicht und Kontrole stehen. Ich meine also, wenn der junge Kaufmann, der Industrielle, der zukünftige Inspektor, der Faktor eine Zeitlang praktisch gearbeitet hat und weiß, was er will, dann soll er noch Technik, Volkswirthschaft, Statistik, Handelsgeographie, kurz seine Berufstechnik spezieller studiren, nicht nur, um für das wirthschaftliche Leben, sondern für die höhere Bildung der Nation etwas beizutragen. Es ist schon von anderer Seite darauf aufmerksam gemacht, daß z. B. im Parlament eine große Menge von Landwirthen, dagegen sehr wenig Industrielle sitzen. Die Industriellen und Kaufleute sind viel reicher als jene und könnten viel eher dort eine hervorragende Stellung einnehmen. Aber ich glaube, es ist eine gewisse Lücke bei vielen dieser Herren vorhanden, es fehlt eine höhere wissenschaftliche Bildung; sie können nicht in der Weise wie die Landwirthe, die eine solche zum großen Theil genossen haben, mit fort, und es genirt sie dann, dort aufzutreten und zu sprechen.

Ich habe an einer andern Stelle einen Vorschlag gemacht. Das Beuth'sche Institut zu Berlin in der Klosterstraße wird in nächster Zeit eingehen, weil das große Polytechnikum auch dieses Gewerbeinstitut in sich aufnehmen wird. Dort wären die Lokalitäten, die wissenschaftlichen Kräfte, das Unterrichtsmaterial nach fast allen Richtungen vorhanden, um ein derartiges Institut zu gründen; ich will es nicht Akademie nennen, damit nicht der studentische Geist auch unter diesen jungen Leuten auftritt; ich will es Gewerbeinstitut nennen. Dazu eine neue Anregung gegeben zu haben, war der Zweck meiner Ausführungen.

Dr. Schlee: Meine Herren, ich würde es für Unrecht halten, wenn ich den Ausführungen, durch welche die Herren Referenten und die Herren Redner unsere gegenwärtigen Schuleinrichtungen illustrirt und deren Beziehung zum sozialen und gewerblichen Leben dargestellt haben, noch etwas hinzusetzen wollte, und erlaube mir nur, meinerseits meine volle Zustimmung zu den Forderungen der Herren Referenten auszusprechen. Ich möchte nur noch ein paar Bemerkungen machen, zunächst in Bezug auf die Ertheilung der Berechtigung für den einjährig-freiwilligen Dienst. Die zwei Abänderungen, an die man wohl gedacht hat, daß die Berechtigung abhängig gemacht werde durchweg von einem Examen, und die andere, daß sie durchweg abhängig gemacht werde von der Absolvirung einer der höheren Schularten, — die halte ich beide nicht für empfehlenswerth. Die erstere würde den höheren Schülern nur eine neue Last schaffen, ohne an der Sache etwas wesentliches zu ändern, oder sie würde die sogenannten Pressen vermehren. Und die Beschränkung auf die Abgangsprüfung ist wohl kaum ausführbar. Zwar ist auch Wiese in seiner letzten Schrift auf einen sehr einfachen Vorschlag der Art gekommen, indem er sagt: die Schule soll überhaupt blos ihre Schulzeugnisse ausstellen, damit würden die besonderen Berechtigungsscheine von selbst wegfallen. Aber es muß doch nachher die Berechtigung an gewisse Bedingungen geknüpft werden und es würde dann doch wohl durch eine Hinterthür wieder hineinkommen, daß die betreffenden Behörden die Berechtigung von dem Zeugniß einer bestimmten Klasse abhängig machen. Auch für diejenigen, welche jetzt als Ballast des Gymnasiums bezeichnet werden, würde es keine guten Folgen haben; ein Theil freilich würde überhaupt ein Gymnasium nicht besuchen, ein anderer Theil aber würde dann bis zum Abiturientenzeugniß bleiben und dann erst recht studiren wollen, obgleich er dazu nicht Neigung und Befähigung hatte. Ich glaube vielmehr, daß die Frage, wie diese Berechtigung erlangt werden muß, und wie die üblen Folgen für die sozialen Verhältnisse zu vermeiden sind, mit der anderen Frage durchaus zusammenhängt: es kann nur geschehen durch eine zweckentsprechende Organisation des Schulwesens. Im großen und ganzen sind die höheren Schulen, so weit sie neu organisirt wurden, etwas zufällig entstanden, ohne rechtes Prinzip. Das Gymnasium war die gegebene Anstalt; und man hat zu wenig bei der Einrichtung der Schulen gefragt: welche Forderungen stellt das Leben, stellen die sozialen Verhältnisse, stellen die verschiedenen Berufsarten? — sondern man hat Schritt für Schritt sich an das Gymnasium anlehnend die Sache nur etwas weiter geführt.

In dieser Beziehung möchte ich zu dem Referate des ersten Herrn Referenten noch etwas hinzufügen. Es ist früher das Gymnasium nicht so ausschließlich der einzige Weg gewesen, auf dem die höher gebildeten unserer Nation ihre Bildung erhielten. Wenn man das numerisch feststellen könnte, — ich glaube, beinah die Hälfte würde man finden, die im zweiten Theil des vorigen Jahrhunderts ihre Bildung privatim erhalten haben durch ihren Vater, durch den Pfarrer oder durch einen Hofmeister. Und wenn Sie genauer hinsehen, so werden Sie finden, es war eine große Anzahl der ersten Männer dieses Jahrhunderts darunter. Ferner finden Sie, daß wenigstens in der zweiten Hälfte des vorigen Jahrhunderts der Unterricht bei diesen wesentlich mit dem Französischen anfing und das Hauptgewicht auf das Französische legte. Sodann gab es eine viel größere Freiheit für den Uebergang auf die Universität. In Schleswig-Holstein war noch vor 17 Jahren weiter nichts nöthig, als daß man bis zur Sekunda gekommen war, dann konnte man auf die Universität gehen und hatte zu allen Fakultäten die Berechtigung. Im Anfang dieses Jahrhunderts brauchte man nur einen Schein von irgend einem „literatus" zu haben, daß man den erforderlichen Unterricht genossen habe. Wenn Sie ferner selbst in unsere Generation hineingehen und fragen: wann sind Sie aufs Gymnasium gekommen, wie lange sind Sie da gewesen? — dann werden Sie eine große Zahl solcher finden, die erst in Sekunda und Prima mit mangelhaften Vorkenntnissen hineingekommen sind. Das ist bei den Anforderungen, die man jetzt macht, nicht mehr möglich. Der Zwang, der durch unsere Schuleinrichtungen auf die Väter geübt wird, ist viel größer geworden, und die Sorge eines Vaters, wenn er seinen Sohn zur rechten Zeit auf die Schule bringen soll, ist jetzt eine sehr drückende, namentlich wenn man die Schule nicht am Ort hat.

Darum glaube ich, daß die Schuleinrichtung mehr dem Bedürfniß entgegen kommen muß. In dieser Beziehung befinde ich mich in der eigenthümlichen Lage, daß ich pro domo sprechen muß. Die Anstalt, welche unter meiner Leitung steht, entspricht im ganzen dem, was der Herr Referent als wünschenswerthen Versuch bezeichnet hat; sie ist vom Ministerium in Preußen vollständig anerkannt und erfüllt alle gesetzlichen Anforderungen. Die Einrichtung besteht darin, daß die untere Stufe die alten Sprachen wegläßt, zunächst mit Französisch anfängt, dann Englisch vornimmt und in Tertia mit Latein beginnt. Von da ab spaltet sich die Anstalt; die eine Hälfte der Schüler, die nicht studirt oder ein Zeugniß haben will, in welchem auch das Lateinische bezeugt sein muß, geht dann auf der „Realschule" weiter, bis sie den Schein zum einjährigen Dienst erworben hat; die anderen, die wenigstens die Aussicht haben wollen, in höhere Berufsarten eintreten, auch die Universität besuchen zu können, gehen in der anderen Hälfte weiter, und es hat sich bis jetzt so gestaltet, daß, ohne daß ein Einfluß der Schule auf die Schüler geübt wird, sich die Schule fast gleich theilt. Die Einrichtung ist also in ihrer didaktischen Ausführbarkeit nicht mehr fragwürdig, sondern sie ist vollständig ausgeführt und anerkannt, und das Ministerium ist auch an einem anderen Orte, wo von einer Kommune der Antrag gemacht wurde, die Schule so einrichten zu dürfen, sofort darauf eingegangen, und auch dort hatte die Ausführung allseitige Anerkennung gefunden. Nun kamen aber mit den neuen Lehrplänen die ängstlichen Bedenken: wie steht die Schule da? sie ist in den Lehrplänen nicht einmal als eine anerkannte

Schulart aufgeführt; sie steht in der Luft, und man weiß nicht, wann sie wieder umgeändert werden muß. Und so ist sie dort wieder in der Reorganisation zum Realgymnasium nach dem allgemeinen Lehrplan begriffen. Bei uns dagegen wird mit vollster Ueberzeugung an der Einrichtung festgehalten. Didaktisch ausführbar ist also die Schulart, sie ist auch vom Ministerium anerkannt; sie wird nicht begünstigt, aber auch nicht von den Behörden irgendwie bekämpft.

Demgemäß halte ich es nur für die Aufgabe der Schulorganisation, daß in denjenigen Orten, wo nur eine höhere Schule bestehen kann, eine Mittelschule oder Realschule eingerichtet werde; damit sie aber allen Interessen möglichst entspricht und von den Kommunen angenommen wird, mit der Bedingung, daß sie irgendwie den Weg bahne auch zu den höheren Berufsarten, auch zu der Universität. Die Schule an und für sich braucht das Ziel nicht zu erreichen, aber sie muß auf den Weg dahin führen; was am einfachsten durch die vorher geschilderte Schuleinrichtung geschehen würde. Und so hängt denn die Schuleinrichtungsfrage in allen ihren Punkten wieder mit der Berechtigungsfrage und namentlich auch mit der Frage nach der Berechtigung zur Universität zusammen.

Geheimrath Dr. Thiel (Berlin): Ich möchte den Herrn Redner fragen, wo die von ihm erwähnte Schule existirt.

Dr. Schlee: In Altona.

Professor Bücher (Basel): Meine Herren! Nach den ausführlichen Referaten, die wir heute gehört haben, würde ich es nicht wagen, das Wort zu ergreifen, wenn ich der Ansicht wäre, daß die im Programm gestellte Frage durch die Referate erschöpfend beantwortet sei. Die hier gestellte Frage kann nämlich nach doppelter Richtung aufgefaßt werden, einmal im Sinne einer Darstellung von Thatsächlichem, also: welchen Einfluß hat die seitherige Organisation auf die sozialen und wirthschaftlichen Verhältnisse ausgeübt? — und dann in prinzipieller Weise: in welcher Art sollen die höheren und mittleren Schulen organisirt sein, um unseren sozialpolitischen Anschauungen zu entsprechen? Ich glaube, nach der ersteren Seite sind wohl sehr beachtenswerthe Beiträge zur Beurtheilung der thatsächlichen Verhältnisse vorgebracht. Was die prinzipielle Seite der Frage anlangt, so habe ich in den Erörterungen der beiden Herren Referenten eine genügende Berücksichtigung derselben vermißt. Ich glaube, daß dies deshalb geschehen ist, weil sie sich bestrebt haben, ihre Erörterungen auf die höheren und mittleren Schulen zu beschränken; ich glaube aber ebenso fest, daß es nicht möglich ist, die Frage zu lösen, wenn man das Elementarschulwesen vollständig außer Acht läßt. Unser gesammtes höheres und mittleres Schulwesen hängt nämlich durchaus in seiner Organisation und seinem Gedeihen ab von dem Zustande des Elementarschulwesens und wirkt wieder mit dieser Organisation auf das Elementarschulwesen zurück.

Wenn ich mich nun frage: in welcher Weise hat die seitherige Organisation der Elementar- und höheren Schulen das gesammte soziale Leben beeinflußt? — so kann ich durchaus nicht der Ansicht des Herrn Seyffardt sein, daß der soziale Einfluß unserer Schulorganisation ein wohlthätiger gewesen sei; im Gegentheil muß ich sagen: wie diese Organisation heute ist, so wirkt sie verschärfend auf unsere sozialen und wirthschaftlichen Gegensätze ein. (Sehr richtig!) Unsere höheren und mittleren Schulen berücksichtigen durchaus nicht, daß die Elementarschule für sie eine Vorstufe bilden soll, in welcher das Maß an allgemeiner Bildung geboten sein soll, — um mich der Worte des preußischen Landrechts zu bedienen — welches jedem vernünftigen Menschen zu seinem bürgerlichen Fortkommen nothwendig ist. Mit dem neunten oder zehnten Jahre soll sich ein junger Mensch für einen künftigen Lebensberuf entscheiden. Aber nicht genug damit; diese Schulen haben auch noch die Tendenz, unterstützt von gewissen sozialen Allüren und Machtverhältnissen in unseren Kommunalverwaltungen, immer tiefer hinunterzugreifen und vom ersten Moment an, wo das Kind der Schule überliefert wird, dasselbe in ihre Kreise zu ziehen. So kommt es denn, daß unsere Gymnasien und Realschulen gewissermaßen unten vorgeschuht werden, daß hier sogenannte Vorschulen errichtet werden und daß diese Vorschulen schon gleichsam in die Kinderwelt hinein die scharfe soziale Scheidung tragen, die leider durch unser ganzes bürgerliches Leben hindurchgeht. Dieser Zug ist sehr verderblich, denn sobald wir aus den Elementarschulen die besseren Kreise fern halten, sobald wir Gelegenheit bieten, daß die vermögenderen Klassen ihre Kinder sofort der bevorzugten höheren Schule übergeben können, werden wir auch dahin kommen, daß für die Elementarschulen überhaupt nichts mehr geschieht. Dieser Zug, die Kastenschule immer weiter auszubauen, ist unbewußt in allen Schulverwaltungen wirksam. Meine Herren, Sie befinden sich hier in den Räumen der Polytechnischen Gesellschaft. Dieselbe ist im Jahre 1816 begründet worden zur Beförderung des Wohles der arbeitenden Klassen. Diese Gesellschaft hat vor etwa 30 Jahren eine Schule begründet, die als Gewerbeschule in ähnlicher Weise wie die Beuth'sche Organisation in Preußen wirken sollte, zum Theil auch als Vorbereitungsschule für den Besuch einer höheren technischen Lehranstalt. Sehr bald ist man dazu gekommen, dieser Schule nebst der später errichteten Handelsschule eine Vorschule zu geben. Diese Vorschule nebst der Handels- und Gewerbeschule fand einen eifrigen Direktor, der nichts sehnlicher wünschte und nichts eifriger betrieb, als die ganze Schule umzugestalten zu einer Realschule I. O. mit aufgesetzten Fachklassen — auf der einen Seite eine höhere Gewerbeschule, auf der anderen Seite eine Art Handelsakademie, wie Herr Sombart dieselbe wünscht. Ich wollte noch beiläufig bemerken, daß es auch an einer Vorschule für diese Schule nicht fehlte. Es stellte sich nun heraus, daß die Mittel der Gesellschaft, die zum großen Theil durch die Erträge der Sparkasse aufgebracht waren, anstatt „zum Wohl der arbeitenden Klassen“ verwendet zu werden, zur Erhaltung einer Schule verwendet wurden, welche vorzugsweise, ich kann sagen, fast ausschließlich von den Kindern der frankfurter Geldaristokratie besucht wurde. Ich bin fest überzeugt, daß keines der Mitglieder des Vorstandes dieser Gesellschaft sich der Umwandlung, die so gleichsam ganz unter der Hand sich hier vollzogen hatte, irgendwie bewußt gewesen ist, daß niemand diesen Ausgang der Entwicklung gewünscht oder herbeizuführen gesucht hat. Es sind nun einmal die sozialen Klassen-Anschauungen, die in diesen leitenden Kreisen der Vereinsthätigkeit und der Kommunalverwaltung maßgebend sind, welche hier wie in andern Fällen ihre natürliche Macht geltend machten.

Wenn wir heute immer mehr solcher Erfahrungen machen, für die sich die

Beispiele ja verhundertfachen ließen, so haben wir uns die Frage vorzulegen: was soll denn eigentlich eine Organisation des gesammten Schulwesens? — Nun kann ich auch hier wieder in Anknüpfung an die Worte des preußischen Landrechtes sagen: es soll zunächst jedem einzelnen die Möglichkeit geboten werden, diejenigen Kenntnisse voll zu erwerben, die ihm das Fortkommen im bürgerlichen Leben ermöglichen; aber es sollen auch diejenigen Kenntnisse ihm nicht verschlossen sein, welche den einzelnen befähigen zum Aufsteigen auf der sozialen Stufenleiter. Betrachten Sie nun diesen Grundsätzen gegenüber die gegenwärtige Schulorganisation, so werden Sie sagen müssen, daß eben durch das vorher geschilderte tiefe Eingreifen der höheren Schulen die Brücke zwischen der Elementarbildung und der höheren Bildung durchaus abgebrochen ist. Es heißt hier: entweder Elementarschulbildung und dann für immer bestimmt zu banausischer Thätigkeit, wenn nicht außergewöhnliche Kraft und Fähigkeit gegeben sind, — oder höhere Schulbildung, und dann entweder eine durch das Berechtigungswesen verpfuschte Existenz oder ein Hinausdrängen über den Stand und die vorhandenen geistigen und materiellen Mittel. Ich glaube, daß der Grundgedanke, welcher ursprünglich dem einjährig-freiwilligen Dienst zu Grunde liegt, gegenwärtig so sehr verdunkelt ist, daß es nothwendig ist, ihm wieder einmal nachzugraben. Herr Bueck meint, es sei die Idee gewesen, daß derjenige, der eine höhere geistige Ausbildung erlangt habe, nun um so schneller die militärischen Fertigkeiten sich würde aneignen können. Ich glaube, das ist nicht die Grundidee gewesen, sondern vielmehr die, daß diejenigen, welche später dem Staate als Beamte doch ihre Kräfte widmen wollten, eine Erleichterung haben sollten in ihrer Berufsbildung. Wenn wir das Berechtigungswesen etwas weiter verfolgen über den einjährig-freiwilligen Dienst hinaus, z. B. den Militärdienst der Lehrer, so prägt sich das ganz deutlich aus. Hier heißt es: wenn Ihr nicht dem Staate Eure Kräfte widmet, so werdet Ihr zum dreijährigen Dienst herangezogen. Wie es jetzt mit dem einjährig-freiwilligen Dienst steht, ist er erstens ein Krebsschaden für das gesammte höhere Schulwesen und zweitens ein Privileg nicht der Bildung, sondern des Geldsacks, und einer solchen Einrichtung, welche jeder Verbesserung in der Organisation des höheren Schulwesens von vornherein als unübersteiglicher Damm sich entgegenstellt, haben wir als Sozialpolitiker durchaus keinen Grund das Wort zu reden. Ich möchte mich deshalb ganz kurz dafür aussprechen, daß die Berechtigung zum einjährig-freiwilligen Dienst geknüpft werde an das Maturitätszeugniß, daß sie aber nur denen wirklich zu Theil werde, die sich später dem Staatsdienst widmen, daß also die Berechtigung auf Grund der Erreichung einer bestimmten Schulklasse ausgeschlossen werde.

Was die Verschiedenheit in der Organisation der höheren Anstalten betrifft, so habe ich mich gewundert, daß Herr Seyffardt so sehr die allgemeine Bildung betont hat, die durch diese Organisation erzielt werden soll, und daß er trotzdem nicht zu der Forderung einer Einheitsschule hat gelangen können. Ich glaube, von unserem Standpunkt als Sozialpolitiker können wir es auch nicht als gleichgiltig betrachten, daß durch die höher gebildeten Klassen unserer Nation eine Kluft hindurchgeht zwischen humanistisch Gebildeten und realistisch Gebildeten, und ich glaube, daß es wünschenswerth wäre, wenn auch von diesem Gesichtspunkte aus auf die Einführung einer Einheitsschule Bedacht genommen würde.

Aber auch von einem mehr prinzipiellen Standpunkt, glaube ich, werden wir zur Forderung einer Einheitsschule gelangen. Wenn dem, was wir für die Elementarschule fordern, nachgekommen werden soll, so ist es durchaus nothwendig, das Ziel der Elementarschule höher zu stecken und die allgemeine Schulpflicht für alle Klassen der Bevölkerung wirklich zur Wahrheit zu machen. Wir gelangen dann zu einer Elementarschule, die etwa bis zum 14. oder 15. Jahre ihre Schüler in Anspruch nimmt und zu einem Aufbau von Sekundärschulen und Fachvorbereitungsschulen, der sich daran anschließt. Jedenfalls möchte ich zum Schluß nochmals hervorgehoben haben: welche Organisation auch beliebt werden möge, es muß darauf Bedacht genommen werden, daß die wirthschaftlichen und sozialen Gegensätze nicht durch Gegensätze der Bildung verschärft und dadurch zu unüberbrückbaren gemacht werden.

Geheimrath Dr. Thiel (Berlin): Meine Herren! Ich kann wohl annehmen, daß der geehrte Herr Vorredner, wenn er sich für die Beschränkung der Berechtigung zum einjährigen Dienst nicht blos auf Abiturienten, sondern sogar nur auf die zukünftigen Beamten aussprach, damit den Hintergedanken verknüpft hat, daß einem solchen Privilegium eine bedeutende Verkürzung der allgemeinen Wehrpflicht für den ganzen übrigen Theil der Bevölkerung zur Seite stehen müsse, denn sonst wäre eine solche Einrichtung gar nicht denkbar. In Bezug auf diesen Punkt möchte ich mir nur eine Bemerkung erlauben. Es ist manchmal in weiteren Kreisen sehr mißverstanden worden, warum die Militärverwaltung sich einer Abkürzung der Dienstpflicht als Prämie für bestimmte Bildungsgrade so ablehnend entgegenstelle. Der Gedanke hat ja häufig nahe gelegen, man möge die allgemeine Wehrpflicht benutzen, um daraus ein großes Bildungsmittel zu machen, indem man ebenso, wie man jetzt an die Erwerbung eines Obersekundazeugnisses die Prämie des einjährigen Dienstes knüpft, so abstufend nach den verschiedenen Bildungsgraden auch die verschiedene Länge der militärischen Dienstzeit normire, um dadurch für jeden Menschen einen kräftigen Antrieb zu schaffen, sich eine möglichst gute Bildung zu erwerben. Die Militärverwaltung hat sich diesen Ideen gegenüber wohl deshalb so ablehnend verhalten — und ich glaube, man kann ihr darin nur Recht geben —, weil sie befürchten muß, daß in dem Maße, wie auf diese Weise die besser gebildeten Elemente der Bevölkerung dem Gros der Truppe gegenüber eine besondere Stellung erhalten, sich dieses Gros in seiner ganzen Haltung verschlechtert. Wir wissen alle, welchen ungeheuren Werth es für die moralische Haltung der Armee hat, daß im Kriegsfalle, wo alle Vorrechte aufhören, der Freiwillige, der höher gebildete, von dem man im allgemeinen annehmen kann, daß er auch ein höheres Pflichtgefühl gegenüber den idealen Anforderungen besitzt, die das Vaterland an ihn stellt, in Reih und Glied mit Leuten steht, von denen doch viele nicht so sehr von der Ueberzeugung durchdrungen sind, daß es ihre ehrenvolle Pflicht ist, sich für das Vaterland todtschießen zu lassen. Dies gilt in gewissem Maße auch für den Friedensstand der Armee. Der Geist des willigen Gehorsams und des pflichttreuen Dienstes läßt sich um so leichter erhalten, wenn die mehr widerwilligen Elemente beeinflußt werden durch diejenigen Soldaten, welche, aus den besseren Familien des Bauern- und kleinen Bürgerstandes stammend, nicht blos dem Zwange gehorchen, sondern der eigenen Erkenntniß und dem Ehrgefühl. Dieser Einfluß verliert aber in dem Maße an Kraft, wie die Gemeinsamkeit der ganzen Stellung und Behandlung in Bezug auf alle Dienstpflichten, Lasten und Entbehrungen aufgehoben ist. Nur dann wagt der schlechter gesinnte nicht zu murren, wenn er sieht, wie der höher stehende, der ganz dasselbe zu tragen hat, freudig seine Pflicht thut. In dem Maße also, wie man in der Friedensarmee die besseren Elemente aussortirt und ihnen dann eine andere Stellung, Behandlung und Ausbildung geben muß, verschlechtert sich der Rest, der dann den moralischen Ansprüchen des Dienstes schon im Frieden nicht mehr genügen wird und ganz anders regiert werden muß, als dies jetzt der Fall ist. Der Geist einer solchen Truppe muß hierdurch sinken, und das wird sich auch im Ernstfalle bemerkbar machen, selbst wenn dann wieder alle Unterschiede aufgehoben sind. Diesen Bedenken gegenüber wird es jedenfalls im Interesse der Armee, welches ja auch das Interesse des Landes ist, nothwendig sein, wenn man überhaupt auf diesem Wege weiterschreiten will, nicht denselben Fehler zu machen wie beim einjährigen Dienst, wo man die Berechtigung an ein Befähigungszeugniß geknüpft hat, welches ohne Mitwirkung der Militärbehörde erworben wird, sondern man wird die Verleihung solcher Begünstigungen in die Hände der Truppenführung legen müssen und es dieser überlassen, die bessere Ausbildung, nicht sowohl die bessere Schulbildung, als vielmehr die bessere militärische Bildung und Führung, zu belohnen dadurch, daß sie die betreffenden früher von der Fahne entläßt. Die Anfänge zu einem solchen System haben wir ja schon darin, daß, wie Ihnen allen bekannt ist, die Durchschnittsdienstzeit bei der Infanterie längst nicht mehr drei Jahre beträgt, sondern daß diejenigen, die sich militärisch auszeichnen, schon mit zwei Jahren abkommen können. Das ist aber ganz was anderes, als ein abgestuftes System 2½=, 2=, 1½jähriger Dienstzeit je nach der Schulbildung, denn für die kriegstüchtige Ausbildung der wehrpflichtigen Mannschaft ist es ein gewaltiger Unterschied, ob die Militärbehörde in der Lage ist, solche Begünstigungen ertheilen zu können als Belohnung für gute Dienste und straffreie Führung, oder ob jemand mit einem Stück Papier vor den Regimentscommandeur kommt und sagt: du mußt mich nach 1½ oder 2 Jahren entlassen, weil ich einmal irgendwo längere Zeit die Schulbank gedrückt habe.

Zum Thema unserer Verhandlungen selbst möchte ich mit Bezug auf die auch von mir befürwortete Nothwendigkeit der Errichtung möglichst zahlreicher Mittelschulen eine Wahrnehmung mittheilen, welche ich in meinem amtlichen Wirkungskreis zu machen Gelegenheit hatte. Die Wahl der Schule, auf welche der Sohn geschickt wird, bestimmt sich bei den Eltern leider Gottes in den meisten Fällen nicht durch die zweckmäßigste Organisation der Schule für den Beruf des Jungen, sondern vorzugsweise nach rein äußerlichen Momenten, nämlich danach, welche Schule gerade am nächsten und bequemsten liegt. Man sollte denken, in unserer Zeit der bequemen und raschen Kommunikationsmittel, welche die Entfernungen fast aufgehoben haben, sollte nur die passendste Einrichtung der Schule den Ausschlag geben, aber die Eltern scheinen den Hauptwerth darauf zu legen, den Jungen zu Hause zu behalten oder doch möglichst nahe zu haben, und die nächste Schule muß dann auch die beste sein. Die Rücksichtnahme auf Kostenersparniß und persönliche Ueberwachung oder auf die Erleichterung des persönlichen Verkehrs mit den Lehrern und Hausleuten ist so groß, daß die Eltern sich nur höchst ungern entschließen, ihren Sohn von dem Orte, wo sie wohnen, wegzuschicken oder ihn, wenn er eine fremde Schule besuchen muß, auch nur eine Meile weiter zu schicken, als die nächste Schule belegen ist, selbst wenn sie etwas weiter eine für den vorliegenden Fall bessere Schule erreichen könnten. Das kann man durch die Statistik der 16 preußischen Landwirthschaftsschulen genau nachweisen. Diese Schulen, deren in jeder Provinz eine oder zwei existiren, sind dazu bestimmt, diejenigen Söhne von Landwirthen in ihrem ganzen Schulbezirk zu sammeln, die das einjährige Zeugniß erlangen wollen, ohne später eine weitere theoretische Fachbildung auf höheren landwirthschaftlichen Schulen zu erstreben, also alle diejenigen jungen Landwirthe aufzunehmen, die vor der Errichtung der Landwirthschaftsschulen auf das nächstgelegene Gymnasium oder Realgymnasium, wenn nicht gar in eine Presse gehen mußten und sich dort die Bruchstückbildung erwarben, über deren Schäden wir heute so viel gehört haben. Der Zweck dieser Schulen ist also, neben der Berechtigung, auf welche viele Eltern für ihre Söhne nun einmal nicht verzichten wollen, den Schülern eine in sich abgeschlossene, den späteren Lebensberuf derselben möglichst berücksichtigende Ausbildung zu geben.

Was ist nun das Resultat? Diese Schulen floriren, und es reut die landwirthschaftliche Verwaltung gewiß nicht, daß sie begründet worden sind; aber den eigentlichen Zweck, diese Kategorie von jungen Landwirthen der ganzen Provinz zu sammeln und sie den für sie minder geeigneten Schulen zu entziehen, haben sie nicht vollständig erreicht. Aus der Statistik ergiebt sich, daß bei jeder Schule die starke Hälfte bis zu drei Viertel der Schüler dem Orte der Schule selbst und der nächsten Umgebung der Schule angehörig ist; der Rest der Schüler vertheilt sich mit je einzelnen Schülern pro Kreis auf das übrige Schulgebiet. Neben den jungen Landwirthen finden wir dann noch auf diesen Landwirthschaftsschulen, besonders da, wo sie die einzigen berechtigten Schulen ihres Ortes sind, immer eine Anzahl von jungen Leuten, die mit der Landwirthschaft in gar keinem Zusammenhang stehen und welche von den ortsangesessenen Eltern nur deswegen hingeschickt werden, damit sie die Berechtigung zum einjährigen Dienst erlangen. Diesen Eltern ist es ganz einerlei, ob ihre Kinder Landwirthschaft oder Latein oder Griechisch oder gar Sanskrit und wer weiß was treiben; sie sagen sich, das bischen Landwirthschaft oder Latein ꝛc. wird dem Jungen ja nicht schaden, die Hauptsache ist der Berechtigungsschein. (Heiterkeit.)

Wenn aber solche äußerlichen Momente so ausschlaggebend sind, dann erscheint es mir von allergrößtem Werth für die Unterrichtsverwaltung und das ganze gewerbliche Leben, dafür zu sorgen, daß so viel wie möglich berechtigte Schulen, die für eine möglichst große Klasse von Gewerbtreibenden passen, über das Land verbreitet sind, und daß der jetzige Zustand möglichst beseitigt wird, daß in den kleineren Städten ein Gymnasium oder eine Realschule die einzige berechtigte Schule ist, weil dadurch dieser einzigen Schule des Orts eine Menge von Elementen zugeführt wird, für welche diese Schule gar nicht berechnet ist. Eine solche Verallgemeinerung der Mittelschule wird allerdings schon des Kostenpunktes wegen nur möglich sein, wenn die Mittelschule nicht von der untersten bis zur obersten Klasse ganz selbständig neben den anderen ebenfalls ganz selbständigen Schulen stehen muß, sondern wenn es gelingt, die Schulen so zu organisiren, daß die unteren Klassen einen allen gemeinsamen Unterricht bieten können, was wiederum bedingt, daß in den unteren Klassen mit den modernen Sprachen angefangen, und der Unterricht in den todten Sprachen in die oberen Klassen verlegt wird, wozu wir ja an den Gymnasien einen kleinen Anlauf schon genommen haben.

Nun möchte ich noch ganz kurz einen Punkt berühren, der zu meinem Erstaunen in der ganzen heutigen Diskussion noch nicht betont worden ist. Unser Thema heißt ja eigentlich: „Einwirkung der Organisation unserer höheren und mittleren Schulen auf das soziale Leben und die Erwerbsthätigkeit der Nation." — Und da ist allerdings die Mittelschulfrage die brennendste und auch die verhältnißmäßig am leichtesten zu lösende. Aber ich möchte doch auch erwähnen, daß sich die gegründetsten Zweifel geltend machen lassen, ob in der That für das gewerbliche Leben unserer Nation die Entwicklung, die unser höherer technischer Unterricht genommen hat, die Entwicklung unserer technischen Hochschulen eine richtige und zweckentsprechende ist. Es liegt ja in den Vorzügen der deutschen Natur, daß wir allen Dingen gern auf den Grund gehen, und daß wir daher den Werth einer möglichst vertieften theoretischen Ausbildung ungemein hochstellen und bemüht sind, einem jeden, der sich einem bestimmten Berufe widmet, und der nicht auf einer ganz subalternen Stufe bleiben soll, mit dem vollen Rüstzeug der betreffenden Wissenschaft und mit der vollen theoretischen Erkenntniß auszustatten. Aber alle menschlichen Eigenschaften haben ihre Kehrseite, und ich glaube, daß wir anfangen, unter den Fehlern unserer Vorzüge zu leiden, daß wir auf dem Gebiet des technischen Unterrichts in theoretischer Beziehung schon etwas zu weit gegangen sind, und daß wir das praktische Können über dem theoretischen Wissen etwas vernachlässigt haben. Es ist mir sehr wohl bewußt, daß für die höchsten Aufgaben der Technik auch die höchste Wissenschaft eben nur ausreicht, daß also diejenigen, die zu den höchsten Aufgaben der Technik berufen sind, auch mit allem Rüstzeug der modernen Wissenschaft ausgestattet sein müssen. Wenn ich aber das Schülerpersonal unserer technischen Hochschulen ansehe und bedenke, in welchen verhältnißmäßig untergeordneten praktischen Stellungen das Gros dieser Schüler später verharren wird und muß — sie können doch nicht alle große Constructeurs und Erfinder werden —, dann glaube ich, daß wir in diesen Schulen eine Summe von Zeit und Kosten, von Kraft und geistiger Energie verschwenden, die besser anderweitig angelegt werden könnte, vor allem in einer gründlicheren praktischen Ausbildung. Denn es ist ein zwar weit verbreiteter Irrthum, aber doch immer ein Irrthum, daß man die Resultate der Wissenschaft in der Technik nicht praktisch verwerthen könne, wenn man nicht selbst die Wissenschaft vollständig beherrsche. Die tüchtigen Praktiker aller Gewerbe zeigen uns jeden Tag, daß sie von den Resultaten wissenschaftlicher Forschung, die ein Gelehrter in stiller Studirstube oder im Laboratorium gefunden hat, den ausgiebigsten und vortheilhaftesten Gebrauch machen, ohne sich über die tieferen Gründe des betreffenden Verfahrens irgendwie Rechenschaft geben zu können. Auf jeden Fall nützt die Wissenschaft nur dem, der sie auch wirklich ganz und nicht nur bruchstückweise besitzt und dem das immerhin hohe Maß geistiger Fähigkeit innewohnt, eine selbständige Anwendung wissenschaftlicher Gesetze auf praktische Fälle machen zu können. Doch man könnte sich über diese Verschwendung noch trösten: wir könnten sagen, es ist doch von so großem Werth, den Studirenden einmal in die höchsten Aufgaben seines Fachs eingeführt und ihm einen Einblick in den großartigen Bau wissenschaftlicher Forschung eröffnet zu haben, daß wir es darüber verschmerzen können, daß so wenig Zeit und Lust für die allgemein bildenden Fächer übrig bleibt, oder daß die Praxis des Gewerbes zu kurz kommt; was ein tüchtiger Mensch ist, wird sich ja schon im Berufsleben die Praxis genügend aneignen und auch noch Zeit zu weiterer humaner Ausbildung finden. So dürfte man aber nur sagen, wenn in der That die hochgespannten Ziele des Lehrplans unserer technischen Hochschulen bei der Mehrzahl der Studirenden wirklich erreicht würden. Dem steht aber, abgesehen von der nicht entsprechenden geistigen Begabung mancher Studirenden, die von den Universitäten kopirte Lehrmethode und die akademische Freiheit entgegen. Das Dominiren des akademischen Vortrags entspricht zwar der Würde und, mit Verlaub bemerkt, auch der Bequemlichkeit des Professors gegenüber dem Schulmeister, ist aber selbst für manche Universitätsdisziplinen schon veraltet, und die akademische Studienfreiheit paßt an und für sich schlechter für die den Grundstock des technischen Unterrichts bildenden mathematisch-naturwissenschaftlichen Fächer als für die meisten Universitätsdisziplinen. Denn wenn es schon in diesen nicht nützlich ist, zu den höheren Aufgaben vorzuschreiten, ehe man die niederen ganz bewältigt hat, so ist ein solches unsystematisches und bruchstückweises Studium in den mathematisch-naturwissenschaftlichen Fächern ganz unmöglich. Rechnet man hinzu, daß für einen großen Theil der studirenden Techniker das Korrigens für die akademische Freiheit fehlt, welches für die allergrößte Mehrzahl der Universitätsstudirenden in der Nothwendigkeit des Bestehens verschiedener Prüfungen gegeben ist, falls nicht sonst die ganze Laufbahn abgeschnitten sein soll, so muß man zugeben, daß für das technische Studium die Studienfreiheit und der Wegfall der Zwischenexamina seine großen Bedenken hat. Dem entsprechend finden wir denn auch vielfach, daß, wo kein Examen im Hintergrund droht, die Kollegien geschwänzt werden, — wo aber ein Examen zwingt, auch an den Theil der Wissenschaften heranzutreten, von dem sich der betreffende sagt, daß er nach seiner ganzen geistigen Anlage und späteren Wirksamkeit doch nie in die Lage kommen wird, davon fruchtbringenden Gebrauch zu machen, daß da meist nur ein ganz mechanisches Einpauksystem Platz greift, dessen Resultate nicht schnell genug vergessen werden können.

Auf diese Weise verbringt ein nicht unbeträchtlicher Theil der Studirenden der technischen Hochschulen seine Studienjahre, während er diese Zeit gewiß besser in der praktischen Thätigkeit oder in einer auf beschränktere Ziele gerichteten und mehr schulmäßig organisirten technischen Schule ausgenutzt hätte, ganz abgesehen davon, daß der intendirte Besuch der Hochschule ihn schon vorher gezwungen hat länger auf der zur Hochschule vorbereitenden Schule zu bleiben, als zur Gewinnung genügender Zeit zur praktischen Ausbildung wünschenswerth gewesen wäre. Wenn wir den Gang der technischen Ausbildung in England mit der unsrigen vergleichen, so finden wir da vielleicht den entgegengesetzten Fehler und ein absolutes Ueberwiegen der praktischen Einübung über den theoretischen Unterricht. Wenn es gelänge, hier einen Mittelweg zu finden, so würden wir meiner Ansicht nach den Einfluß auch unseres höheren technischen Unterrichts auf die Erwerbsthätigkeit der Nation günstiger gestaltet haben, ohne deshalb befürchten zu müssen, ein Geschlecht großzuziehen, welches den höheren Aufgaben der Menschheit entfremdet und speziell den sozialen Problemen der Gegenwart nicht gewachsen sei. Im Gegentheil, etwas weniger theoretische Grundlagen und dafür etwas mehr Nationalökonomie und Geschichte käme dem zukünftigen Beruf des studirenden Technikers als Arbeitgeber oder Vorgesetzter in der Großindustrie gewiß sehr zu gute.

Dannenberg (Hamburg): Meine Herren! Ich habe mich erst verhältnißmäßig spät zum Worte gemeldet, als mir der Eindruck immer stärker wurde, daß die Debatte eine sehr einseitige Richtung eingeschlagen habe, und daß ein großer Theil dessen, was unsere Tagesordnung mit umfaßt, fast ganz vernachlässigt werde. Unsere Tagesordnung spricht davon, daß hier debattirt werden soll „über die Einwirkung der Organisation unserer höheren und mittleren Schulen auf das soziale Leben und die Erwerbsthätigkeit der Nation". Wir haben aber bisher fast ausschließlich von dem höheren und höchsten Schulwesen gehört und haben die mittleren Schulen verhältnißmäßig zu wenig berücksichtigt, und das möchte ich, soweit es in meinen Kräften steht, gut machen, indem ich eingehe auf das, was das Bildungswesen für denjenigen Theil der erwerbenden Klassen bedeutet, der der Zahl nach doch der größte ist: für den Handwerkerstand. Man wird mir entgegenhalten, die Vorbildung der Handwerker sei Sache der Elementarschulen, mehr brauchten sie nicht, und wenn die Elementarschule gut sei, werde sie Genügendes leisten. Das ist vielleicht früher annähernd richtig gewesen, jetzt aber nicht mehr. Wie wir überhaupt in Deutschland gern mit Schlagwörtern operiren, so haben wir jetzt ein neues bekommen; wenn die Schäden, die das Handwerk drücken, debattirt werden, so sagt man, es giebt nur ein Heilmittel: das Handwerk muß Kunsthandwerk werden. Nun habe ich aber allerdings bescheidene Zweifel, wie weit das überall möglich ist. Ich kann mir nicht denken, wie weit z. B. die Schuhmacherei zum Kunsthandwerk werden kann, — von den Schneidern will ich das nicht sagen, denn sonst kommt mir die Dresdener Schneider-Akademie auf den Hals. Aber wenn das Handwerk zum Kunsthandwerk entwickelt werden soll, so ist doch das Nächstgegebene, daß den Männern des Handwerks auch eine höhere allgemeine Bildung zugängig gemacht werden muß, so daß sie mit Hilfe einer höheren Bildung auch eine höhere Entwicklung ihres Faches erreichen können. In dieser Beziehung sind nun die Gymnasien und Realgymnasien für das Handwerk nicht zu brauchen, und zwar aus einem einfachen praktischen Grunde: das Gymnasium und das Realgymnasium verlangen den Schüler wenigstens bis zum 18. Lebensjahr, manchmal noch viel länger, wenn der Bildungsgang unterbrochen wird durch Sitzenbleiben, zu behalten. Es ist schon vorhin mehrfach ausgesprochen worden, der Gymnasiast geht überhaupt schon nicht mehr in die Werkstätte und bindet das Schurzfell um; aber, meine Herren, je länger er zurückgehalten wird in einer höheren Bildungsanstalt, desto weniger können Sie erwarten, er werde Schuster oder Schneider, Tischler oder Schlosser werden. Was das Handwerk braucht, das sind so eingerichtete Schulen, daß der Schüler in einem der im Handwerksstande herrschenden Sitte und Gewohnheit entsprechenden Alter entlassen werden und dann in das Handwerk treten kann, also mit dem 15.—16. Lebensjahre. In Norddeutschland ist es Brauch, daß der Knabe im 14. Jahre konfirmirt wird und dann in die Lehre geht. Länger aber als bis zum 15.

oder 16. Jahre kann man nicht warten, und man muß den Unterricht so einrichten, daß derselbe bis dahin das für das Handwerk genügende leistet.

Meine Herren, was dem Volksleben im allgemeinen in neuerer Zeit sehr großen Schaden zugefügt hat, das ist eine gewisse Hebungsmanie. Bei uns in Deutschland soll seit einigen Jahrzehnten alles gehoben werden. Eine Bürgerschule ruht nicht eher, als bis sie Realschule geworden ist; ist sie das, dann will sie ein Realgymnasium und dann entweder ein reines Gymnasium werden oder doch die Berechtigung haben, Abiturienten zur Universität zu entsenden. Man hebt die Bildungsanstalten so lange, bis sie, die früher im Boden wurzelten, endlich zwischen Himmel und Erde schweben, ohne irgendwo noch rechten Anhalt zu haben. Ich will Ihnen ein Beispiel anführen, welches mir sehr nahe steht. Wir haben etwas heilloses angerichtet durch die sogenannte Hebung der Navigationsschulen. Vor reichlich einem Dezennium trat plötzlich die Meinung hervor, unsere Seeleute wären nicht gebildet genug. Daß sie praktisch die tüchtigsten Seeleute waren, das war auf einmal nicht genug, die Leute sollten auch gebildet werden, und nun wurden die Examina auf den Navigationsschulen immer mehr erschwert, bis schließlich Jan Maat nicht mehr mit konnte. Diejenigen Elemente, auf denen die eigentliche Kraft unseres Seemannsstandes beruhte, die an der Küste aufgewachsenen Jungen, blieben nach und nach fort, weil sie, die lediglich den Unterricht einer Dorfschule erhalten hatten, die maßlos gesteigerten Ansprüche für das Steuermanns- und Schifferexamen nicht erfüllen konnten und doch auch nicht Lust hatten, ihr ganzes Leben als einfache Matrosen zu verbringen. Wozu aber verlangt man von dem angehenden Seemann Fertigkeit in der sphärischen Trigonometrie, warum soll er im Stande sein, die Formeln, die er doch nur richtig anzuwenden braucht, auch selbst abzuleiten? Fazit: das Gros der Leute, die früher die Blüthe unserer Marine bildeten, ist von dieser Karriere ausgeschlossen, und der Jammer über den Mangel an tüchtigen deutschen Seeleuten wird alljährlich lauter. Der Marineminister konstatirt, die für die Marine erforderlichen Mannschaften nicht mehr aus der Handelsmarine bekommen zu können, und die vom Minister dem Reichstage im Frühling dieses Jahres überreichte Denkschrift schließt mit Betonung der Thatsache, daß am 1. Januar 1884 unserer Marine für den Fall einer Mobilmachung 7600 Mann fehlten. Hier haben wir einmal ein eklatantes Beispiel dafür, was bei der unvernünftigen Hebungsmanie herauskommen kann. Wenn wir dabei bleiben und meinen, es müsse die Bildung immer weiter getrieben werden, so werden wir ähnliche Resultate noch an anderen Stellen erleben.

Fahren wir fort, die früheren Mittelschulen zu Gymnasien und Realgymnasien zu machen, so wird es bald für den Kern unseres Nährstandes an einer Gelegenheit für die angemessene Vorbildung des jungen Nachwuchses fehlen. Es ist vorhin auch viel von den besonderen Berechtigungen der höheren Schulen gesprochen, aber in sehr einseitiger Weise; man hat sich fast ganz beschränkt auf die Berechtigung für den einjährigen freiwilligen Dienst. Eine viel schädlichere Seite des Berechtigungswesens liegt aber auf einem anderen Gebiet, indem man den Eintritt in gewisse Berufszweige, namentlich in den öffentlichen Dienst, immer ausschließlicher von dem Nachweise des Besuches einer höheren Bildungsanstalt abhängig macht. Sehen Sie sich jetzt die verschiedenen Erwerbszweige an, bei denen der Staat mitzureden hat; da sind überall die Ansprüche immer mehr verschärft worden; wir sind dabei auf den Weg gedrängt, daß der tüchtige Subalterne, das Talent aus dem Volke, nicht mehr in die Höhe kommen kann. Man ist mit dem Nachweis zufrieden, daß der betreffende an der und der Schule versucht habe etwas zu lernen, während viel weniger Werth darauf gelegt wird, was gelernt worden ist, was der betreffende wirklich kann. Vor einiger Zeit sprach ich über diese Dinge mit einem hervorragenden Manne aus einem deutschen Kleinstaate. Er sagte zu mir: ich habe kein Gymnasium besucht, ich habe keine polytechnische Schule besucht, ich habe meine Fachstudien unter einem tüchtigen Vorgesetzten gemacht, mich dabei autodidaktisch fortgebildet und jetzt bin ich Chef meines Departements; wenn heute jemand mit ähnlichem Bildungsgange oder ich selbst zu mir käme, so könnte ich ihm nur eine ganz untergeordnete Stellung geben und er käme nicht weiter. Es war eine der größten Autoritäten seines Faches und wurde weithin über die Grenzen Deutschlands hinaus konsultirt! Jetzt würde man eine solche Kraft brach liegen lassen.

Der erste Herr Referent hat als Aufgabe der Bildungsanstalten bezeichnet, daß sie wirken sollen zur Ausgleichung des Gegensatzes zwischen den oberen und den unteren Ständen. Die jetzigen Einrichtungen aber schneiden die Karriere der unteren Stände ab und halten die Leute in einer niedrigeren Stellung zurück, nicht weil diese Leute nicht tüchtig sind, sondern weil man sie nicht höher steigen lassen will. Daher die Thatsache, daß man im subalternen Beamtenstande so viele Unzufriedene findet, die trotz alles Talentes nicht weiter kommen können; die Leute sagen: was von mir verlangt wird, könnte ich recht wohl leisten, aber man läßt mich nicht vorwärts kommen, denn ich habe ja nicht den Schein, und der Schein ist jetzt alles. Und dann wundre man sich noch über das Umsichgreifen der Sozialdemokratie in den unteren Schichten des Beamtenstandes. Gerade die fähigsten Köpfe werden ihr zuerst in die Arme getrieben.

Sodann noch eine Bemerkung. Was meiner Meinung nach der Nützlichkeit der Gymnasien außerordentlich Abbruch thut, das ist, daß man sie rein nach einer Schablone schafft und bestehen läßt, ganz unbekümmert um die Verhältnisse, unter denen sie existiren; ein Gymnasium in Ratibor ist genau so organisirt, wie eins in Hamburg. Daß sie ganz verschiedenes Material zu bearbeiten haben, wird völlig außer Acht gelassen. Man entschuldigt diese Einrichtung damit, daß das Gymnasium bestimmt sei, die Schüler für das Studium der Wissenschaften vorzubereiten, und da es nur eine Wissenschaft gäbe, so bedürfe es auch nur einer Art der Vorbildung. Diese Auffassung von der Bestimmung der Gymnasien ist zwar praktisch zu einer Fiktion geworden, man hält aber daran fest, obgleich nur ein Viertel der Gymnasiasten diese Fiktion nachher verwirklicht. Der ganze Organismus ist auf dieses Viertel zugeschnitten, und die übrigen drei Viertel werden nebenher so mitgeschleppt. Was für ein Material unter diesen Umständen von Untersekunda abgeht, dafür nur ein Beispiel. Ein junger Mann dieser Art, der aus dem Gymnasium ins Geschäft getreten war, erhielt einige Briefe zum Adressiren; da klebte er auf einen Brief nach Mitau eine Groschenmarke. Als er darauf aufmerksam gemacht wurde, daß dies für einen Brief nach Rußland nicht genüge, fragte er ganz naiv: liegt denn Mitau nicht in den deutschen Ostseeprovinzen? Das war das Maß seiner geographischen Kenntnisse. (Heiterkeit.) Meine Herren, das ist haarsträubend, kann man sagen. Wenn dieser junge Mann aus der Volksschule gekommen wäre, so hätte er besser Bescheid gewußt.

Solche Dinge sollte man sehr ernstlich erwägen, und auch die Herren von den Gymnasien und den höchsten Bildungsanstalten sollten sich sagen, daß auch sie in ihrer Wirkung an Ort, Zeit und Umgebung gebunden sind. Wenn überhaupt das Bildungswesen unserer Nation wirklich das leisten soll, was es leisten könnte nach den Kosten und Mühen, die darauf verwendet werden, dann muß gebrochen werden mit der Idee, daß die Menschheit da sei der Schule wegen; das allerschönste aber ist, daß, wenn man das einem der Herren sagt, man angesehen wird als ein ignoranter Mensch, mit dem es sich nicht mehr lohnt zu debattiren. (Heiterkeit.)

Dr. Hornstein (Kassel): Herr Professor Bücher hat vorhin von einer zwiefachen Kluft gesprochen, welche durch unsere Nation sich hindurchziehe, einmal, sofern unsere Kinder in den ersten drei Jahren an anderen Stellen erzogen werden, wenn sie aus den höheren Ständen, und wieder an anderen, wenn sie aus den sogenannten niederen Ständen stammen. Ich glaube, daß diese Gefahr überschätzt wird. Es ist gerade im umgekehrten Sinne eine Gefahr vorhanden; denn nach allgemeiner Erfahrung wird der Mensch viel leichter herabgezogen, als er hinaufgezogen wird, und das gilt in erster Linie von dem jungen empfänglichen Kinde. Werden die Kinder aus den höheren Ständen zusammengeworfen mit allen möglichen Kindern aus den niederen Ständen, so werden sie deren Gewohnheiten und schlechte Ausdrücke annehmen, aber es werden ganz gewiß nicht die Kinder aus den unteren Ständen heraufgezogen werden. Wenn man aber auch das, was als empfehlenswerth von vielen angesehen wird, annehmen wollte, — es würde nicht gelingen. Denn wenn man auch eine Einheitselementarschule für alle Kinder errichtete, so würde der Wohlhabende, der eine solche Erfahrung gemacht hat, sein Kind in eine Privatschule schicken, und Privatschulen würden in Menge entstehen; der Staat würde unmöglich solche Privatschulen verbieten können, und dann wären wir gerade da wieder angelangt, wo wir jetzt sind.

Was die andere Kluft anlangt, die befürchtet wird, die sich nämlich zwischen den Schülern von Realgymnasien und von humanistischen Gymnasien herausbilden soll, so halte ich diese Befürchtung noch viel mehr für irrthümlich. Wenn man die aus diesen beiden Anstalten abgegangenen Schüler fragt, wenn man sie in ihrem Lebensgange verfolgt, so sieht man, daß sie überall mit einander verkehren, und daß diejenigen, welche auf den Hochschulen sind, — ich habe mich häufig danach erkundigt — durchaus keine Unterschiede unter einander machen. Es ist aber an sich auch ganz naturgemäß, daß kein Unterschied besteht, denn wie einer der Herren Referenten hervorhob, ist ja der Unterricht an beiden Schulen in einer überwiegenden Zahl von Stunden gleich; das giebt gerade in den schwerst wiegenden Fächern eine gleichartige Grundlage, so besonders auch in deutscher Sprache und Geschichte. Es muß das auch sein; gerade die nationale Grundlage muß bei den Schülern dieselbe sein, und nur in dieser Beziehung könnte die Befürchtung eines Risses auftauchen. Es ist aber keiner vorhanden, und es wird sich auch keiner bilden.

Ich sehe mich veranlaßt, bei dieser Gelegenheit auf eine Schlußfolgerung hinüberzugreifen, welche der zweite Herr Referent gemacht hat, mit dessen Ausführungen ich mich im ganzen einverstanden erklären kann, während ich in einem Punkt ihm unbedingt widersprechen muß. Er hat die Ansicht ausgesprochen, daß zu dem Studium der Geisteswissenschaften nur vorbereitet werden könne durch eine Vorbildung auf einem humanistischen Gymnasium. Die Erfahrung spricht auch hiergegen. Es ist von mehreren Herren auf die alten Zeiten hingewiesen worden, so besonders von Herrn Direktor Schlee, und es sind schwerwiegende Beispiele von Männern in Menge nachgewiesen worden, von denen man weiß, daß sie ohne diese Bildung Bedeutendes erreicht haben. Es sind die Geisteswissenschaften auch ehedem prachtvoll gediehen, ohne daß die Studirenden vorher Griechisch gelernt hätten. Aber auch jetzt ist es vielfach nicht anders; es kommt von den Realgymnasien eine große Zahl junger Leute, die auf die Universität übergehen und dort Geisteswissenschaften treiben und es zu sehr tüchtigen Leistungen bringen, die aber zum Theil noch genöthigt sind, ein Nachexamen zu machen auf den Gymnasien. Sie machen es in $1^1/_2$, in 1 Jahr, ja auch wohl in $^1/_2$ Jahr; dadurch haben sie aber doch gewiß noch nicht den Geist aufnehmen können, der in dem neunjährigen Gymnasialunterricht steckt: nichtsdestoweniger werden sie zu allen Studien zugelassen. Und es wird auch künftig gerade so bleiben, daß man Schüler erst in die obersten Klassen des Gymnasiums aufnimmt und dort nicht vorgebildete zu dem Examen zuläßt, auch wenn man die Einheitsschule errichten wollte, — eine Einheitsschule, die allerdings im vollen Sinne des Wortes ganz gewiß unmöglich ist. Insofern aber ist eine Einheitsschule vielleicht möglich, wenn mit einem einheitlichen Unterricht begonnen wird und nachher eine Gabelung eintritt. Dabei könnte und müßte aber auch Rücksicht genommen werden auf die so sehr gewünschte Mittelschule, welche die höheren Schulen entlasten soll.

Eine Mittelschule kann eben nur dann gedeihen, wenn sie die Möglichkeit bietet eines Ueberganges auf die anderen Schulen, denn — das ist ja heute schon mehrfach erwähnt worden — die Eltern wollen ihren Kindern die Möglichkeit geben nachher jedes Fach zu ergreifen. Wenn sie mit dem vollendeten 9. Jahre das Kind in die Schule geben, so wissen sie noch nicht, was aus demselben werden kann und werden soll; und ich kann es deshalb niemandem übelnehmen, wenn er sagt: ich halte die und die Schule zwar für besser geeignet für meinen Jungen, aber ich gebe ihn auf das Gymnasium, denn von da stehen ihm die Wege zu allen Berufsarten offen. Darum kann die Mittelschule nie gedeihen, wenn nicht der Knabe von der Mittelschule auf das Gymnasium übergehen kann. Man mag noch so viele Mittelschulen errichten, — sie werden ohne diese Bedingung leer bleiben. Deshalb müßte man damit den Versuch machen, daß man vielleicht überall mit dem Französischen anfinge, wie es auch schon versucht worden ist, und später erst zu den alten Sprachen überginge. Ueber die Ausführbarkeit müßten sich in besonderen Berathungen allerdings Fachmänner befinden und endlich vor allen Dingen das Experiment entscheiden, womit, wie wir gehört haben, in Altona ja schon der Anfang gemacht worden ist. Die alten Sprachen können recht wohl erst in den späteren Jahren angefangen werden, und es läßt sich, wenn das geschieht, mehr und besseres leisten. Der Unterricht wird viel fruchtbarer werden, wenn der Geist schon mehr geschult ist, als wenn mit dem kleinen Jungen die Formenlehre bis zum Exzeß traktirt wird, bis zu dem Exzeß, daß der Unterricht den Kindern nach allen Richtungen zuwider wird. — Das Zugeständniß der Berechtigung für den einjährigen Freiwilligendienst muß dann aber auch den Mittelschulen gemacht werden, wenn sie gedeihen sollen. Es ist vorgeschlagen worden, alle jungen Leute diese Berechtigung durch ein allgemeines Examen erwerben zu lassen. Aber wenn man blos auf eine solche Prüfung hin die jungen Leute zu der Berechtigung zulassen will, so wird man das Wichtigste nicht eruiren können, nämlich man wird die Frage nicht beantworten können, ob auch nach seiner Charakterentwicklung der betreffende junge Mann fähig ist, das zu leisten, was man von ihm im Dienst verlangt. Dazu müssen die Erfahrungen der Lehrer, muß die Erziehung der Schule hinzukommen, und auch deshalb möchte ich mich gegen ein allgemeines Examen, welches die sog. Pressen zur höchsten Blüthe kommen lassen würde, ganz entschieden aussprechen. Wir haben ja außerdem auch genügende Gelegenheit zu den schlimmsten Erfahrungen bei diesen Prüfungen, die gar nicht die Möglichkeit und die Gewähr für eine richtige Beurtheilung geben; es kommt ja daher oft genug vor, daß gerade die tüchtigen durchfallen und die schwächsten durchkommen. Den Schulen, die sie jetzt haben, möchte ich deshalb diese Berechtigung erhalten und auch den Mittelschulen dieselbe in gleicher Weise und ohne Prüfung zuerkannt wissen.

Spier (Frankfurt a. M.): Der Versuch, die Schulfrage zur Debatte zu stellen, hat, glaube ich, die verschiedensten Anregungen gebracht; wir werden uns aber doch beschränken müssen und dürfen nicht eingehen auf solche Punkte, wie die Einheitsschule, die polytechnische Schule u. s. w., so interessant sie auch sein mögen. Ich bin im großen und ganzen mit den Aeußerungen, die die Herren Professor Bücher, Geheimrath Thiel und andere gemacht haben, in vollstem Maße einverstanden. Ich glaube, die Aufgabe dürfte sich heute nach der Seite hin entschieden zu einem Abschluß bringen lassen, wenn wir uns vorzugsweise auf die Frage unseres Themas beschränken. Ich glaube, das Gefühl ist heut allgemein, daß unsere Mittelklasse, unser kleiner Bürgerstand, heute nicht genügend vorgebildet ist, um im praktischen Leben etwas zu erreichen. Unser preußisches Schulsystem hat die heutige Oberrealschule, das Realgymnasium und das Gymnasium mit neunjährigem Kursus. Die heutige Realschule ist keine geschlossene Schule, sondern nur eine Vorschule für die Oberrealschule, in ähnlicher Weise wie das Progymnasium für das Gymnasium. Wir haben dagegen in unserem Lehrgang für die höheren Schulen eine Schule, die entschieden den Bedürfnissen entspricht, die heute hervorgehoben worden sind, — und das ist der Lehrplan der höheren Bürgerschule. Es sind das sechsklassige Schulen mit Französisch und Englisch, die nur die eine Schattenseite haben, daß sie in Preußen sehr wenig verbreitet sind.

Nun liegt es mir ja außerordentlich fern, die Kultur Preußens für unsere deutsche Entwicklung irgendwie zu unterschätzen, ich glaube aber, es hätte nichts geschadet, wenn einer der Herren Referenten sich das Material vielleicht auch aus anderen deutschen Staaten verschafft hätte; und so kann ich Ihnen wahrscheinlich zu Ihrer Befriedigung mittheilen, daß in Bayern diese sechsklassigen höheren Bürgerschulen fast in allen mittleren und größeren Städten als Realschulen organisirt sind mit der Berechtigung für den einjährigen Dienst. (Zuruf: Bei uns auch!) Um so besser. Nur ist der Vortheil dabei, daß das Zeugniß nicht ersessen werden kann, sondern daß eine Prüfung gemacht werden muß. Ich gebe sehr gern den Herren zu, die den Werth einer Prüfung anfechten, daß ja jede Prüfung mehr oder weniger mit Glück verbunden ist, und daß wir es sehr wohl den Lehrern der betreffenden Schulen überlassen könnten, in Konferenzsitzungen zu entscheiden: ist der junge Mann, nachdem er die oberste Klasse absolvirt hat, reif für den Dienst oder nicht. Aber das ist eine pädagogische Frage für sich, die uns hier in unserem Verein nicht beschäftigen kann. Diese höhere Bürgerschule, nach dem Plan, wie er hier normirt ist, mit obligatorischer Prüfung, ist, glaube ich, eine Organisation, die wir empfehlen können. Es wäre aber dann vielleicht als Wunsch hinzuzufügen, daß für diese mittleren Schulen das Schulgeld in ähnlicher Weise, wie das bei der Masse der berliner höheren Bürgerschulen der Fall ist, erlassen würde. Ich glaube, es ist das etwas sozialpolitisches, worüber unser Verein ein Urtheil sich wohl erlauben dürfte; und ich glaube, da Herr Bücher die Einrichtungen von Frankfurt berührt hat, worin ich ihm vollständig beistimme, daß es auch einen Eindruck auf unsere städtische Verwaltung machen wird, wenn hier im Verein für Sozialpolitik die Mittheilung gemacht wird, daß in dem sogenannten demokratischen Frankfurt nicht eine einzige Schule ist, in der kein Schulgeld gezahlt wird.

Ich möchte noch eins hinzufügen. Es ist vorhin hervorgehoben worden, daß Rücksicht zu nehmen sei auf die Heranbildung von Reserveoffizieren, und ich glaube, daß da ein Unterschied gemacht werden könnte, und daß auch dem Plan, den der zweite Herr Referent vorgelegt hat, entsprochen werden könnte, wenn man den Abiturienten von Gymnasien, Realgymnasien und Oberrealschulen das Recht vorbehalten würde, einzig und allein Reserveoffiziere zu stellen, daß andererseits für die Zöglinge der höheren Bürgerschulen nicht der freiwillige Militärdienst mit Tragung aller Kosten eintritt, sondern ein einjähriger Militärdienst, aber unter Tragung der Kosten seitens des Staates. Es unterliegt, glaube ich, kaum einem Zweifel, daß unser kleiner Bürgerstand in Handel, Industrie und Gewerbe nicht vorwärts, sondern zurückgeht, und daß er nicht im Stande ist, die beträchtlichen Kosten für den einjährigen Dienst zu tragen, und daß infolge dessen ein Entgegenkommen der besitzenden Klassen nach der Seite berechtigt ist, daß die Kosten für den einjährigen Dienst auf den Staat übernommen werden.

Professor Bücher (Basel): Zuerst möchte ich dem letzten Herrn Redner bemerken, daß allerdings in Frankfurt eine Schule existirt, in der kein Schulgeld erhoben wird: es ist dies die Arnsburger Schule. (Zuruf: Da werden 6 Mark erhoben.) Dann muß sich das geändert haben. Jedenfalls aber will ich konstatiren, daß hier eine Armenschule existirt.

Sodann möchte ich Herrn Geheimrath Thiel versichern, daß er sich nicht getäuscht hat in der Annahme, daß ich von dem Gedanken der Nothwendigkeit einer Verkürzung der Dienstzeit ausgegangen bin. Eine solche Verkürzung halte ich unter der Voraussetzung einer derartig gehobenen Elementarschule, wie sie von mir geschildert ist, durchaus für möglich.

Sodann möchte ich Herrn Dr. Hornstein bemerken, daß seine Bestreitung des doppelten Gegensatzes, den wir allerdings als Folge unserer Schulorganisation sich herausbilden sehen, nicht durch Thatsachen gestützt ist, sondern lediglich durch individuelle Erfahrungen. Ich glaube, es liegen Thatsachen vor, welche einen solchen Gegensatz deutlich beweisen. Es sind ja von einigen der Herren heute schon Beispiele dafür angeführt worden, daß im Gymnasiasten bereits eine gewisse Geringschätzung derjenigen Schüler, welche realistische Anstalten besuchen, existirt. Ich will nur noch auf den sehr langen und unerquicklichen Kampf der preußischen Baubureaukratie gegen die Zulassung der lateinlosen Realschule als Vorbereitungsanstalt für die künftigen Baubeamten hinweisen. Daß im Verein für Sozialpolitik die Klassenschule von unten auf einen so warmen Vertheidiger finden würde, wie sie ihn in Herrn Dr. Hornstein gefunden hat, das habe ich wirklich für unmöglich gehalten. Ich glaube, von dem Boden aus, auf welchem **wir** stehen, kann man zu keinen andern Konklusionen kommen, als zu denen ich gekommen bin. Herr Dr. Hornstein ist allerdings ausgegangen von pädagogischen Erfahrungen, und von diesem Standpunkt möchte ich ihm doch als alter Schulmeister bemerken, daß, wenn eine Gefahr vorhanden ist, herabgezogen zu werden, sie nicht auf Seiten der besitzenden Klassen liegt, sondern auf Seiten der nichtbesitzenden.

Es wurde endlich gesagt, daß eine allgemeine Elementarschule von unten herauf, die alle Stände in Anspruch nimmt, nicht möglich sei. Ich brauche in dieser Hinsicht nur auf die Schweiz und die Vereinigten Staaten von Nordamerika hinzuweisen, wo eine derartige allgemeine Volksschule thatsächlich mit bestem Erfolge existirt. Wenn wir die seither bestehende Richtung zur Abschließung der Schule nach verschiedenen sozialen Klassen befördern, so werden wir zu einem Zustande kommen, der für uns die verhängnißvollsten Folgen haben kann; wir werden dann zu einer kastenartigen Gesellschaft kommen, die thatsächlich nicht mehr im stande ist, aus dem Born, aus welchem jede Gesellschaft sich immer wieder regeneriren muß, sich neu zu kräftigen: aus der Volkskraft der unteren Klassen.

(Die Diskussion wird geschlossen.)

Referent Generalsekretär **Bueck** (Düsseldorf): Meine Herren! Wenn ich auf die Diskussion zurückblicke und auch auf das Referat, welches mein hochverehrter heutiger Herr Kollege hier gehalten hat, so finde ich, hat sich doch im allgemeinen eine große Uebereinstimmung herausgestellt, und die geringen Abweichungen, die hervorgetreten sind, geben mir keine Veranlassung, eine Widerlegung im einzelnen zu versuchen. Ich glaube, es liegt auch in Ihrem Interesse, wenn ich mich so kurz wie möglich fasse.

Bezüglich der Ausführungen des Herrn Referenten sind mir einige Bemerkungen aufgestoßen. Er hat z. B. gesagt, daß die Anforderungen des künftigen Berufs nicht Aufgabe der Jugenderziehung sein dürfen, daß man nur die geistige Bildung in Betracht zu ziehen habe. Mir ist zweifelhaft, ob der Ausspruch in dieser Nacktheit anerkannt werden darf. Der Herr Referent hat ferner die Behauptung aufgestellt, daß die alten Sprachen als bestes Mittel für die Geistesbildung zu betrachten sind. Es giebt hervorragende Schulmänner, die glauben, daß die neueren Sprachen ein ebenso gutes Bildungsmittel abgeben.

Sodann hat der Herr Referent auf das Studium des Griechischen als Bildungsmittel einen ganz besonderen Werth gelegt. Auch das wird von anderen Schulmännern bestritten. Weiter hat der Herr Referent gesagt, das Griechische muß so getrieben werden, daß der Gymnasiast mit einem gewissen Genuß in die Schätze des klassischen Alterthums eindringen kann. Von anderer Seite aber wird behauptet, daß der Gymnasiast unserer Tage nur in Ausnahmefällen befähigt wird, in die griechische Literatur einzudringen. Uebrigens möchte ich doch in Ergänzung der vielen Fälle von anderen Bildungsgängen, die einer der Herren Redner angeführt hat, auch darauf hinweisen, daß bis in die 20er Jahre hinein ein Dispens vom Griechischen auch für das Universitätsstudium ertheilt wurde. Auf alle diese Punkte aber kann ich nicht näher eingehen, weil ich darüber kein eigenes Urtheil habe.

Meine Herren! Die Einheitsschule habe ich nicht gewünscht; ich habe nur objektiv die verschiedenen Bestrebungen, die sich bezüglich der Schule gezeigt haben, rekapitulirt, und auch mit der großen Reserve, die ich mir bezüglich meines eigenen Urtheils in diesen philologischen Fragen auferlegt habe. Ich will aber nicht leugnen, daß, so weit mein Verständniß zur Beurtheilung dieser Frage reicht, ich die Einheitsschule bis zu einem gewissen Grade weiter als jetzt und mit einer dann eintretenden Gabelung fortgeführt für vielleicht möglich halte.

Wenn der Herr Referent dann gesagt hat, daß ich ein Remedium für unsere jetzigen Zustände im Schulwesen lediglich in der Reorganisation des Freiwilligendienstes erblickt habe, so ist das doch nicht ganz das, was ich gemeint habe. Es giebt noch viele andere Wege, um eine bessere Organisation im Schulwesen herbeizuführen. Aber ein Hauptübelstand bleibt das Berechtigungswesen, und alle Redner haben es auch als solchen bezeichnet. Ich habe ja in meinem Referat mir erlaubt, den Hauptschwerpunkt darauf zu legen, daß viele junge Leute aus ihrem wirklichen Berufe herausgedrängt werden, und ich freue mich ganz besonders, daß Herr Seyffardt diese Ausführungen noch nach einer Richtung ergänzt hat, daß nämlich diese für den gewerblichen Beruf bestimmten Leute, wenn sie im Beruf bleiben und ein höheres Streben haben, dieses Streben nicht mehr in der Hebung ihres eigenen Gewerbes suchen, sondern nach Richtungen streben, die außerhalb des Gewerbes liegen. Meine Herren, es entspringt ja daraus noch ein anderer Uebelstand für unser Gewerbe, der auch noch nicht berührt ist; ich habe vergessen, ihn in meinem Referat vorzulegen. Der große Uebelstand für unser Kleingewerbe ist der, daß es in Bezug auf die Rekrutirung jetzt einfach auf den Arbeiterstand und meistens auf die Söhne von landwirthschaftlichen Arbeitern angewiesen ist, die ganz wenig vorbereitet aus Volksschulen hervorgegangen sind. In der Volksschule wird beispielsweise der Zeichenunterricht noch nicht obligatorisch getrieben, und noch bis vor kurzem waren nur an wenigen preußischen Seminarien wirklich ausgebildete Zeichenlehrer vorhanden. Das ist ja in Süddeutschland, namentlich in Württemberg, wesentlich besser, da wird seit einer Reihe von Jahren der

Zeichenunterricht im höchsten Maße gepflegt; bei uns noch gar nicht. Meine Herren, in Bezug auf die von Herrn Professor Bücher über die Volksschule gemachten Bemerkungen bin ich doch anderer Ansicht. Jetzt schon die Ziele der Volksschule höher zu stecken, würde ein müßiges Beginnen sein, da wir alle die Ueberzeugung haben, daß die Ziele, die sie jetzt verfolgt, noch nicht erreicht werden. Wenn heute der Normalbesuch einer Klasse 70—80 sein soll, und wenn, wie ich Ihnen anführen könnte, in einer ganzen Reihe von Regierungsbezirken der durchschnittliche Besuch der Klassen noch bis auf 106 steigt, und wenn Sie erwägen, daß die Gemeinden schon jetzt etwa 95 Millionen für die Volksschulen aufbringen, so würde eine sehr große Erhöhung dieser Summe nothwendig sein, wenn wir die Volksschule so organisiren wollten, daß sie jetzt schon höhere Ziele verfolgen könnte.

Den von Herrn Geheimrath Thiel bezeichneten Weg, die Prüfung an das Ende der Dienstzeit zu setzen, und es in die Hände der Militärbehörde zu legen, ob der Mann entlassen werden kann oder nicht . . .

Geheimrath Dr. Thiel (Berlin): Nicht für die jetzigen Einjährigfreiwilligen, sondern für eine andere Mittelklasse.

Referent Generalsekretär Bueck (Düsseldorf): Das würde doch den Uebelstand haben, daß die Pläne für die Zukunft für den jungen Mann zu unsicher würden.

Bezüglich der Polytechniken stimme ich im wesentlichen den Ausführungen des Herrn Geheimraths Thiel zu. Ich halte einen akademischen Zuschnitt für die Polytechniken auch nicht für richtig, und ich glaube, daß wir überhaupt schon zu viel Polytechniken in unserem Vaterlande haben; ich glaube, es sind jetzt 9, und die Hälfte oder weniger würde vollständig genügen, um den Bedarf an höher gebildeten Technikern zu decken. Uns fehlen nicht Techniker, sondern uns fehlen Handwerksmeister, die in den niederen Fachschulen ausgebildet werden müssen, deren wir noch zu wenig haben. Aber, meine Herren, darin kann ich Herrn Geheimrath Thiel nicht beistimmen, daß unseren Technikern eine zu hohe Bildung gegeben wird. Daß unser Gewerbe sich mehr und mehr herausgebildet hat, beruht eben auf der großen Bildung unserer Gewerbtreibenden und Techniker. Wenn der hochgebildete Techniker schließlich nichts weiter als einen Hohofen zu leiten hat, was der Engländer mit seiner ganz gewöhnlichen Fachbildung thut, so kommen doch Fälle vor, wo ihm sein höheres Wissen ganz entschieden zu Hilfe kommt, und wo er dann den Engländer weit überragt. Ich halte daran fest, wenn ich es auch nicht beweisen kann, daß England in seiner wirthschaftlichen Entwickelung und Leistung nicht auf der Höhe bleiben wird, weil seine Techniker und Gewerbtreibenden durchschnittlich theoretisch nicht so ausgebildet sind, wie die unsrigen, abgesehen natürlich von den hochgebildeten Leuten, deren es auch dort giebt.

Sodann möchte ich noch auf eine Bemerkung des Herrn Sombart zurückkommen, der den Umstand, daß in unseren Parlamenten mehr Landwirthe als Gewerbtreibende sitzen, auf eine Unsicherheit bezüglich der genossenen allgemeinen

Bildung zurückführen zu dürfen glaubte. Ich glaube, daß das nicht der Fall ist, sondern es spielen da andere Umstände mit. Ich kenne die landwirthschaftlichen Verhältnisse und habe auch die industriellen kennen gelernt, und ich kann mir vielleicht in diesem Falle gestatten, ein Urtheil abzugeben. Ich glaube thatsächlich, daß in den Berufssphären, welche Parlamentarier stellen können, eine Vertretung des Landwirths leichter möglich ist, als eine Vertretung des Industriellen, da der industrielle Betrieb immer auch zugleich in hohem Maße ein kaufmännischer ist, und es schwer ist, in dieser Doppelstellung geeignete Vertreter zu finden. Wir haben unter den Leitern unserer großen Aktiengesellschaften eine nicht geringe Zahl von Leuten, die das Studium bis zu den letzten Staatsprüfungen absolvirt haben. Da tritt aber wieder der Umstand entgegen, daß die Verwaltungsräthe der Aktiengesellschaften in ganz natürlicher Ideenverbindung jenen nicht gestatten ins Parlament zu gehen, weil ihnen dadurch die hochbesoldeten Kräfte verloren gehen.

Die Bemerkung des Herrn Professor Bücher, daß der einjährig-freiwillige Dienst nur den späteren Beamten zu gestatten wäre, ist wohl auch nicht richtig, denn dann würde der Zudrang zum Staatsdienerthum nur noch größer werden, und außerdem würde das eine zu große Ungerechtigkeit gegen die anderen Stände sein. Ein solcher plötzlicher Uebergang würde im Volke als eine große Unbilligkeit aufgefaßt werden, weil nicht jeder in der Lage ist, die höhere Schule zu besuchen.

Nun, meine Herren, komme ich zum Schluß. Trotz kleiner Abweichungen habe ich mir erlaubt, die Einstimmigkeit zu betonen, die heute in der Versammlung geherrscht hat. Ueber einen Punkt ist sie vollständig gewesen, nämlich daß der größte Uebelstand in dem Umstande zu erblicken ist, daß uns die Bildungsanstalten für den Mittelstand fehlen, und jeder der hier anwesenden ist durchdrungen von der Ueberzeugung, daß nach dieser Richtung Wandel geschafft werden muß. Nun ist auch schon von anderer Seite betont worden, daß der Verein sich ein großes Verdienst erworben hat, daß er diese Frage, die so brennend ist, hier verhandelt hat. Ich glaube Ihren Gedanken zu begegnen, wenn ich ausspreche, daß es nicht erwünscht wäre, wenn mit der heutigen Sitzung unser Verein seine Thätigkeit auf diesem Gebiete abschlösse. Ich stimme einem der Herren Redner zu, daß die Frage der Einheitsschule, der Berechtigungsarten u. s. w. eigentlich nicht vor das Forum unseres Vereins gehören. Aber die Frage, was der Staat oder die betreffenden Kreise zu thun haben, um Mittelschulen zu schaffen, oder mit anderen Worten, Bildungsanstalten für unseren Mittelstand, das ist eine Frage, die unser Verein wohl wird erörtern können.

Meine Herren! Nach den Statuten des Vereins sind Beschlüsse hier nicht zu fassen. Ich möchte mir aber noch erlauben, schon jetzt, da ich um 5 Uhr nothgedrungen abreisen muß und der heute folgenden Ausschußsitzung nicht beiwohnen kann, einen Antrag für den Ausschuß zu stellen, und zwar einen Antrag, der das bezeichnen soll, was der Verein für zweckmäßig hält, um die Frage weiter zu verfolgen. Dieser Antrag lautet wie folgt:

„Von keiner Seite ist bestritten worden, daß der Mangel an Bildungsanstalten für die breiten Schichten des Mittelstandes die sozialen Verhältnisse und die Erwerbsthätigkeit des Volkes ungünstig beeinflußt hat, und daß in dieser Beziehung auch in der Gegenwart genügende Abhilfe noch nicht geschafft ist.

„In welcher Weise sind die Organisation unserer höheren und mittleren Schulen und die diese beeinflussenden Verhältnisse anders zu gestalten, um dem Mittelstande, ohne Schädigung der in den höheren Schulen zu verfolgenden Ziele, die erforderlichen Bildungsanstalten zu schaffen; wie sind dieselben einzurichten und in welcher Weise sind die erforderlichen Mittel zur Errichtung solcher Anstalten seitens des Staats, beziehungsweise der Kommunen zu beschaffen?“

Wenn der Ausschuß des Vereins und der hochverehrte Herr Vorsitzende desselben es für zweckmäßig erachten sollte, in dieser Richtung vorzugehen, so würden die Fragen hier zusammengestellt sein, die eventuell durch Gutachten klarzulegen wären. Sie werden aber vielleicht auch bei der flüchtigen Vorlesung herausgefühlt haben, daß man auch noch andere Fragen in dieses Gebiet hineinziehen kann, — ausgeschlossen habe ich sie nicht.

Korreferent Dr. Stürenburg (Leipzig): Meine Herren! Auch ich kann nur meine Genugthuung darüber aussprechen, daß die Verhandlungen, nach so vielen Seiten sie auch gelenkt worden sind, doch in der Hauptsache fast völlige Uebereinstimmung erzielt haben, und kann mich deshalb jetzt auf wenige Bemerkungen beschränken.

Zunächst möchte ich zu Gunsten des Ausschusses erwähnen, daß die Stellung des heutigen Verhandlungsthemas nicht erst durch das Conrad'sche Buch veranlaßt worden ist, denn die Frage war für diese Versammlung angesetzt, ehe dieses Buch erschienen war.

Es ist ferner von einigen Herren Rednern, und das wohl mit Recht, bemerkt worden, daß sowohl ich, wie der erste Herr Referent der einen Frage, in wie weit eine Einwirkung der Schulverhältnisse auf das soziale Leben zu erkennen sei, nur wenig auf den Grund gegangen sei. Ich gestehe aber, daß ich auch durch die Ausführungen, die in der Debatte zur Ergänzung dieser Lücke gemacht worden sind, nicht den Eindruck bekommen habe, als ob hier leicht bestimmtere Ergebnisse zu gewinnen seien. Ich gebe z. B. gern zu, daß die Einrichtung der Vorschule für die höheren Schulen durchaus geeignet ist, eine soziale Sonderstellung der Schüler von Anfang an hervorzurufen. Aber selbst da, wo keine Vorschulen sind, werden Sie es nicht erreichen, daß der Sohn des Geheimraths oder des Generals mit dem Kinde des Arbeiters in derselben Schule zusammen sitzt. Ich kann dafür unsere leipziger Erfahrungen anführen. Wir haben dort und meines Wissens in Sachsen überhaupt keine Vorschulen für die höheren Schulen, und wir sehnen uns durchaus nicht nach ihnen; aber die Folge davon ist, daß diejenigen Kinder, die zum Uebergang auf die höheren Schulen bestimmt sind, sich meist in einer oder zwei Bürgerschulen oder in Privatschulen der betr. Städte zusammenfinden, und daß der vielleicht ideale Zustand, daß nämlich die Kinder aller Stände wenigstens in der Elementarschule zusammensitzen, sonach auch da nicht erreicht wird, wo es keine Vorschulen giebt.

Was die Ausführungen desselben Herrn über die Berechtigung zum einjährigen Dienst anlangt, so kann ich mich auf eine bestimmte Thatsache zum Beweis dafür stützen, daß die Berechtigung zum einjährigen Dienst nicht ein „Privilegium für den Geldsack" sein, sondern daß in erster Linie die Bildung prämiirt werden sollte; denn wenn ein Heerespflichtiger die Berechtigung zum einjährigen Dienst, sei es durch besondere Prüfung, sei es in einer Schule, erlangt hat, aber nicht im stande ist, sich selbst auszurüsten und zu verpflegen, so giebt es nach § 34, 11 der deutschen Wehrordnung den Weg, daß er ohne Entgelt ausgerüstet und in die Verpflegung des Truppentheils aufgenommen werden kann, so daß also trotz seiner Mittellosigkeit seine Bildung prämiirt wird.

Sodann ist von demselben Herrn gesagt worden, daß doch eine Bildungskluft infolge der Scheidung der höheren Schule in Gymnasial- und Realanstalten eingetreten sei. Ich muß sagen, ich habe von dieser Kluft noch nie etwas bemerkt, obwohl wir die Realschulen doch seit geraumer Zeit haben; man könnte sie am ersten noch darin erkennen, daß sich bei gymnasial gebildeten nicht selten eine erstaunliche Unwissenheit in Dingen der Natur, so z. B. in der Erdkunde, findet; auch habe ich ja anerkannt, daß völlige Unkenntniß des Griechischen Studirenden aller Fächer oft peinlich sein muß. Dasselbe gilt andrerseits vom Englischen. Doch daraus, daß nicht alle Gebildeten in allen Dingen und Sprachen dasselbe wissen, entsteht doch keine Kluft der Bildung, so wenig man eine solche zwischen gebildeten Männern und Frauen finden wird, obschon doch von den letzteren nur Blaustrümpfe Griechisch zu lernen pflegen. Es giebt in Deutschland große gewerbliche Etablissements, in denen theils auf Gymnasien, theils auf Realschulen vorgebildete Chemiker und Physiker gewissermaßen ein wissenschaftliches Kollegium zusammen bilden. Es ist mir aus solchen bestimmt versichert worden, daß sich nicht eine Spur von sozialer Scheidung der verschieden vorgebildeten da eingestellt hat. Ganz dasselbe kann aus dem Heere bestätigt werden: der Offizierstand setzt sich im wesentlichen zusammen aus solchen, die entweder auf der Kadettenanstalt oder in Realschulen modern reale oder auf den Gymnasien humanistische Bildung erhalten haben, und auch hier kann man eher behaupten, daß durch diese verschiedene Bildung wie durch eine Art von Rassenkreuzung eine fruchtbare Anregung gegeben werde, als daß eine Kluft der Bildung durch den Stand hindurchginge.

Von andrer Seite, u. a. vom Herrn Referenten, ist versucht worden, den Anschauungen, die ich über die Berechtigungsverhältnisse zum Studium vertreten habe, entgegenzutreten. Ich würde, wenn insbesondere der Herr Referent aus eigener Ueberzeugung geredet hätte, ihm hier entgegentreten. Weil er aber nur andrer Auffassung berichtet hat, und auch die anderen Herren Redner die Frage nur beiläufig gestreift haben, die ja auch unserem heutigen Verhandlungsgegenstand gegenüber nur eine untergeordnete Rolle spielt, so will ich mich darauf beschränken, zu erklären, daß meine Ueberzeugung durch nichts erschüttert worden ist: daß griechische Bildung zur Einführung in die Geisteswissenschaften unersetzlich ist.

Sodann ist von Seiten des Herrn Dannenberg gesagt worden, die Gymnasien sollten sich den Bildungsbedürfnissen, die an dem betreffenden Orte vorhanden wären, anpassen. Doch es ist unmöglich hier zwei Herren zu dienen;

die Gymnasien sind nach ihrem Lehrplan dazu da, die Vorbereitung zum wissenschaftlichen Studium zu bieten; damit noch andere Zwecke zu vereinigen, ist nicht durchzuführen. Wir stimmen ja darin überein, daß wir die Menge von jungen Leuten, die das Ziel des Gymnasiums nicht erreichen wollen oder voraussichtlich nicht erreichen können, von ihnen fern halten wollen, wir wissen, daß wir unser Ziel mit den übrigen dann um so leichter erreichen werden. Aber wenn wir das Gymnasium darauf einrichten wollten, daß wir bis zur Erlangung der Einjährigen-Berechtigung etwa nur eine moderne und von da ab erst die klassische Bildung geben wollten, dann könnten wir das Ziel des Gymnasiums nicht mehr erreichen.

Zum Schluß muß ich bekennen, es wundert mich, daß eine Ergänzung, deren beide Referate bedurft hätten, nicht aus der Versammlung selbst erfolgt ist, nämlich daß des Handfertigkeitsunterrichts nicht gedacht worden ist. Ich will, damit diese Verhandlung nicht zu Ende gehe, ohne daß diese Frage wenigstens gestreift wird, so viel sagen, daß ich diesem Unterricht für diejenigen Kreise, aus denen Handfertigkeit hervorgehen soll, alles gute wünsche, daß mir deshalb auch nicht ausgeschlossen scheint, daß in Mittelschulen Gelegenheit zu seinem Betriebe gegeben werde. Auch könnte wohl mancher Vater, dessen Sohn auf der höheren Schule nicht an seinem Platze ist, durch den Handfertigkeitsunterricht eine anderweitige Beanlagung desselben zu erkunden suchen. Doch kann ich der Meinung nicht beipflichten, daß Handfertigkeit, das heißt in einem bestimmten einzelnen Handwerk geschulte Handfertigkeit, ein nothwendiges Erforderniß jeder allgemeinen Bildung sei, dem deshalb auch die höheren Schulen Rechnung zu tragen hätten. Das wäre nur ein neues in Stubenluft getriebenes Lehrfach, von dem nicht viel mehr zu erwarten wäre, als Vermehrung der schon hinreichend großen Zersplitterung und Zerstreuung und schließlich ein neuer Anlaß zur Ueberbürdung.

Präsident Dr. Nasse (Bonn): Meine Herren! Es liegt in der Natur der Dinge, daß eine Generaldiskussion, wie wir sie gehabt haben, nicht nach allen Seiten hin erschöpfend sein und nicht in dem Maße zu positiven, bestimmten Zielen führen konnte, wie das die Erörterung spezieller Einzelfragen thut. Um so erfreulicher ist es, daß doch in einem Punkte sich völlige Uebereinstimmung der Redner ergeben hat, nämlich darin, daß sich zu unseren höheren Bildungsanstalten, hauptsächlich infolge der Berechtigungsbestimmungen über den einjährigen Dienst, eine Menge von Schülern drängt, welche dieselben mit einer durchaus fragmentarischen Bildung wieder verlassen. Dadurch entsteht für sie die Gefahr einer verkehrten Berufswahl, sie werden veranlaßt, sich Berufen zuzuwenden, von denen sie besser fern blieben; wenn sie aber dieser Verleitung widerstehen und sich dem Handwerk und dem kleinen Gewerbebetriebe zuwenden, so ist die Bildung für sie eine durchaus unzweckmäßige. In dieser Beziehung ist die allgemeine Ansicht dahin gegangen, daß es nothwendig sei, geeignete Mittelschulen für diese Klasse einzurichten und zu vermehren. Es ist davon geredet worden, ohne daß eine volle Uebereinstimmung der Ansichten über diesen Punkt vorhanden war, daß diese Mittelschulen auch, wenn irgend möglich, zu befördern seien durch Aenderung der Bestimmungen über die Berechtigung zum einjährigen Dienst. Das glaube ich als das erfreuliche Resultat der heutigen Erörterungen konstatiren zu können.

Wir sind damit am Schlusse unserer Besprechungen angelangt; ich danke Ihnen für Ihre Theilnahme an denselben, insbesondere den Herren Referenten für ihre vortrefflichen Referate, und schließe die diesjährige Generalversammlung.

Sombart (Berlin): Meine Herren! Ich bitte Sie, mit mir einzustimmen in den Ruf: Es lebe unser Vorsitzender, Herr Geheimrath Professor Dr. Nasse! (Die Versammlung stimmt dreimal freudig in diesen Ruf ein.)

Schluß der Sitzung $3^{1}/_{2}$ Uhr.

Liste der Theilnehmer

an der

Versammlung des Vereins für Sozialpolitik

in

Frankfurt am Main
am 6. und 7. Oktober 1884.

Arendt, Dr. Otto, Berlin.
Blum, Dr. W., Heidelberg.
Bokelmann, W., Präsident des Landwirthschaftlichen Vereins für Schleswig-Holstein, Kiel.
Brentano, Professor Dr. Lujo, Straßburg i. E.
Broich, Freiherr von, Landrath, Hanau.
Buchenberger, Ministerialrath, Karlsruhe.
Bücher, Professor Dr. K., Basel.
Bueck, Generalsekretär, Düsseldorf.
Bulmerincq, Geh. Rath Professor Dr. A., Heidelberg.
Cohn, Professor Dr. Gustav, Göttingen.
Conrad, Professor Dr. J., Halle a. S.
Dannenberg, J. F. H., Redakteur, Hamburg.
Diery, Dr., Rechtsanwalt, Gießen.
Elster, Professor Dr. Ludwig, Königsberg i. Pr.
Epstein, J. H., Kaufmann, Frankfurt a. M.
Flesch, Dr., Stadtrath, Frankfurt a. M.
Gau, M., Oekonomiekommissar, Eisenach.
Geibel, Carl, Verlagsbuchhändler, Leipzig.
Groß, Dr. G., Privatdozent, Wien.
Heitz, Professor Dr. E., Hohenheim.
Hermann, Baron von, Wain b. Laubheim.
Heyl, Geh. Kommerzienrath, Worms.
Hohenemser, W., Kaufmann, Frankfurt a. M.

Hornstein, Dr. F. F., Oberlehrer, Kassel.
Hoevel, Freiherr von, Herbeck b. Hagen.
Jenks, J. W., Student d. Staatswissenschaften aus Halle a. S.
Knapp, Professor Dr. G. F., Straßburg i. E.
Ludwig-Wolf, Stadtrath, Leipzig.
Marburg, Franz, Rentier, Wiesbaden.
Meitzen, Geh. Regierungsrath a. D. Professor Dr. August, Berlin.
Meyer, Direktor Dr. K. W., Hannover.
Miquél, Dr., Oberbürgermeister, Frankfurt a. M.
Müller, Generalsekretär, Berlin.
Nasse, Geh. Rath Professor Dr. Erwin, Bonn.
Oelsner, Professor Dr. L., Frankfurt a. M.
Paasche, Professor Dr., Marburg i. H.
Pierstorff, Professor Dr. J., Jena.
Purgold, Referendar, Straßburg i. E.
Raffalovich, A., Redakteur, Paris.
Reitzenstein, Präsident z. D. Freiherr von, Freiburg i. B.
Richter, Emil, Schriftsteller, Frankfurt a. M.
Roggenbach, Staatsminister a. D., Freiherr von, Bonn.
Scheel, Geh. Regierungsrath von, Berlin.
Schlee, Realgymn.-Direktor Dr., Altona.
Schnapper-Arndt, Dr. G., Frankfurt a. M.
Schönberg, Professor Dr., Tübingen.
Schulze, Geh. Rath Professor Dr. Hermann, Heidelberg.
Schwerin, Graf, Landrath, Weilburg.
Sering, Privatdozent Dr. Max, Bonn.
Seyffardt, L. F., Fabrikbesitzer, Crefeld.
Simons, Louis, Fabrikbesitzer, Elberfeld.
Sombart, Rittergutsbesitzer, Berlin.
Sonnemann, L., Banquier, Frankfurt a. M.
Spier, Oberlehrer, Frankfurt a. M.
Struck, Professor Dr. E., Aachen.
Stürenburg, Professor Dr., Leipzig.
Thiel, Geh. Regierungsrath Dr., Berlin.
Varrentrapp, Dr., Stadtrath, Frankfurt a. M.
Weber, Professor, Dr., Tübingen.
Wolff, Dr. Julius, Ottakring b. Wien.
Zuns, Dr. Julius, Frankfurt a. M.

Verzeichniß der Redner.

Arendt S. 61.
v. Broich S. 125.
Buchenberger S. 29 (Korreferat).
Bücher S. 130. 144.
Bueck S. 78 (Korreferat). 145.
Conrad S. 3 (Referat). 72.
Dannenberg S. 69. 138.
Heyl S. 58. 72.
Hornstein S. 141.
v. Hoevel S. 49.
Meitzen S. 65. 72.
Meyer S. 71. 122.
Miquél S. 55. 69.
Nasse S. 1. 46. 47. 73. 77. 151.
v. Reitzenstein S. 71.
Schlee S. 128.
Schulze S. 47.
Seyffardt S. 119.
Sombart S. 1. 59. 126. 152.
Spier S. 143.
Stürenburg S. 93 (Korreferat). 149.
Thiel S. 46. 51. 64. 133.

FSC
www.fsc.org
MIX
Papier | Fördert
gute Waldnutzung
FSC® C083411

Kolibri 360 GmbH
Ferdinand-Jühlke-Straße 7
99095 Erfurt, Deutschland
produktsicherheit@kolibri360.de

Druck:
CPI Druckdienstleistungen GmbH
im Auftrag der
Kolibri 360 GmbH
Ferdinand-Jühlke-Str. 7
99095 Erfurt